本书由教育部人文社会科学研究规划基金项目"高校思想政治
解研究"（项目批准号：24YJA710012）和常州工学院思政课
程思政教学团队、党建工作经费及学科建设工作经费资助出版

思想政治教育信任论

冯英华 张 兵 著

知识产权出版社

—北京—

图书在版编目（CIP）数据

思想政治教育信任论 / 冯英华，张兵著 .—北京：知识产权出版社，2024.12. — ISBN 978-7-5130-9593-8

Ⅰ.D64

中国国家版本馆 CIP 数据核字第 20241PW065 号

内容提要

本书在对思想政治教育信任的概念、要素、特征及基本功能进行深入分析的基础上，全面梳理了马克思主义理论与中华优秀传统文化中关于信任的思想资源，认为思想政治教育信任结构包括链式结构、嵌入式结构和交换式结构，其演进路向依次经历信任接触、信任深化、信任内化、信任碎化和信任转化五个阶段，并从全面把握思想政治教育信任问题纾解的五对关系、始终坚守思想政治教育信任问题纾解的基本原则、持续拓展思想政治教育信任问题纾解的实践路径三个维度提出了提高思想政治教育信任质量的优化路径。

本书适合从事思想政治教育的科研人员和工作人员，以及高校思想政治教育及其相关专业的本科生、研究生阅读使用。

责任编辑：李海波　　　　　　　　　　责任印制：孙婷婷

思想政治教育信任论
SIXIANG ZHENGZHI JIAOYU XINRENLUN

冯英华　张　兵　著

出版发行：知识产权出版社有限责任公司	网　　址：http://www.ipph.cn
电　　话：010-82004826	http://www.laichushu.com
社　　址：北京市海淀区气象路 50 号院	邮　　编：100081
责编电话：010-82000860 转 8582	责编邮箱：laichushu@cnipr.com
发行电话：010-82000860 转 8101	发行传真：010-82000893
印　　刷：北京中献拓方科技发展有限公司	经　　销：新华书店、各大网上书店及相关专业书店
开　　本：720mm×1000mm　1/16	印　　张：17.75
版　　次：2024 年 12 月第 1 版	印　　次：2024 年 12 月第 1 次印刷
字　　数：272 千字	定　　价：88.00 元
ISBN 978-7-5130-9593-8	

出版权专有　侵权必究

如有印装质量问题，本社负责调换。

序言 Foreword

畅游于浩瀚的学术海洋之中,每一颗璀璨的明珠都饱含着研究者的智慧与汗水,照亮了人类认知的边界。在《思想政治教育信任论》这部学术专著即将出版之际,作者邀约我作序。考虑到我的研究方向与本书有一定差别,刚开始我还是有些"勉为其难"。但阅读整部书稿之后,我产生了表达自身感受的冲动。作者之于文稿独特的视角、直面复杂问题的勇气令人敬佩,为我们呈现了一项充满智慧与洞见的学术成果。成因于此,自当手不释卷,遂欣然为书稿写序,以求教于各位读者。

"信任"展陈历久弥新的学理意味。综览古今中外,时空赋予了信任学理的复杂性与人间的烟火气。日常生活中,信任铸就维系人际关系的纽带,延伸至国家交往、经贸往来。溯源式探问中涉猎信任的话题讨论、名人典故比比皆是,往往是世人所推崇、景慕的贤王、君子及志士们所具有的独特的道德品性,也是包括孔子等历代先贤名士教化世人的重要内容。放眼宇内,西方社会的文化与结构亦存留着信任的一席之地。因循历史发展,近现代有关信任的研究日渐勃兴,多是集中在维护资本主义的阶级利益视角下的组织信任行为,人与人之间的信任关系交织在"工具理性""经济人"等领域。聚焦国内,有关信任的讨论肇始于社会学、心理学等学科,后逐渐向管理学、经济学和教育学等领域发展,无疑起到了助推构建中国自主知识体系的积极作用。

借由自身研究方向及粗浅的思索，结合当前思想政治教育实际，我认为本书展现出以下三方面的特色。

一是视角独特、针对性强。研究视角是考量研究者是否具有较强问题意识的关键要素。思想政治教育学科在我国的发展逾40年的历程，无论是原理还是方法都得到了极大的发展，在塑造人的正确的世界观、人生观和价值观方面发挥了重要的作用。但从当前的实践看，思想政治教育中存在诸多的问题，这些问题若抽丝剥茧，贯穿其中的一根"丝线"可以集中在"信任"或"信任问题"上。让人欣慰的是，出于精准把握研究领域的需要，作者敏锐地抓住了这根"丝线"。作者肩负这项极具挑战性的任务，延展出既属于思想政治教育的基础性研究论域，也同样属于思想政治教育的应用性研究论域，其中充满着争议性、繁杂性、难把控性。作者选择了"思想政治教育信任"这一核心主题的论域，同时针对思想政治教育信任实践中存在的各种问题，进行了较为系统和深入的研究。作者的研究展现出了非凡的胆识与创新精神，堪称大胆而值得高度赞誉的探索。

二是内容丰富、逻辑严密。研究议题独树一帜使作者在精准地捕捉到该领域中被忽视或未被充分探讨的方面之时，更以一种前所未有的视角进行了系统且深度的剖析。作者在所研究的论域内展现出的学术才华和深厚的理论功底，让我颇为期待。作者力图界定思想政治教育信任概念，将其高度抽象并提炼为集思想、价值、情感和道德于一体的"养成共同体"，据此全面而系统地梳理了思想政治教育信任的基本要素、主要特征和基本功能。框定基本概念之后，作者进而阐述选取该核心议题的理论依据及思想资源，不乏马克思主义信任思想是指引思想政治教育信任实践发展的基础性理论和思想源泉、中华优秀传统文化是思想政治教育信任的历史传承与文化基因、西方有关信任的思想资源为研究提供了借鉴等理论灼见。尤为值得称道的是，作者提出了"思想政治教育信任价值观"论点，认为其是践行社会主义核心价值观的内容延展、个性展现、具象表现。随后，作者探讨了思想政治教育信任结构、演进路向和机制，从时态、空态和能态三个维度阐明了思想政治教育信任样态。结合思想政治教育实践，作者深入剖析了当前思想政治教育信任实践存在的主要问题及其深层次原因。纵观上述研究成果，作者详尽论述了纾解思想政治教育信任问题的基本策略。作者围绕思想政治教育信任主题，从理论框架的构建到实证分析的展开，再到结论的推导与总结，各章节前后呼应、层层递进，每一个环节都紧密相连，无懈可击。

三是与时俱进、意义重大。高度的时代敏锐性和前瞻性是本书的亮点之一。作者以思想政治教育信任为研究切入点，深入洞察了当前学术界的热点与难点问题，更以一种开创性的姿态，将基本理论、思想资源等与当前国内思想政治教育信任实践相结合，与时俱进地分析了思想政治教育信任实践中存在的各种问题及其隐藏的深层次原因，提出了许多富有创新性和实用性的新观点与新方法。可以说，本书不仅为我们理解复杂多变的信任问题提供了新的视角和工具，更为推动丰富思想政治教育信任方法论体系的理论创新和实践发展作出了重要贡献。从实践层面来看，本书直面现实问题，释证施信者综合素质是思想政治教育信任问题的直接原因，阐证受信者身心成长与认知基础是思想政治教育信任问题的重要原因，探证思想政治教育发展"困境"与思想政治教育信任问题的内在动因，勘正复杂外部环境条件与思想政治教育信任问题的客观原因，据此提出了有较强针对性、创新性和可操作性的化解路径，为提高当前我国各个领域的思想政治教育实践实效性提供了较强的指导借鉴。本书观照现实，具有鲜明的时代特性，以及较强的理论价值和实践意义。

故有感言，本书既体现作者的学术智慧，亦能向广大读者展陈宝贵的学术资源。然而，正如所有学术探索一样，任何研究都不可避免地会存在局限性和不足之处。譬如，人工智能论域内思想政治教育信任的理论探讨、思想政治教育信任实践质量的价值评估、大中小学思想政治教育一体化建构的设想等，仍有待开拓新的研究界域。这些不足，不仅为未来的研究者提供了宝贵的切入点，也激励学术界不断前行，期待聚焦信任的教育向度不断掘进式研究。之所以力荐这部专著，更希望鼓励读者以批判的眼光去审视，既欣赏其独特的学术贡献，也不忽视其可能存在的局限性。

我们有理由确信，学术精神正是在质疑和完善中赓续自身魅力，从而推动着知识的车轮滚滚向前，让人类文明的思想火炬代代相传。是为序，望指瑕。

汤荣光　研究员

2024 年 12 月 8 日搁笔于沪上静轩

前言

习近平总书记在2022年春季学期中央党校（国家行政学院）中青年干部培训班开班式上强调，"坚定理想信念，必先知之而后信之，信之而后行之"。一个不断促进公平正义的社会必然高度重视信任的力量，因为信任是人际交往、社会协作、文明进步、人的全面发展的重要情感媒介。信任在思想政治教育实践中有着特殊的思想力量，形成了思想政治教育信任这一特殊的思想政治教育论域。随着理论研究与实践探索的深入，思想政治教育信任这一论域已成为提高思想政治教育实效性的内在要求和重要命题。带着这样的思考，本书以思想政治教育信任为核心议题，在全面阐释思想政治教育信任基本理论的基础上，对思想政治教育信任问题及其原因进行了深入探索，并据此总结概括出提升思想政治教育信任质量的基本对策。

思想政治教育信任是在思想政治教育实践过程中，在教育者的策划、组织和实施下，教育者、教育对象及思想政治教育内在要素之间逐渐形成高度稳定、信赖和认同的思想、价值、情感与道德"养成共同体"，这个"养成共同体"既是一种持续发展的实践过程，也是一种相对静态的结构状态，是教育对象对教育者通过思想政治教育促进其全面发展而产生的积极的、肯定的和持久的心理预期，并在这种"养成共同体"和心理预期指引下，使教育对象树立正确、科学的信任观，推动教育者、教育对象及思想政治教育内在要素之间相互促进、共同发展。思想政治教育信任的基本要素包括施信者、受信者、信任内容、信任介体、信任环体，主要特征包括政治性、交互性、多维性和渗透性等方面，基本功能主要有凝聚功能、形塑功能、调节功能和关怀功能等层面。

马克思主义信任思想是指引思想政治教育信任实践发展的基础性理论和思想源泉，特别是马克思和恩格斯关于人的本质及人的社会关系的相关论述、列宁关于无产阶级革命斗争及政党建设的相关论述、推进马克思主义中国化时代化进程中党和国家主要领导人关于中国式现代化的相关论述，其中蕴含着坚持人民至上的信任之治、涵养宽严有度的信任之德、提升信仰自觉的信任之能、深耕价值内化的信任之脉和凝聚强大合力的信任之势。中华优秀传统文化是思想政治教育信任的历史传承与文化基因，其内涵主要包括信以治国、信以立身、信以施教，要坚持以信任文化营造尊信崇信氛围、以信任共识凝聚政治信任合力、以信任伦理增进良好信任关系、以信任话语提升教育信任实效、以信任法制保障信任机制运转。应充分借鉴西方理论界公正崇信、契约守信、理性确信思想，强化公正等有益思想资源以优化思想政治教育信任环境氛围、坚守契约以确保思想政治教育信任有序发展、善用理性以提高思想政治教育信任思维能力。强化马克思主义信任思想中国化时代化的理论表达，树立符合当今中国发展的思想政治教育信任价值观，是践行社会主义核心价值观的内容延展、个性展现、具象表现。

思想政治教育信任结构由思想政治教育信任的基本要素有机结合而成，是思想政治教育信任实践的基本"骨架"脉络和要素"状态"分布，分别对应思想政治教育信任的框架形态和思想政治教育信任基本要素的配置状况，基本类型主要有链式结构、嵌入式结构和交换式结构三种。思想政治教育信任是思想政治教育实践活动发展过程中各参与主体关系特征、自身及其内部诸要素发展的运动过程和阶段性变化、规律与结果的表征，其演进路向依次经历信任接触、信任深化、信任内化、信任碎化和信任转化五个阶段。思想政治教育信任机制是推动思想政治教育信任基本要素及相互之间有效运转、充分发挥思想政治教育信任在思想政治教育中重要作用的逻辑关系与运动方式，由思想政治教育信任的发生机制、分化机制、耦合机制、调控机制和保障机制共同作用，推动思想政治教育信任有序发展。

思想政治教育信任样态是指思想政治教育信任方式、关系、性质的具体形式、形态或某种条件状态，是对思想政治教育信任层级、状态、趋态的质性反映，也是思想政治教育信任势度、质度、向度、广度的量化反映，时态样态、空态样态和能态样态构成了思想政治教育信任样态体系。其中，时态样态蕴含瞬时信任、偶然信任、历时信任和共时信任，空态样态主要有生活信任、生产信任和学校信任，能态样态涉及信任势度、信任质度、信任向度和信任量度四个层面。

施信者形象、品格和能力三个维度所体现出的受信者对施信者信任的问题及施信者对受信者信任的问题（主要包括成长信任、成才信任和成功信任三个方面的问题），显示了思想政治教育内容信任的问题主要是教育内容科学性不足、教育内容契合度失准、教育内容关怀性缺失和教育内容表达力不强，进而对思想政治教育方法信任的问题涉及教育方法多样性缺失、教育方法创造性缺场、教育方法实践性缺位，从教育环境适切性不足、教育环境熏染性不强、教育环境建构性不力等方面揭示出思想政治教育环境信任的问题。由此我们发现，施信者综合素质是思想政治教育信任问题的直接原因，受信者身心成长与认知基础是思想政治教育信任问题的重要原因，思想政治教育发展"困境"是思想政治教育信任问题的关键原因，复杂外部环境是思想政治教育信任问题的客观原因。

在上述理论阐释的基础上，针对思想政治教育信任实践中存在的问题及其原因，为了切实引导受信者筑牢并践行科学的思想政治教育信任价值观，提高思想政治教育信任质量，本书认为要全面把握思想政治教育信任问题纾解的五对关系，始终坚守思想政治教育信任问题纾解的基本原则，持续拓展思想政治教育信任问题纾解的实践路径。

本书在撰写过程中得到了安徽师范大学马克思主义学院汪盛玉教授的悉心指导，安徽师范大学马克思主义学院王习胜教授、浙江大学马克思主义学院陈宝胜教授、西南大学马克思主义学院邹绍清教授、中国社会科学院马克思主义研究院李春华研究员、上海交通大学马克思主义学院史宏波教授等对研究内容提出了修改意见，安徽财贸职业学院马克思主义学院刘先锐、常州工程职业技术学院党委组织部吴玉剑等老师对本书给予了诸多支持。感谢老师们的指导！知识产权出版社李海波老师、于晓菲老师为本书的编辑与出版做了大量工作，在此表示感谢。同时，本书在撰写过程中，参考并借鉴了其他单位、个人的一些研究成果，在此一并表示衷心感谢！

由于学识、视野及精力有限，书中难免有表述不当和不足之处，敬请广大读者批评指正。

目录

第一章 绪 论 ······1
第一节 研究缘起与研究价值 ······1
一、研究缘起 ······1
二、研究价值 ······3
第二节 国内外研究现状及评述 ······4
一、国内研究现状 ······4
二、国外研究现状 ······6
三、研究现状评述 ······7
第三节 研究方法与研究思路 ······9
一、研究方法 ······9
二、研究思路 ······10
第四节 研究创新点与不足之处 ······11
一、研究创新点 ······11
二、研究不足之处 ······12

第二章 思想政治教育信任基础理论概述 ······14
第一节 思想政治教育信任的概念界定 ······14
一、信任 ······14
二、教育信任 ······28

三、思想政治教育信任……………………………………… 31

　第二节　思想政治教育信任的基本要素…………………………… 36

　　一、施信者………………………………………………… 36

　　二、受信者………………………………………………… 37

　　三、信任内容……………………………………………… 38

　　四、信任介体……………………………………………… 49

　　五、信任环体……………………………………………… 50

　第三节　思想政治教育信任的主要特征…………………………… 51

　　一、政治性………………………………………………… 51

　　二、交互性………………………………………………… 52

　　三、多维性………………………………………………… 52

　　四、渗透性………………………………………………… 53

　第四节　思想政治教育信任的基本功能…………………………… 54

　　一、凝聚功能……………………………………………… 54

　　二、形塑功能……………………………………………… 55

　　三、调节功能……………………………………………… 56

　　四、关怀功能……………………………………………… 57

第三章　思想政治教育信任的理论依据与思想资源……………… 59

　第一节　马克思主义信任思想……………………………………… 59

　　一、马克思主义信任思想的内涵阐释…………………… 59

　　二、马克思主义信任思想的现实启示…………………… 73

　第二节　中华优秀传统文化信任思想……………………………… 76

　　一、中华优秀传统文化信任思想的内涵阐释…………… 76

　　二、中华优秀传统文化信任思想的现实启示…………… 84

　第三节　西方理论界信任思想……………………………………… 87

　　一、西方理论界有关信任思想的主要观点……………… 87

　　二、西方理论界有关信任思想的现实启示……………… 92

第四节 马克思主义信任思想中国化时代化的理论表达……………… 94
　　一、思想政治教育信任价值观的概念界定………………………… 94
　　二、思想政治教育信任价值观的内涵要义………………………… 97
　　三、思想政治教育信任价值观的培育方向………………………… 103

第四章 思想政治教育信任的结构与机制……………………………**108**
　第一节 思想政治教育信任的结构形态……………………………… 108
　　一、链环式结构……………………………………………………… 109
　　二、嵌入式结构……………………………………………………… 117
　　三、交换式结构……………………………………………………… 123
　第二节 思想政治教育信任的演进路向……………………………… 128
　　一、信任接触………………………………………………………… 128
　　二、信任深化………………………………………………………… 129
　　三、信任内化………………………………………………………… 130
　　四、信任碎化………………………………………………………… 130
　　五、信任转化………………………………………………………… 131
　第三节 思想政治教育信任的运行机制……………………………… 132
　　一、发生机制………………………………………………………… 133
　　二、分化机制………………………………………………………… 134
　　三、耦合机制………………………………………………………… 135
　　四、调控机制………………………………………………………… 136
　　五、保障机制………………………………………………………… 137

第五章 思想政治教育信任的呈现样态………………………………**139**
　第一节 思想政治教育信任的时态样态……………………………… 139
　　一、瞬时信任………………………………………………………… 139
　　二、偶然信任………………………………………………………… 140
　　三、历时信任………………………………………………………… 141
　　四、共时信任………………………………………………………… 145

第二节 思想政治教育信任的空态样态·············· 146
　一、生活信任·· 146
　二、生产信任·· 150
　三、学校信任·· 152
第三节 思想政治教育信任的能态样态·············· 156
　一、信任势度·· 156
　二、信任质度·· 161
　三、信任向度·· 164
　四、信任量度·· 167

第六章　思想政治教育信任的问题及原因分析·············170

第一节 思想政治教育信任的问题存在及实质······ 170
　一、思想政治教育信任存在的问题············· 170
　二、思想政治教育信任问题的实质············· 171
第二节 思想政治教育信任的问题表现·············· 173
　一、受信者对施信者信任的问题················· 173
　二、施信者对受信者信任的问题················· 179
　三、对思想政治教育内容信任的问题·········· 181
　四、对思想政治教育方法信任的问题·········· 185
　五、对思想政治教育环境信任的问题·········· 188
第三节 思想政治教育信任问题的原因分析········ 191
　一、施信者综合素质是产生思想政治教育信任问题的
　　　直接原因·· 191
　二、受信者身心成长与认知基础是产生思想政治教育
　　　信任问题的重要原因···························· 196
　三、思想政治教育发展"困境"是产生思想政治教育
　　　信任问题的关键原因···························· 199
　四、复杂外部环境是产生思想政治教育信任问题的
　　　客观原因·· 203

第七章　思想政治教育信任质量提升的基本对策 ……………… 209

第一节　全面把握思想政治教育信任质量提升的五对关系 ……… 209
一、感性信任与理性信任的关系 ……………………………… 209
二、信任预期与信任行为的关系 ……………………………… 210
三、信任协调与信任控制的关系 ……………………………… 211
四、信任他人与信任自我的关系 ……………………………… 212
五、信任交互与信任联结的关系 ……………………………… 212

第二节　始终坚守思想政治教育信任质量提升的基本原则 ……… 213
一、坚持政治性与科学性相统一 ……………………………… 213
二、坚持历史性与时代性相统一 ……………………………… 214
三、坚持主导性与主体性相统一 ……………………………… 215
四、坚持阶段性与层次性相统一 ……………………………… 217
五、坚持示范性与潜移性相统一 ……………………………… 218

第三节　持续拓展思想政治教育信任质量提升的有效路径 ……… 219
一、增强施信者把握思想政治教育权威性与引领性的综合素质 …………………………………………………… 219
二、激活受信者提升思想政治素质自觉力与自信力的内驱动能 …………………………………………………… 232
三、彰显思想政治教育内容建构现代性与传播效能的独特优势 …………………………………………………… 234
四、提升思想政治教育信任方法改革与创新实效性的沉浸体验 …………………………………………………… 238
五、推进思想政治教育与社会环境均衡性和互促性的有机融合 …………………………………………………… 241

结　　语 ……………………………………………………………… 252
参考文献 ……………………………………………………………… 254

第一章

绪 论

深入开展思想政治教育信任研究,是对纾解当前思想政治教育实践中的各种信任问题、提高教育者高"可信性"综合素质能力、拓宽思想政治教育质量提升发展空间的积极探索。

第一节 研究缘起与研究价值

思想政治教育信任这一论域的产生、变化与发展是由其深厚的历史积淀、理论渊源和现实基础共同推动的,是思想政治教育学科逐渐走向交叉融合的重要体现,具有重要的理论价值和现实价值。

一、研究缘起

21世纪以来特别是进入新时代以来,我国经济得到了快速发展,人民群众生活质量日益提高。与此同时,经济全球化及现代科学技术的快速发展,也使不同文化和价值观念的交锋更加激烈,社会人际关系更加复杂,社会信任关系和信任伦理遇到前所未有的挑战。越是促进社会公平正义,越需要构建更加和谐、有序、开放、包容的社会信任关系。作为一种独特的价值理念、形态或关系,信任在思想政治教育中扮演着特殊的角色。思想政治教育是教育者通过一定的方式,有组织、有计划地开展教育实践活动,从而使教育对象逐步养成一定社会所要求的思想政治素质的过程。在这个过程中,信任如同"润滑剂",使思想政治教育实践的各个环节、各个阶段可以有序高效推进,以提高思想政治教育实效性。如何增强受教育者对教育者及其所开展的思想政治教育的"信任度"、提高思想政治教育实效性,是当前我国思想政治教育关注的基础问题之一。这迫切需要对思想政治教育信任的内涵、特征、功能、结构、运行机制等方面开展系统性学理研究。正是基于如何从信任维度提高思想政治教育实效性这一视角,本书聚焦思想政治教育信任这一核心论域,聚焦"为什么要开展思想政治教育信任研究?""思想政治教育信任的内涵和外延是什么?""思想政治教育信任研究的理论依据是什么,可以借鉴的思想资源包括哪些?""思想政治教育信任的特征、要素和功能是什么?""思想政治教育信任有什么样的结构形态、演进路向与运行机制?""思想政治教育信任问题的表现形态有哪些?""产生思想政治教育信任问题的原因有哪些?"等问题,深入探究思想政治教育信任的基本理论、思想资源及现实问题,并据此提出提高思想政治教育信任质量的基本对策,从而助力提升思想政治教育实效性。

本研究致力于全面总结思想政治教育信任的学术资源并积极拓展思想政治教育信任的学理化、学科化思考。随着思想政治教育理论研究与实践探索的快速发展,我国思想政治教育工作取得了显著成就,思想政治教育在党和国家事业中的地位不断凸显,在政治、经济、社会、文化等事业中的作用愈加重要;思想政治教育领域范畴不断拓展,在对象群体、方式方法、内容载体、空间状态等方面不断深入;思想政治教育建设力量得到进一步加强,思想政治教育队伍结构、能力素质等方面持续优化;思想政治教育现代化水平不断提升,思想政治教育的科学化、学科化和规范化程度全面提高,思想政治教育专业人才培养质量不断提高;思想政治教育引领和导向作用持续提升,社会主义核心价值观培育成效明显,在更大范围、更深层次提升了社会成员思想政治素质和科学文化素质。当前,世界百年未有之大变局加速演进,中国式现代化进程加速推进,新时代我国思想政治教育实践的机遇与挑战并存,社会各界对推进思想政治教育高质量发展的期盼更加强烈。

二、研究价值

（一）理论价值

本研究主要有以下三方面的理论研究价值。

其一，有助于丰富思想政治教育基础理论。思想政治教育信任理论是思想政治教育理论体系的重要组成部分，尽管目前思想政治教育信任研究已有部分成果，但现有的研究成果在系统性方面还存在一定的不足。本研究试图弥补这方面的不足，探索思想政治教育信任内涵、特征、要素、功能、结构、机制等基础理论，进一步丰富和完善思想政治教育理论体系。

其二，有助于构建思想政治教育信任价值观理论。信任价值观是以"信任"为核心的思想价值体系。长期以来，学界对思想政治教育信任的研究与教育学、社会学和心理学三个学科紧密联系，对思想政治教育信任研究的核心方向还不够科学精准。本研究提出了构建符合当前中国思想政治教育发展实际的思想政治教育信任价值观的观点，并从思想政治教育信任价值观的概念界定、内涵要义及培育方向进行了探讨，为构建思想政治教育信任价值观理论奠定了良好的基础。

其三，有助于拓展思想政治教育信任方法论研究。本研究以思想政治教育信任为核心，在系统梳理思想政治教育信任基本理论的基础上，化理论为方法，为纾解思想政治教育信任理论研究与实践应用中的问题提供科学指导，进一步拓宽了思想政治教育信任方法论的学理依据、理论视野与科学思维。

（二）实践价值

本研究主要有以下三方面的实践应用价值。

其一，服务思想政治教育学科体系的建设。推进思想政治教育学科建设是我国思想政治教育理论和实践发展的基础。"信任"有着独特的多学科属性和应用性，开展思想政治教育信任研究，可以为相关交叉学科提供思想资源，进一步扩展思想政治教育学科的理论研究范畴，增强思想政治教育学科的综合性、包容性和延展性，提高思想政治教育学科的应用性和价值性。

其二，提高思想政治教育风险和挑战应对能力。当前，历史虚无主义、价值中立等不良社会思潮对青少年的思想侵蚀成为显性问题，教育者和教育对象之间的信任关系受到各种因素的干扰与破坏，制约着思想政治教育的效果。面对这些问题和挑战，开展思想政治教育信任研究可以帮助和指导教育者提高应对风险和挑战的能力，探寻有效的方法和对策。

其三，彰显思想政治教育的人文关怀魅力。人文关怀是思想政治教育的时代要求，也是思想政治教育创新发展的重要方法。思想政治教育信任研究内蕴着"人的社会属性""社会交往""社会关系"等诸多人文关怀的思想内涵，充分尊重思想政治教育信任参与主体的现状与需要，可以为促进思想政治教育人文关怀的发展提供理论支撑，从而有效提高思想政治教育人文关怀实践的针对性、实效性和艺术性。

第二节　国内外研究现状及评述

一、国内研究现状

以"思想政治教育信任""大学生信任教育""高校信任教育""师生信任"为主题，在中国知网（CNKI）中国期刊全文数据库、万方数据知识服务平台、维普中文科技期刊数据库、中国国家数字图书馆网站、超星数字图书馆、读秀学术搜索、Elsevier ScienceDirect、EBSCO、Springerlink、Web of Science 进行检索，结果显示，截至 2024 年 4 月 30 日，与本研究有一定关联的学术期刊论文 53 篇，硕士学位论文 5 篇。从现有的相关研究来看，思想政治教育信任具有较强的跨学科属性，相关研究主要包括以下四个方面。

其一，思想政治教育与信任之间的关联及价值。20 世纪 80 年代，随着信任问题在国内学术界研究的起步，黄一诚在 1985 年提出"信任是使有错误的学生重新振作起来的思想教育工作的前提和基础,是师生情感相通的桥梁""信任是学生思想教育工作的基点"[1]。冯灵芝、周显信认为,信任能使教师的科研水平提高,使大学管理更有效率,也能使大学生活变得愉快,使大学生尽快成为社会的栋梁之材。[2] 王锡伟、张教和论证了信任在高校思想政治理论教育中的融合、塑造和实效三种作用。[3] 金奇认为,信任在思想政治教育中的作用主要表现为消减心理抗拒、改善中间连接、产生自己人效应等。[4]

其二,思想政治教育的教育者与教育对象之间的信任关系。范碧鸿认为,思想政治教育信任是教育主体在接受教育客体某种属性的同时,预期其能满足自身发展以适应社会发展需要而信赖思想政治教育客体的一种价值关系。[5] 谢光绎认为,教育主客体之间有充分信任关系、怀疑关系和不信任关系三类关系。[6] 王小凤认为,思想政治教育信任的外延包括教育者与受教育者、教育者与教育要素、受教育者与教育要素、群体组织与受教育者、群体组织与教育者等之间的信任。[7]

其三,思想政治教育信任形成机理及其因素。高明等认为,思想政治教育中师生信任生成的基本前提是真实性。[8] 王学俭等认为,思想政治教育可信性和受教育者信任倾向共同构成信任的前因变量,教育者的功能作用、第三方人际信任、教学管理、组织氛围及学校外部信任等思想政治教育过程中的情境因素构成信任的中间变量,思想政治教育信任的结构均衡和不信任的

---

[1] 黄一诚.信任在学生思想教育工作中的作用[J].高校德育研究,1985(4):3.
[2] 冯灵芝,周显信.应重视思想政治工作的信任建设[J].思想政治工作研究,2007(3):31.
[3] 王锡伟,张教和.信任在高校思想政治理论教育中的作用[J].南京林业大学学报(人文社会科学版),2009(3):84.
[4] 金奇.思想政治教育中的信任及其改善[J].现代教育科学,2019(11):79.
[5] 范碧鸿.思想政治教育主客体信任关系初探[J].理论探讨,2006(6):162.
[6] 谢光绎.论思想政治教育过程中的主客体信任关系[J].湖南社会科学,2008(4):195.
[7] 王小凤.思想政治教育信任、信度与可信性之辨[J].学校党建与思想教育,2013(20):26.
[8] 高明,卢伟.思想政治教育中师生信任生成路径探析——基于对已有路径的反思[J].教育与教学研究,2015(12):55.

功能失调构成信任的结果变量。❶ 马锦琨指出，培育思想政治教育信任社会资本可以优化教育环境，增强思想政治教育实效性。❷

其四，思想政治教育信任机制。陆志荣、邓云晓认为，要从教育主体的教育人格、教育客体的受教心态、教育方式方法的艺术性、思想政治教育信任机制模型的动态建构、思想政治教育信任机制建构环境的不断优化等方面着手构建思想政治教育信任机制。❸ 余喜、范碧鸿认为，思想政治教育信任机制构建的基础和关键是教育主客体间的信任关系，要加强教育要素信任关系的培育。❹ 黄艳提出，高校思想政治教育信任运行由动力机制、导向机制、调节机制和保障机制支撑。❺

可以看出，国内学界对信任在思想政治教育中的重要作用的认识已达成共识，并从思想政治教育主客体信任关系、信任机理与信任机制等层面进行了探索；但在思想政治教育信任概念辨析、关系结构、呈现样态等方面的研究还需要进一步深入，信任思想在促进教育主客体之间沟通、优化教育环节、加快教育内化与外化、提升思想政治教育有效性等方面还存在一定的不足。

二、国外研究现状

国外学者对信任的研究基本上是围绕心理学、社会学、经济学、管理学、伦理学等学科层面展开的，对思想政治教育信任的研究在上述学科领域中均有不同程度的体现，尤其集中在伦理学领域。伦理学界对思想政治教育信任的研究主要关注个人品质，认为个人的诚实、不欺、守信等美德是赢得他人信任的关键因素，从而强调交往者道德品行的可靠性，其核心话题是

---

❶ 王学俭，杨昌华.思想政治教育过程中的信任因素研究［J］.教学与研究，2017（6）：87.
❷ 马锦琨.高校思想政治教育中的信任社会资本培育探析［J］.学理论，2018（3）：239.
❸ 陆志荣，邓云晓.思想政治教育信任机制论纲［J］.思想教育研究，2008（1）：22.
❹ 余喜，范碧鸿.试论现代思想政治教育信任机制的构建［J］.学校党建与思想教育，2012（18）：27.
❺ 黄艳.高校思想政治教育信任机制研究［J］.广西青年干部学院学报，2013，23（6）：53-55.

"诚信"。伦理学的研究进路并不特别重视信任的关系性特征，更多的是强调信任的道德文化因素。如英国古典经济学家亚当·斯密早在1759年的《道德情操论》中就关注过信任和人类经济行为的关系，认为经济活动的道德基础最主要的是人与人之间的信任；霍斯莫尔认为信任是对道德合理性行为的预期；怀特纳将信任看作社会成员对其他社会成员及其双方之间关系的一种积极信念；迈耶对信任信念、信任意愿和信任行为之间的区别进行了探讨。

西方国家的国民教育涵盖着强调民族感情、宗教信仰和法律观念等方面的信任教育，德国、日本等国家特别强调合作精神和意识的培育，可见，有关"信任思想"的培育在美国、欧洲国家和日本等发达资本主义国家教育实践活动中占据着重要地位。由于其属于资本主义制度体系下的信任教育，因此不可避免地具有其自身无法克服的局限性。

三、研究现状评述

总体上，国内外关于思想政治教育信任的相关理论研究已经取得了一定成果，这些理论研究成果为本研究工作的开展奠定了较为坚实的理论基础。

（一）已有研究的成效

国外学界对思想政治教育信任的相关理论研究集中在伦理学层面，强调了道德在社会信任环境营造及人际信任关系建立等方面的重要作用。

在国内，部分学者从伦理学、哲学价值论、马克思主义人学理论等角度对信任进行了研究，为开展思想政治教育信任研究提供了丰富的思想资源。

更为重要的是，国内思想政治教育工作者和相关领域学术界对信任在思想政治教育中的重要作用已达成了基本共识，从思想政治教育与信任之间的关联及价值、教育者与教育对象之间的信任关系、思想政治教育信任形成机理及其因素研究和思想政治教育信任机制四个层面展开了研究，为深入开展思想政治教育信任研究奠定了良好的基础。

（二）需要进一步开展的研究工作

总体来看，当前学界对思想政治教育信任的理论研究还存在着较大的空间，主要有以下方面。

其一，现有的相关理论研究对思想政治教育信任的学科属性界定稍显模糊，思想政治教育信任基础理论的系统性、理据性等方面存在一定的不足。因此，要进一步厘清思想政治教育信任的内涵、外延和特征，准确把握思想政治教育信任相关核心概念之间的关系，深入探究思想政治教育信任的基本要素、主要功能、结构形态、演进路向和运行机制，科学建构思想政治教育信任方法论体系。

其二，现有的相关理论研究对马克思主义经典著作、中华优秀传统文化蕴含的信任思想资源挖掘深度不够，对其他学科有关信任的观点或方法等借鉴还存在一定的不足。因此，要深入研究马克思主义信任思想、中华优秀传统文化信任思想、西方理论界信任思想的内涵要义与现实启示；充分借鉴国内外其他学科领域有关信任理论观点或方法，开阔思想政治教育信任研究视野。

其三，现有的相关理论研究局限于高校师生之间、辅导员与学生之间信任关系的研究，关注具体的思想政治教育场景下信任关系培育的研究，其理论研究的深度、广度等方面还存在一定的不足。因此，要深入探究思想政治教育信任的呈现样态，总结提炼当前我国思想政治教育信任实践中存在的各种问题，深入剖析产生这些问题的原因。

其四，现有的相关理论研究就如何改善教育者与教育对象之间的信任关系提出了相应的对策建议，但在研究的适用性、层次性等方面还存在一定的欠缺，特别是对如何提升思想政治教育信任质量这一重大现实问题的研究尚未聚焦。因此，要针对当前思想政治教育发展形势，在思想政治教育信任理论体系的指引下，充分吸收、借鉴相关学科领域的思想资源，结合思想政治教育信任的问题及其原因，提出提升思想政治教育信任质量的基本对策，为提高思想政治教育实效性提供新的研究视角和方法。

第三节 研究方法与研究思路

一、研究方法

社会信任既是全球化时代国际社会和当代中国实践中的重大现实问题，也是一个学科覆盖面广、系统性强的基础理论问题，而思想政治教育信任更是如此。为了全方位、多层次、系统性地对思想政治教育信任进行研究，本研究以马克思主义理论为根本指导方法，主要研究方法如下。

其一，跨学科分析方法。跨学科分析方法是对研究主题所属学科及相关学科之间观点、方法和技术等的相互借鉴、吸收，以实现对研究主题更为深入、全面、透彻的分析与探索。以思想政治教育信任为研究主题，需要在坚持马克思主义理论的指导方法下，以思想政治教育理论为理论基础，充分吸收、借鉴哲学、教育学、社会学、心理学、管理学、伦理学等学科内容、方法和技术，在整合多学科的视野观照中展开深度交流与对话，从而为洞察思想政治教育信任所蕴含的丰富内涵、要素及特征等提供理论和方法借鉴。

其二，文献研究方法。文献研究方法是通过收集、整理、分析各种与研究主题相关的文献资料，从中发现新的思想观点、形成新的历史脉络和知识体系等，从而为研究提供理论指导与思想借鉴的方法。对思想政治教育信任的分析与探索需要建立在丰富的文献资料基础之上，马克思主义经典著作、中华优秀传统文化蕴含着丰富的思想资源，西方相关经典理论为开展本研究提供了诸多理论借鉴，同时其他学者已有的相关研究成果也为本研究提供了丰富的思想滋养。

其三，历史和逻辑相统一的方法。历史和逻辑相统一的方法是辩证逻辑的重要方法之一，是在客观事实及认识的历史发展过程和脉络中实现与思维逻辑内在必然性的有机统一。不同时代的思想政治教育信任呈现方式各异，需要在马克思主义价值论和认识论的指导下，进一步揭示思想政治教育信任的内涵、外延、特征、要素、功能和结构，归纳思想政治教育信任的呈现样态，促进思想政治教育信任的历史脉络与辩证思维的高度契合。

其四，理论与实践相结合的方法。理论与实践相结合是理论回应实践关切、实践发展理论的重要研究方法。本研究针对思想政治教育实际工作和理论研究中对信任理论与方法重视度不足，以及思想政治教育信任质量不高的现状，分析归纳了思想政治教育信任问题的具体表现及其原因，从而为从实践层面提升思想政治教育信任质量提供支撑，并在思想政治教育信任实践中不断丰富和发展思想政治教育信任理论体系。

二、研究思路

无论是在思想政治教育学科建设和理论研究中，还是在思想政治教育实践工作中，思想政治教育信任问题并没有得到足够的重视，未发挥应有的作用，导致思想政治教育特别是在其效果等方面出现了问题，面临着一系列挑战。从理论上分析和解决这种应然与实然的矛盾，是本研究的立意与要旨所在。本研究以思想政治教育信任为核心，按照"思想政治教育信任的内涵、外延、特征、基本要素与主要功能是什么？""思想政治教育信任的理论依据是什么，思想资源有哪些？""思想政治教育信任的结构形态、演进路向与运行机制是什么？""思想政治教育信任的呈现样态有哪些？""产生思想政治教育信任问题及其原因是什么？""提高思想政治教育信任质量的基本对策有哪些"的逻辑思路进行研究。本书除结语部分外，共包括七章内容。第一章简要说明研究缘由与研究意义，梳理和分析国内外研究现状，阐明研究思路、框架、方法与内容；第二章探讨思想政治教育信任基础理论，包括思想政治教育信任概念界定、基本要素、主要特征和基本功能；第三章从马克思主义信任思想、中华优秀传统文化信任思想、西方理论界信任思想三个方面探索思想政治教育信任的理论依据及可借鉴的资源，对马克思主义信任思想中国化时代化的理论表达、构建符合当今中国现实发展需求的思想政治教育信任价值观进行了探讨；第四章探讨了思想政治教育信任的结构形态、演进路向、运行机制；第五章从时态样态、空态样态和能态样态三个方面阐述了思想政治教育信任的呈现样态；第六章从受信者对施信者、施信者对受信者、对思想政治教育内容、对思想政治教育方法、对思想政治教育环境五个方面总结提炼当前思想政治教育信任问题的表现形态，并对产生上述问题的直接原因、重要原因、关键原因和客观原因进行深入剖析；第七章是在前述研究的基础上，结合思想政治教育信任问题及其原因分析，从全面把握思想政治教育信任质量提升的五对关系、始终坚守思想政治教育信任质量提升的基本原则、持续拓展思想政治教育信任质量提升的有效路径三个方面提出了提升思想政治教育信任质量的基本对策；结语对本研究进行总结，并对思想政治教育信任理论研究与实践探索的发展趋势进行展望。

第四节　研究创新点与不足之处

一、研究创新点

本研究在吸收和借鉴学界理论成果的基础上，研究创新点主要包括以下方面。

（一）研究视角具有一定的创新性

从目前国内外有关思想政治教育信任研究的现状来看，已有一定的关于思想政治教育信任的研究成果，但相关的理论研究在深刻把握思想政治教育信任的呈现样态、基本规律和本质特征等方面存在不足，还没有学者专门从思想政治教育信任的视角开展系统性研究，因此本研究视角具有创新性。

（二）部分研究观点具有一定的创新性

本研究在观点上首要的创新之处在于提出了信任价值观这一概念，认为信任价值观是对一定社会关于信任的价值本质的认识及对社会信任标准、原则与方法等的根本态度和观点，是信任正义、信任文化、信任制度和信任思维的有机统一体。引导教育对象树立和践行中国特色社会主义思想政治教育信任价值观贯穿本研究的始终。

本研究在观点上又一重要的创新之处在于对思想政治教育信任内涵与外延进行了深度阐释，认为思想政治教育信任是教育者、教育对象及思想政治教育内在要素之间逐渐形成高度稳定、信赖和认同的思想、价值、情感与道德"养成共同体"，这个"养成共同体"既是一种持续发展的实践过程，也是一种相对静态的结构状态；同时从外延上看，思想政治教育信任是一种"全员式""全过程""全方位""全要素""全时域"的信任。

此外，本研究认为思想政治教育信任的基本功能包括凝聚功能、形塑功能、调节功能和关怀功能，其结构形态包括链式结构、嵌入式结构和交换结构，演进路向依次为信任接触、信任深化、信任内化、信任碎化和信任转化，运行机制包括发生机制、分化机制、耦合机制、调控机制和保障机制，呈现样态由时态样态、空态样态和能态样态三个方面组成。思想政治教育信任问题的关键是思想政治教育质量的问题，实质是思想政治教育的信任"不对称"，需要深度分析思想政治教育信任的问题形态及产生这些问题的深层次原因。同时，本研究从全面把握思想政治教育信任问题纾解的五对关系、始终坚守思想政治教育信任问题纾解的基本原则、持续拓展思想政治教育信任问题纾解的实践路径三个方面提出了思想政治教育信任质量提升的基本对策。这些命题和观点具有一定的创新性。

二、研究不足之处

受思想政治教育实践中人与人之间关系和面临的内外部环境的复杂性及笔者能力和水平的限制，本研究还存在一定的不足之处，提出的一些观点和理论阐述在思想政治教育中的可行性、应用性还需要在实际工作中不断检验和深化。同时，在如何开展思想政治教育信任评价方面，本研究目前仅做了尝试性探索，希望在未来可以进行进一步挖掘，特别是要加强思想政治教育信任质量全过程评价实践。此外，本研究在从心理学、社会学、行为学等角度总结提炼思想政治教育信任形成、变化和发展的机制机理方面还存在一定的不足，对思想政治教育信任的哲学反思较为薄弱，这些均是今后继续努力的地方。

第二章
思想政治教育信任基础理论概述

思想政治教育信任并非"思想政治教育"与"信任"两个概念之间的简单叠加，也并非完全是信任在思想政治教育中的具体应用。学界对思想政治教育信任范畴已有一定的研究，但尚未达成学术共识，为此，进一步厘清思想政治教育信任的内涵、要素与功能，成为深入开展思想政治教育信任研究的前提与基础。

第一节　思想政治教育信任的概念界定

概念是对同类物体所具有的共性特征、属性及规律的抽象概括。对信任及其相关概念、不同学科视域中的"信任"及教育信任概念的深入分析，为深刻理解和把握思想政治教育信任概念的内涵与外延奠定了基础。

一、信任

在人类社会发展的历史长河中，信任是一个经久不衰的话题。自人类开始群居生活以来，信任就根植在人与人之间的交往活动中。在生产生活中，对本族群的信赖和维护，是族群及其个体获得生存和发展的必要条件，成为人类社会信任的常态表现。人类社会形成后，为了生产和生活需要，部族内部及和外部的交流日益增进，对信任也提出了新的要求，使根植于自然血缘性的信任关系逐渐发展为社会性的信任关系，当然这种社会性的信任关系与血缘性信任关系共同存在。

（一）信任的概念

长期以来，国内外来自不同学科的研究者对信任开展了多层面的研究，到目前为止，信任的概念在学界尚未达成共识。信任概念的不同源于其学科属性的多元化。总体来说，随着学界对信任的理论研究的逐渐深入，有关信任的深层次机理不断挖掘，信任的应用领域逐渐拓展，不同学科领域的研究也呈现融合的现象。虽然目前对信任的整体性的概念界定仍未得到广泛认可，但对信任的某些层面达成了一定的共识，这种共识主要包括：①信任是信任主体对信任客体的预期，是信任主体对信任客体的主观判断而形成的社会现象，也是形成这种主观判断的心理认识过程；②信任既可以在人与人之间产生，也可以在人与组织之间、组织与组织之间产生；③信任是对潜在利益和风险的预判，具有不确定性、复杂性和风险性等特点；④信任是心理、社会、文化和伦理等多重作用的结果，对经济学、社会学、心理学、管理学、历史学、伦理学等学科领域及经济社会发展产生重要且深远的影响。

（二）信任相关概念辨析

在悠久的历史进程中，信任在推动人类生存和发展特别是社会文明进步中发挥着重要的作用，与之伴随而产生了诚信、信仰、信心、信念、公信、信用、信誉、自信和认同等相关概念，厘清这些概念与信任之间的关系将有助于深化对信任概念的理解，也为本研究的深入开展奠定良好的基础。

1. 信任与诚信

诚信是社会成员处理社会人际关系的基本伦理原则和道德规范，其根本动机是对经济交往对象的人格的尊重，或对一种基本道德义务的遵循。[1]信任是一种良好的心理预期，折射出社会人际互动的基本态度和心理状态，涉及人与人之间的各种交往关系。而诚信更多地指向他人和社会对个人的道德

---

[1] 朱贻庭.伦理学大辞典［M］.上海：上海辞书出版社，2011：249-250.

要求，是由外向内的。[1]《新时代公民道德建设实施纲要》强调，"诚信是社会和谐的基石和重要特征。要继承发扬中华民族重信守诺的传统美德，弘扬与社会主义市场经济相适应的诚信理念、诚信文化、契约精神，推动各行业各领域制定诚信公约，加快个人诚信、政务诚信、商务诚信、社会诚信和司法公信建设"。在个体层面，诚信属于道德范畴，强调注重内心的道德修养；在社会层面，诚信是社会基本道德要求和交往准则；在经济层面，诚信往往作为市场经济的基础行为规范。[2]大多数情况下，诚信属于静态概念，信任是静态观念和动态行为的统一体。在外延和社会意义上，信任的外延广于诚信，信任是基于一方对另一方的可信度的判断而形成的，诚信则更聚焦于在经济和社会生活中守信与否，信任他人不一定是信任他人的道德品质，也有可能是对其能力或人脉等多方面的信任。信任在词义、词性方面比诚信的内涵更为丰富，诚信通常是对个人、组织或社会重信守诺的认定，这种认定可以理解成一种"标签"，信任产生于对个体或社会某方面的认同；信任的"信"与诚信的"信"含义不同，前者多指"相信"，不以事先承诺为前提，后者指"守信"，大多数情况下是以承诺守约为前提。总体上，诚信是个人立于社会的基本道德要求和行为规范，一定意义上，诚信的概念范畴从属于信任的概念范畴；诚信是决定一方是否信任另一方的必要条件，讲诚信的人或组织往往更容易获得他人的信任，也更易于推动双方产生良好的信任关系，而良好的信任关系也有助于获得他人的认可，这种认可是产生良好信任的前提。诚信可以是信任的行为结果，信任和诚信相互依赖，在一定条件下可以相互转化。

2. 信任与信仰

信仰是人类社会特有的一种社会心理和文化现象，对个人和社会都有着独特的意义。信仰最初属于宗教概念，通常代表宗教信徒对神灵或教义的皈依。随着学术界对人的精神世界研究的不断深入，有关信仰的研究领域逐步

---

[1] 曹正善，熊川武.教育信任：减负提质的智慧[M].上海：华东师范大学出版社，2009：8.
[2] 徐雅芬.诚信的内涵和机制的建立[J].思想理论教育导刊，2003（8）：50.

扩大，信仰逐渐成为一个重要的学术概念，在我国已成为一门新兴学科——"信仰学"。[1] 信仰是人类特有的一种精神活动，是人们对某种事物或思想、主义等极度信服和尊崇，并将其奉为自己的精神寄托和行为规则。[2] 信仰是作为类的价值体系的信仰（信仰内容）和作为主体心理行为的信仰（信仰行为）的统一，马克思主义信仰是崇高的世界观信仰，是人类为自己构筑的最合理的精神家园。[3] 信仰从种类上划分有多种类型，如宗教信仰、政治信仰、哲学信仰、科学信仰、人生信仰、社会信仰和道德信仰等，其中政治信仰是人们对理想的社会政治形态的坚定不移的信念和执着追求[4]；无产阶级对共产主义的信仰是建立在对人类社会发展的客观规律的认识基础之上的科学信仰[5]。信仰是信任的一种较为古老深刻的内涵阐释，是一种高度的精神寄托，具有稳定性、皈依性和神圣性等特点。[6] 与信仰的这些特点相比，信任在稳定性上较弱，不确定性增大，预期性浓厚。信任多是双向、多维的，信任的对象可以是人、组织或制度、思想等；信仰一般是单向的，是对某种事物、思想、主张或主义的追随，主要对象是对一种理想的追求。信任是感性和理性认知的统一，而信仰一般属于理性认知。就两者关系看，信任是信仰的初级形式，信仰是信任个人或组织价值追求的高级阶段，在思想政治教育范畴内，信任与信仰统一于系统信任、制度自信等领域。[7] 信仰是信任的精神纽带和支柱，信任是形成信仰的前提与基础。可以说，信仰是对世界和人生的总看法、总态度和总方针，由"信"至"仰"，即为最高阶信任。

3. 信任与信念

信念是人的具有坚定确信特性的深层观念[8]，是人们对事物的存在及其性

---

[1] 刘建军. 论信仰学研究的基本理念［J］. 山东大学学报（哲学社会科学版），2021（4）：29.
[2] 宋敏娟. 当代大学生马克思主义信仰教育研究［M］. 上海：复旦大学出版社，2018：1.
[3] 练庆伟. 当代大学生信仰教育的复杂性研究［M］. 广州：广东人民出版社，2018：40.
[4] 王宏强. 政治信仰：概念、结构和过程［J］. 学术探索，2006（3）：9.
[5] 朱贻庭. 伦理学大辞典［M］. 上海：上海辞书出版社，2011：45.
[6] 郭慧云. 论信任［M］. 重庆：西南师范大学出版社，2016：22.
[7] 彭文君. 当代大学生诚信建设研究［M］. 上海：上海交通大学出版社，2018：20.
[8] 李奕，李传新. 信念之我见［J］. 贵州大学学报（社会科学版），2005（4）：10.

质、状态、功能和变化等方面坚信不疑的判断或命题❶，是由认识、情感和意志构成的融合体❷。信念是个体对自己的想法、观念、意识及行为倾向的坚定不移的"确信"，是一种执着的习惯，有强烈的信念支撑，可以激发个体更强大的意志，激活个体的忍耐力、耐挫力、勇气、进取心、毅力、自信心等，唤醒个体的潜意识行为。信念的产生源于对事物规律的科学认知，对践行信念的实践探索。在表现形式上，信念较多地表现为理性的概念、判断、推理，多在经验和先验范围，需要通过判断或命题表现出来。信任与信念之间多向交叉，信念的确信是更为强烈且坚定的"信任"，更多地体现在世界观、人生观和价值观层面，是对理想目标的向往并为之奋斗和献身的不懈追求。❸ 信念与信任在精神层面具有一定的共同之处，特别是在科学的世界观、人生观和价值观上，信念更多是通过自主学习、思考后在精神层面上对理想追求的确信，信任在信念的产生过程中发挥着重要的作用。需要关注的是，"信念"通常与"理想"组合为"理想信念"，而"理想信念"是中国共产党人思想政治话语的核心概念。❹

4. 信任与信心

信心是社会成员相信自己的愿望或预期能够实现的积极心理，是对自身现状的评价和体验及对未来状况的预测，是对自身或他人及他所做的事情必定成功的信念。❺ 可见，信心是一种积极的心理状态表达，基于个体对他人或他物在未来发展趋势上的一种肯定性的预测，如对自己、他人、他物、组织、国家等有信心，是提高个体行动勇气、加快行动速度、提高行动成功率的重要保障，也是面对各种挫折、困境、困惑的积极心态。在区别上，信任更具有互动性和多维性，信心往往具有较强的自我性和单向性；信任的实践

---

❶ 魏长领，等.道德信仰与社会和谐［M］.武汉：武汉大学出版社，2013：24.

❷ 高玉祥.个性心理学［M］.北京：北京师范大学出版社，1989：107.

❸ 向贤彪.信仰·信念·信心［N］.解放军报，2019-01-21.

❹ 刘建军.中国共产党人"理想信念"概念的形成史［J］.山东大学学报（哲学社会科学版），2021（1）：8.

❺ 李之海.中国信派［M］.北京：九州出版社，2013：156.

性更强，信心在很多场景下表现为一种积极向上的心理体验；信任的稳定性较强，而信心的主观性较强，往往是个体或者个体希望他人或他物推动某项工作的精神动力、精神支柱，产生强大的精神力量去支持个体的行动。吉登斯认为，信任是信心的一种特殊类型。❶ 信心更多指向对某人、某物或某个组织能够胜任某项工作、实现目标的信任程度，是一种基于信任的积极心理效能；信心根植在活生生的社会实践中逐渐积淀的对崇高信念的自觉体认、对科学信仰的现实坚守。❷ 信任与信心之间相互支撑、相互促进，良好的信任关系可以增加个体的信心，而对自我或他人有自信，可以增强自我信任他人的判断力或对他人的信任程度。

5. 信任与公信

一般意义上，公信是社会公共信任或公众信任的简称，体现为社会公共权力部门对社会大众的诚信。公信是经济社会发展到一定阶段的社会成员普遍认同的价值观念，是社会人际关系、经济关系、行政关系和法律关系等的重要行为准则，公信的元素包括公理、公义、公权、公利和公正等。公信程度一般用公信力表征。公信力聚焦在社会公共生活领域，是公共权力面对时间差序、公众交往及利益交换所表现出的一种公平、正义、效率、人道、民主、责任的信任力。公信力深入思想政治教育领域，即产生思想政治教育公信力，是思想政治教育活动可以获得社会成员信任的能力，是公众对思想政治教育的价值认同。❸ 公信与信任之间既有区别也有联系，公信的对象往往是权力机构或公共服务机构，是对社会系统的信任或依赖，体现的是社会大众对政党、政府机关、法律法规、政策制度等的高度信赖、尊重和认可，信任的对象往往是抽象的非自然个体；信任既有人际信任，也有制度信任、政治信任。公信和信任都是维系社会稳定、健康发展的重要内容，公信主要从维护社会成员对政府和执政党的权威层面，信任既涉及社会成员对政府和执

---

❶ 吉登斯. 现代性的后果 [M]. 田禾，译. 南京：译林出版社，2000：27-28.
❷ 李忠军，杨科. 新时代铸魂育人的关键：信仰、信念、信心 [J]. 思想理论教育，2019（6）：58.
❸ 向征. 论思想政治教育的公信力 [J]. 马克思主义与现实，2013（1）：196.

政党的信任，也包括对其他社会成员的信任。可以说，公信是基于社会公共领域在公平、正义、合法、合规和民主等层面的信任度，因此，公信是以信任为前提的公信，信任是其前提和必要条件。

6. 信任与信用

信用是二元主体或多元主体之间，以某种经济生活需要为目的，建立在诚实守信基础上的心理承诺与约期实践相结合的意志和能力，是建立在信任基础上的能力。❶广义上的信用包括经济领域的信用及通常所说的诚实守信等全部内容。❷信用首先是一个道德概念，指人际交往中的诚实守信❸；作为经济学概念时，往往指金融或商业领域的赊销或赊购。广义上，信用是指与约定、承诺、契约、誓言等有关的伦理形态及其相应的规范要求与品行。狭义上，信用通常作为经济学概念，主要表现为市场交易所产生的各种信用形式及信用工具。信任与信用之间的区别在于：信用是名词，具有静态属性，表示可信任，而信任既是名词，也是动词，具有动态属性；信任是社会关系的一种，而信用主要是一种可信能力的证明；信用的可度量性更高，信任的可度量性更为复杂；信用更多聚焦于经济活动，而信任领域较宽泛。两者之间的联系在于：信任与信用之间互为前提和基础，信用是能够履行与他人约定的事情而取得的信任；信用作为一个重要的可信性考量指标，是获得信任的资本，对信任有积极的作用，避免了信任的盲目性。可以说，没有信任者的积极信任、托付和实践，信用的价值就无法得以实现，成为空中楼阁。

7. 信任与信誉

信誉一般作为名词使用，主要是指某人或某个组织所具有的信用和名誉等方面的情况，通常是指某人或某个组织在经济社会发展中因遵诺守契而得到其他人或组织的信任和赞誉，同时也是社会成员在一定社会中所遵循的基本道德规范之一。信誉是一种守信与否的行为选择，受行为主体的长期自我

---

❶ 喻敬明，等.国家信用管理体系［M］.北京：社会科学文献出版社，2000：1.

❷ 吴晶妹.信用管理概论［M］.上海：上海财经大学出版社，2011：2.

❸ 朱贻庭.伦理学大辞典［M］.上海：上海辞书出版社，2011：128.

利益驱动，是一种践约能力，也是一种评价、一种声誉，在他人的评价中建立，是某一行为主体在经济交换过程中好的形象、声誉的体现。❶ 信誉表达的是一种品格，属于道德范畴，但由于其具有的重要经济价值，因而成为经济学研究的重要内容。❷ 信誉可以作为某人或某个组织的可信度，是其长期积累并形成的无形资产。从词义和词性角度看，信誉一般作为名词，属于静态范畴；信任既可作为名词，也可作为动词，在日常行为中多用于动词。从社会关系角度来看，信任的关系属性更为复杂；信誉主要是他人的评价，互动性不如信任。两者之间的关系密切，信誉是信任的结果，是个人或集体长期信守承诺获得的高度认可的正面的积极的评价，评定个人或集体的信誉程度一般用信誉等级；有良好信誉的人或事物也更易于得到信任，两者之间相辅相成。

　　信任与诚信、信仰、信念、信心、公信、信用、信誉是"信"的双字词语，可以说是"信"的衍生词。总体来看，上述概念之间呈现共生关系，与人的社会属性和道德规范有着千丝万缕的关系，同时又各具特点，侧重点不一样，在不同语境下的内涵、外延、特点、要素、机制和实践等方面均有所不同。从思想政治教育学科来看，诚信是一种内生性的道德品德，信仰和信念是一种高层次的价值追求和崇拜，信心表现为对某人或某物的自信、确信，公信主要是面向社会公众层面的信任、信赖或认可，信用和信誉更多地体现为他人或社会的评价。相比之下，信任是上述概念的综合体，信任在诚信、信仰、信念、信心、公信、信用和信誉的产生、发展过程中均发挥着重要的基础性和联结性作用。信任需要社会环境中社会成员之间的交流互动及生成的各种人际关系的支撑，也是社会成员对信任的思想探索和价值追求，需要内生自信、外向评价将诚信、信仰、信念、信心、公信、信用和信誉有机融合，通过信任意愿、信任倾向、信任价值、信任文化和信任评价为思想政治教育信任的深入研究带来思想资源和智慧。

---

❶ 段建玲.信誉管理［M］.兰州：甘肃文化出版社，2008：7.
❷ 程承坪.信誉的生成机理及对我国加强信誉建设的启示［J］.社会科学辑刊，2003（4）：63.

（三）相关学科视域的"信任"

从学科视野来看，信任是一个具有多学科属性的学术概念，国内外不同学科的学者从不同的视角对信任进行了理论研究。

1. 心理学视角中的"信任"

心理学关于信任的研究是现代信任研究的起点，依照心理学的传统范式，以微观社会个体的心理为基础，从人的个性特点入手，将信任理解为个人的心理事件、人格特质和行为。心理学家多伊奇通过囚徒困境实验，认为信任其实是对情境的一种反应，它是由情境刺激决定的个体心理和个人行为，信任双方的信任程度会随着情境的改变而改变。[1]霍斯莫尔和罗特尔等学者按照人际信任中个体差异和人格特点的研究视角，用心理学实验方法得出结论，认为信任是社会成员人格特质的表现，是一种经过社会学习逐渐形成的相对稳定的人格特点。霍斯莫尔认为，信任是当个体面临预期损失大于预期收益不可预料的事件时，所做的一个非理性的选择行为。[2]罗特尔将信任看作个体认为另一个体的言辞、承诺及口头或书面的陈述是可靠的概括化期望。[3]卢梭认为，信任是一种心理状态，是基于对对方行为意图的积极期望而愿意接受由此带来的风险。[4]杨中芳等认为，信任是一个相当复杂的社会与心理现象。[5]倪霞认为，信任本身不仅是一种个体心理状态或性格倾向，更是行为者对行为对象的一种关系性交往活动。[6]严进认为，信任是对情境和信任客体的心理评估，是基于心理认知的行为决策。[7]信任是一种相当复

---

[1] DEUTSCH M. Trust and suspicion［J］.The Journal of Conflict Resolution，1958，2（4）：265.

[2] HOSMER L T. Trust: the connecting link between organizational theory and philosophical theory［J］. Academy of Management Review，1995，20（2）：379.

[3] ROTTER J B. A new scale for the measurement of interpersonal trust［J］. Journal of Personality，1967，35（4）：651.

[4] ROUSSEAU D M，SITKIN S B，BURT R S，et al. Not so different after all：a cross-discipline view of trust［J］. Academy of Management Review，1998，23（3）：393.

[5] 杨中芳，彭泗清.中国人人际信任的概念化：一个人际关系的观点［J］.社会学研究，1999（2）：2.

[6] 倪霞.论现代社会中的信任［M］.北京：人民出版社，2014：23.

[7] 严进.信任与合作——决策与行动的视角［M］.北京：航空工业出版社，2007：14.

杂的社会心理现象，姚琦、马华维认为信任所涉及的心理过程不可避免地带有文化的烙印。❶

2. 社会学视角中的"信任"

对社会学家而言，信任在更大程度上是作为一种突破了个体的关系而存在的，它已经成为一种社会关系，这种关系并非孤立存在，而是根植于整个社会政治、经济、文化的背景网络中，其生成有着深刻的社会制度的烙印。最早对信任问题作出专门论述的是德国社会学家西美尔，他在1900年出版的《货币哲学》一书中认为，"离开了人们之间的一般性信任，社会自身将变成一盘散沙，因为几乎很少有什么关系能够建立在对他人确定的认知之上"❷。此后，韦伯、涂尔干、帕森斯、布劳等学者对信任进行了一定的研究。韦伯将信任分为特殊信任和一般信任两类；涂尔干认为信任来自家庭和血缘关系；帕森斯把信任视为约定的一种结果；布劳则把信任描述为稳定社会关系的基本因素。20世纪70年代后，越来越多的学者开始关注信任的研究，最具代表性的学者包括卢曼、巴伯和爱森斯塔德等。卢曼认为信任是简化复杂性的机制，提出了"系统信任"概念，并将信任分为人际信任和制度信任；巴伯认为，信任是社会关系的一个方面；爱森斯塔德提出了"信任结构"概念，认为社会分工组织与信任结构之间存在着巨大的冲突。此后，科尔曼、吉登斯、祖克尔、福山等学者考察了社会关系和社会体制对信任的影响。科尔曼将信任关系系统分为相互信任关系组成的共同体、中介人行使顾问职能的信任关系组成的系统❸；吉登斯认为，信任是对人际关系和事物"现实"的深信不疑❹；祖克尔从发生学的角度，提出了基于交往经验的信任，基于行动者具有社会、文化特性的信任，以及基于制度的

---

❶ 姚琦，马华维.社会心理学视角下的当代信任研究[M].北京：中国法制出版社，2013：2.
❷ 西美尔.货币哲学[M].陈戎女，等译.北京：华夏出版社，2007：111.
❸ 科尔曼.社会理论的基础（上）[M].邓方，译.北京：社会科学文献出版社，2008：188.
❹ 吉登斯.现代性与自我认同——现代晚期的自我与社会[M].赵旭东，等译.北京：生活·读书·新知三联书店，1998：57.

信任[1]；福山认为，信任是一种普遍的文化特性，信任由文化决定[2]。在国内，郑也夫认为亲属与熟人间的信任为人格信任，陌生人之间的信任由货币系统和专家系统组成。马俊峰认为，社会信任作为人们在交往活动中产生的一种价值心理和态度，受交往发展水平和交往方式的制约。[3]

3. 经济学视角中的"信任"

经济学界有关信任的研究最早可追溯到英国古典经济学家亚当·斯密。他在1759年出版的《道德情操论》中认为，社会经济活动要建立在一定的道德基础上，这里所说的道德基础主要是指人与人之间的信任，"诚实、公正、仁慈之行几乎总能万无一失地获得这些美德最期盼的酬劳——周围人的信任与爱戴"[4]。然而，这些观点在当时并没有引起经济学家的充分重视。长期以来，有关信任的研究被排斥在规范经济学的研究范畴之外。直到20世纪70年代，主流经济学才开始关注信任问题。经济学家对信任的研究大多建立在理性"经济人"假设基础上，强调信任是为了规避风险、减少交易成本的一种理性计算。其中，阿罗认为信任是经济交换的润滑剂；赫希指出信任是很多经济交易所必需的公共品德；艾克斯罗得、达斯古普塔、诺思和威廉姆森等学者把信任与风险联系在一起，认为信任是理性行动者在内心经过成本收益计算的风险的子集，即计算性信任。此外，格兰诺维特用"嵌入"理论解释和分析了经济生活中信任与经济秩序、经济交易成本之间的关系[5]；科尔曼认为信任关系是社会资本的特定形式；帕特南认为信任是社会资本必不可少的组成部分；福山认为社会资本是在社会或其中特定的群体中成员之间的信任关联程度。郑也夫认为，货币是人类建立的第一个抽象"系统信任"。[6]

---

[1] ZUCKER L G. Production of trust：institutional sources of economic structure [J]. Research in Organizational Behavior，1986（8）：53.

[2] 福山.信任：社会美德与创造经济繁荣[M].彭志华，译.海口：海南出版社，2001：29.

[3] 马俊峰，等.当代中国社会信任问题研究[M].北京：北京师范大学出版社，2012：84.

[4] 亚当·斯密.道德情操论[M].陈出新，陈艳飞，译.北京：人民文学出版社，2011：164.

[5] 翟学伟，薛天山.社会信任：理论及其应用[M].北京：中国人民大学出版社，2014：77.

[6] 郑也夫.信任论[M].北京：中信出版社，2015：187.

4. 组织行为学视角中的"信任"

从20世纪90年代起，有关信任的研究逐渐成为行为学的一个重要议题。行为学领域有关信任的研究集中在组织行为信任方向。卡明斯和布鲁米里认为，组织信任是组织中的个人或群体成员遵守共同的承诺、不谋取额外利益的共同信念；查希尔认为，组织信任是组织成员共同拥有的对其他组织的信任程度。在组织信任绩效方面，安科纳等认为信任对团队的任务过程有着正面的作用；查希尔等认为信任与组织间的关系绩效正相关；王重鸣认为信任模式对团队任务绩效作用显著。在组织信任关系发展方面，查德等认为主动信任发展是强化信任的一个有效策略；迈尔等认为信任发展的重要影响因素包括能力、仁慈和正直；沙皮尔提出了威慑型信任、了解型信任、认同型信任；克拉尔等认为信任的演进阶段包括信任构建、维持和破坏。在组织内人际信任发展的影响因素方面，舍维认为信任的系统发展随着时间发展而增长或削弱；韦慧民提出"初始信任"概念，认为"初始信任"是在最初的相互作用过程中，信任方在一定程度上相信并且愿意依靠对方的一种心理状态❶。此外，格里德、米尔斯认为信任在管理哲学和组织形式中扮演着互动的角色。❷

5. 伦理学视角中的"信任"

伦理学界认为个人的诚实、不欺、守信等美德是赢得他人信任的关键因素，从而强调交往者道德品行的可靠性。其核心话题是"诚信"，认为道德水平的变化是导致社会信任水平变化的重要原因。尤斯拉纳认为，信任他人即信任的道德基础；巴伯认为，信任是对维持合乎道德的社会秩序的期望；福山认为，信任是有共同道德或价值的社群的产物。霍斯莫尔认为，信任是对具有道德合理性的行为的预期，当被信任方的行为符合道德准则时，信任方愿意依赖被信任的对象；怀特纳将信任视为社会成员对其他社会成员及其

---

❶ 韦慧民. 组织信任关系管理：发展、违背与修复［M］. 北京：经济科学出版社，2012：51.
❷ 克雷默，泰勒. 组织中的信任［M］. 管兵，等译. 北京：中国城市出版社，2003：22.

相互之间关系所持有的积极信念，表现为对其他社会成员可信度的评估；迈耶、戴维斯和斯科罗曼区分了信任信念、信任意愿和信任行为的区别与联系，认为信任度高并不必然形成信任，信任意愿也不必然形成信任行为，信任行为的产生受到诸多因素的影响。什托姆普卡认为，信任是文明社会能力的一个组成部分，是政治参与、企业成就、利用新技术的意愿的先决条件。❶白春阳认为，信任带有强烈的社会性和人文性，信任是一种文化现象。❷何立华探究了信任的历史文化、经济影响和形成机制，认为中国传统社会信任模式的形成和维持是由特定的时代背景所决定的。❸

此外，部分学者从政治学、人学理论和信息学等学科领域对信任进行了研究，如沃伦的《民主与信任》、蒂利的《信任与统治》、帕特南的《独自打保龄：美国社区的衰落与复兴》、上官酒瑞的《现代社会的政治信任逻辑》、丁香桃的《变化社会中的信任与秩序：以马克思人学理论为视角》、张维迎的《信息、信任与法律》和鲁兴虎的《网络信任》等论著。有关信任的跨学科研究也在不断发展，如舒尔茨提出了信任的跨学科模型，涉及人格心理学范畴的信任意愿、社会学范畴的信任体系、社会心理学范畴的信任信念和信任意图。❹

（四）思想政治教育学科视域的"信任"

一般而言，思想政治教育以人们的思想品德形成发展和对人们进行思想政治教育的规律为研究对象❺，是教育者和教育对象共同参加的实践活动。教育者通过一定的教育方法向教育对象"灌输"思想政治教育内容，教育对象对思想政治教育内容进行学习、理解、吸收与内化，逐渐养成社会所要求

---

❶ 什托姆普卡.信任：一种社会学理论［M］.程胜利，译.北京：中华书局，2005：19.

❷ 白春阳.现代社会信任问题研究［M］.北京：中国社会出版社，2009：26.

❸ 何立华.信任及其影响因素：基于中国社会的多维度考察［M］.北京：科学出版社，2017：86.

❹ SCHULTZ C D. A trust framework model for situational contexts［C］// Proceedings of the 2006 International Conference on Privacy, Security and Trust: Bridge the Gap Between PST Technologies and Business Services. New York：2006：2.

❺ 张耀灿，郑永廷，等.现代思想政治教育学［M］.北京：人民出版社，2006：5.

的思想政治素质和道德品质。思想政治教育由具体的个体实施和参与，因此其中必然关涉人与人之间的关系，也必然关涉具体的"人"对其他具体的"人"或"人"的群体及思想政治教育要素的观点、态度和看法。教育对象对教育者是否信任及其相互之间是否形成良好的信任关系，成为上述"关系"及"观点、态度和看法"的基础性内容之一。

其一，思想政治教育学科视域中的"信任"是一种人际信任关系。人际信任关系是人与人之间形成的社会关系之一，是在思想政治教育实践中，所有参与者相互之间形成的人际关系，是一方对另一方的总体看法特别是依赖、认同的判断，其中教育者与教育对象之间的信任关系是思想政治教育信任关系的核心。

其二，思想政治教育学科视域中的"信任"是对思想政治教育本质、内容、方法等观点持有认同心理与认可情感。思想政治教育是一门具有中国特色的学科领域，随着思想政治教育学科的飞速发展，思想政治教育越来越深入人心，在改造和提升人的思想政治综合素质、推进人的全面发展过程中发挥着越来越重要的作用。但由于诸多因素的影响，对思想政治教育的总体看法尚未在教育系统相关利益群体中达成普遍共识，对教育者整体素质、教育内容、方式方法和效果的信任程度与预期存在较大差距，制约着思想政治教育的长远可持续发展。

其三，思想政治教育学科视域中的"信任"是思想政治实践活动中一种内隐的、必然的、重要的途径或方式方法。从某种程度来说，思想政治教育实践活动是教育主体通过一定的教育方式、方法或手段，使教育对象信任、信服、信赖思想政治教育实践中教育主体所倡导的各种思想、观点、理念和价值的过程，而这种方式、方法或手段长期以来在思想政治教育学科中被忽视，默认为理所当然，没有引起足够的重视；或被认为是社会学和心理学的应用范畴，被排斥在思想政治教育学科之外；同时，也未加深入系统地研究与开发，对思想政治教育视域中"信任"的内涵、特征、规律和价值等认识模糊甚或存在一定的误区，其应用领域较为闭狭。

二、教育信任

（一）教育信任的提出

教育系统是一个开放的生态系统，由教育主办者、教育者、教育对象、教育主管部门及其他个体或组织等要素组成。在教育实践过程中，既需要教育场域内教育参与者特别是教育者与教育对象之间在知识、价值和情感层面的深度沟通交流，也需要从教育场域内外审视社会与教育系统之间的关系。教育系统内的教育者、教育对象及其相互之间的信任关系和教育者、教育对象对教育系统的信任，是在教育实践中自然而然地产生和发展起来的，在长期的教育实践中成为稳定的人际关系和价值取向，默化为积极的信念、自信心和习惯的逻辑前提。在教育教学实践中产生的信任倾向与信任关系是简化教育复杂化的重要机制，可以促进教育主体之间形成更为亲密、包容、团结、和谐的人际关系，使教育者和教育对象之间的交流沟通更加充分，为教育者提高教育教学能力、教育对象提高学习主动性与创造性提供精神力量。

与之相应，随着近年来内外部环境的变化，以及教育内部自身发展呈现出的问题，教育的信任危机愈发严峻。在教育教学过程中，师生之间的互动交流减少，网络的发展使线上教学日益增多，无形中为师生之间的互动交流增设了诸多障碍；同时，师生之间的信任关系在教育教学过程中未得到足够重视。教育系统内部师德问题，如学术不端、侵害学生利益行为及其他违纪违法行为时有发生；教育系统内"不作为""乱作为"等现象影响恶劣；个别教师热衷于权力、资源和人脉，搞"圈子"文化，对教育教学不上心、不用心，教学方式单一，教学内容陈旧，对正常教育教学秩序和人才培养产生严重干扰。学生对接受教育的需求日益多元，同时受到学校内外环境因素的影响，部分学生在接受教育过程中的学习价值、学习方式和学习态度产生一定的偏移。广大人民群众日益增长的接受教育以促进全面发展的需要和不平衡不充分的教育供给能力之间的矛盾依然存在；教育系统自身存在的教育公正等问题时有发生,这些均会影响到社会大众对教育系统的满意度。从教育信任的内涵来考量,现实的教育在教育信念、行为表征及制度实践等方面都存在着一定的问题,从而带来了教育信任的功利化、客观化及失效性等潜在的危机问题。❶现实中许多显性或隐性的师生问题暴露了教师和学生之间信任的"亚健康"状态。❷

信任在教育系统中产生的重要作用,以及当前教育系统中存在的信任危机,迫切需要教育理论界和实践界加强教育信任的理论研究与实践探索。

(二)教育信任的内涵

对教育信任的关注可追溯到19世纪末至20世纪初对"家长参与"理念的发展,历史学家提亚克和索特认为"教育信任"将学校与家庭之间的互动转变成了一种公共关系的实践。❸长期以来,对教育信任的研究混同于教育的信任的研究,其主要目的是提高学校形象和社会影响力。21世纪初,国内学者对教育信任的研究逐渐兴起,如曹正善分析了信任对于教育的价值,认为信任是教育诸种关系中最基本的关系,存在于教育的一切互动中,信任建构了以"关系为本体"的教育结构❹;鲁良借鉴国外经验,认为教育信任的创设对高等教育发展具有基础性和保障性作用❺;王霞认为信任是教育的基本逻辑前提,教育的信任包括社会对制度化的教育活动的信任、教育活动中主体之间的信任❻;温恒福和杨丽认为教师信任的建立既需要技术,也是一门艺术,教育信任的困难之处不在于一时的获得,

---

❶ 王霞.教育的信任危机与重建[J].西北师大学报(社会科学版),2019,56(5):105.

❷ 温恒福,杨丽.过程哲学与中国教育改革:探索中国教育改革的另一种可能[M].北京:教育科学出版社,2016:403.

❸ CUTLER Ⅲ W W. Parents and schools: the 150-year struggle for control in American education[M]. Chicago: The University of Chicago Press, 2000: 5.

❹ 曹正善.信任的教育学理解[J].四川师范大学学报(社会科学版),2007(4):47.

❺ 鲁良.教育信任的创设:构架、治理与展望——澳大利亚高等教育信任的经验解释[J].湖南师范大学教育科学学报,2020,19(6):118.

❻ 王霞.教育的信任危机与重建[J].西北师大学报(社会科学版),2019,56(5):104.

而在于强化和重构的问题❶。

国内部分学者对教育信任的内涵进行了研究，但这些关于教育信任内涵的界定尚未达成共识。有关教育信任的内涵主要包括：曹正善在《教育信任：减负提质的智慧》中提出，教育信任是"教育主体对教育世界及其人事的可信性的肯定性反映"❷；关松林认为，教育信任是从自我到他人，范围逐步扩展的教育激励的弥散过程❸；李长伟和宋以国认为，教育信任是一般信任在教育场域中的特殊形态，是教育个体间的相互信任、教育参与者对教育系统的信任❹；明庆华和王明雷认为，教育信任是对学校中作为主体性存在的人的一种信任的姿态、信任的情感、信任的精神，是教育主体之间的相互信任❺；凡景强和李霄翔认为，教育信任是在教育双方相互作用、相互影响的过程中，综合发挥出教育要素的系统效应，形成了比较稳定的普遍信任的教育关系，是在主客体的相互关系中，由主体的信任意愿和客体的可信品质之间动态耦合、协同共振、辩证发展而产生出对教育的肯定性依赖关系❻。

综上可见，有关教育信任的内涵至少包括五个方面：①教育信任是一种积极的、正向的、肯定式的信任；②教育信任既是教育系统中教育者与教育对象之间、教育对象与教育对象之间、教育者与教育者之间的信任，也是教育者、教育对象与相关社会群体及组织之间的信任；③教育信任包含着教育系统之外的系统对教育系统的信任；④教育信任是一种人际关系；⑤教育信任是在思想、价值、情感、道德和知识等方面形成的信赖与认同。

---

❶ 温恒福，杨丽.过程哲学与中国教育改革：探索中国教育改革的另一种可能［M］.北京：教育科学出版社，2016：403.

❷ 曹正善，熊川武.教育信任：减负提质的智慧［M］.上海：华东师范大学出版社，2009：12.

❸ 关松林.我们这样做校长Ⅰ：辽宁省首批中小学专家型校长管理理念与实践［M］.长春：东北师范大学出版社，2015：15.

❹ 李长伟，宋以国.现代社会中教育信任的式微与重建［J］.当代教育科学，2019（2）：6.

❺ 明庆华，王明雷.教育信任：学校交际文化建设的基石［J］.现代教育论丛，2010（11）：73.

❻ 凡景强，李霄翔.教育信任：提升高校思想政治教育公信力的关键［J］.河南师范大学学报（哲学社会科学版），2022，49（2）：144.

三、思想政治教育信任

思想政治教育信任是思想政治教育实践中产生的特定信任。深刻探究思想政治教育信任的要素、结构和功能，首先要明晰思想政治教育信任的概念和外延，这是基本前提和必然要求。

（一）思想政治教育信任概念释义

目前，国内学术界对思想政治教育信任概念的定义仍存在分歧，尚未达成共识，主要存在以下五种观点。

第一种观点从价值维度出发，认为思想政治教育信任是思想政治教育主体在接受思想政治教育客体某种属性的同时，预期其能满足自身发展以适应社会发展需要而信赖思想政治教育客体的一种价值关系。❶ 这种观点认为思想政治教育信任的产生是基于客体之于主体的价值属性，强调价值属性的满足。此种观点一是忽视了思想政治教育本身高度可信性的事实，对思想政治教育的政治性、阶级性认识不足；二是忽视了思想政治教育信任的交互性和多维性特点，仅强调教育主体与客体之间的信任，对教育主客体界定不严谨；三是忽视了思想政治教育信任中涉及的情感、道德和认知等方面的内容。

第二种观点从认知关系出发，认为思想政治教育信任是一种主体间活动认知过程，教育主体间的双向或多向交互活动，达成思想上的共识和共享，共享精神、智慧、意义，在共享中相互促进发展。❷ 这种观点强调了教育主体的认知与信任之间的关系，对思想政治教育信任的交互性和多维性进行了阐释，指出了思想政治教育主体之间的思想共识和共享是思想政治教育信任的重要作用。这种观点将思想政治教育信任局限为一种认知式信任，强调信任关系是一种认识式信任关系，忽视了思想政治教育实践中教育主体之间的

---

❶ 范碧鸿.思想政治教育主客体信任关系初探［J］.理论探讨，2006（6）：162.
❷ 黎玉明，侯波.思想政治教育信任形成机理与信任培育［J］.湛江师范学院学报，2012，33（1）：51.

情感信任、道德信任和人际信任等，以及教育主客体之间的系统信任。该观点没有看到教育主体对思想政治教育内在要素的信任，对思想政治教育信任的系统性和科学性把握存在一定的不足。

第三种观点从对思想政治教育客体的关系角度出发，认为思想政治教育信任是教育主体立足于教育客体本身的真实性基础之上，在接受教育客体某种属性的同时预期其能满足自身发展以适应社会发展需要而信赖教育客体的一种肯定性的关系。[1]这种观点认为思想政治教育信任建立在思想政治教育客体的"真实性"基础之上，而思想政治教育客体除了"真实性"之外还有其他特性，"真实性"能否作为立足的基础还需要进一步论证。同时，该观点强调接受教育客体"某种"属性，而现实中教育客体的属性是多维的、综合性，教育主体接受的可能是教育客体的多种属性或综合属性。因此，这种观点对教育信任主客体内涵及其相互关系尚未厘清。

第四种观点从教育者、受教育者及教育内容之间关系的角度出发，认为思想政治教育信任是受教育者在接受思想政治教育过程中对于思想政治教育本身属性的一种接受和信赖，表征着教育者、受教育者及教育内容之间的一种稳定的信赖关系。[2]这种观点聚焦受教育者对思想政治教育属性的基本认识和判断，强调了思想政治教育系统内教育者、受教育者和教育内容之间稳定的依存与信赖关系，对信任指向和信任范围进行了较为抽象的概括，将思想政治教育信任的过程性、指向性、关系性进行了明确阐释；但其所指涉的"信赖关系"的三种要素存在不足，还应包括教育环境、教育目标、教育理念、教育方式、教育活动、教育技术、教育载体和教育效果等要素，同时对信任在思想政治教育中的价值、情感和道德要素考量还不够充分。

第五种观点从思想政治教育信息角度出发，认为思想政治教育信任是指受教育者就教育者传递的思想政治教育信息产生认同感，达成共识，有效指

---

[1] 王小凤.思想政治教育信任、信度与可信性之辨[J].学校党建与思想教育，2013（20）：26.
[2] 王学俭，杨昌华.思想政治教育过程中的信任因素研究[J].教学与研究，2017（6）：86.

向行为的过程。❶这种观点专指性较高，主要是对思想政治教育信息的信任，主语并未进行界定，可包含教育者、受教育者等，这个定义也内蕴思想共享，并对受教育者行为产生积极作用。同时，该观点对思想政治教育信任的全过程进行了阐释，特别是对其在思想内化和外化中的作用进行了研究，有较高的借鉴价值。该研究基于新媒体环境下，研究对象为高职院校学生，存在一定的可扩展空间，同时对信任关系、信任指向等均未涉及。

基于信任和教育信任的概念阐释，结合目前国内学界关于思想政治教育信任的研究可以看到，思想政治教育信任的内涵极为广阔，既包括思想政治教育实践中同类主体之间、不同主体之间及这些主体对思想政治教育要素的可信性判断，也包括思想政治教育系统中教育者、教育对象及思想政治教育属性之间稳定的依存、信赖和认同关系；同时还是对思想政治教育目标设定、过程调控和效果展现的评判，即可以从是否"信任"教育者及教育内容、方式、载体等思想政治教育属性与"信任"程度来表征思想政治教育效果。

因此，本书认为，思想政治教育信任是在思想政治教育实践过程中，在教育者的策划、组织和实施下，教育者、教育对象及思想政治教育内在要素之间逐渐形成高度稳定、信赖和认同的思想、价值、情感与道德"养成共同体"，这个"养成共同体"既是一种持续发展的实践过程，也是一种相对静态的结构状态，是教育对象对教育者通过思想政治教育促进其全面发展而产生的积极的、肯定的和持久的心理预期，并在这种"养成共同体"和心理预期指引下，使教育对象树立正确、科学的信任价值观，推动教育者、教育对象及思想政治教育内在要素之间相互促进、共同发展。

可以说，思想政治教育信任既是前置事实和后置事实的统一，也是价值判断、心理认知和人格确证的统一。教育者是思想政治教育实践中产生积极

---

❶ 范颖一.新媒体环境下高职院校大学生思想政治教育信任机制的研究[J].无锡职业技术学院学报，2018，17（3）：90.

的、肯定的信任及信任关系的原动力。我国思想政治教育是在中国共产党的领导下，以马克思主义为根本指导思想，以促进广大人民提升思想、政治、道德素质以实现全面发展的同时推动社会发展为根本目标。我国思想政治教育所主张的核心思想、观念和观点等具有无可辩驳的真理性和科学性，必然具有高度的"可信性"，是思想政治教育实践中教育者和教育对象应遵循与信任的"事实基础"和"立场基础"。由于党和国家的高度重视，在各级政府部门、学校和企事业单位的精心组织实施下，在广大教育者的努力下，思想政治教育方法、技术飞速发展，思想政治教育内容进一步丰富，思想政治教育的条件与环境得到极大改善，思想政治教育内在要素的"可信性"不断提高。但这种"可信性"还未普遍转化为教育对象的普遍认同与行为守则，这正是当前及今后思想政治教育信任研究与实践的着力点。对于教育者来说，需要在不断提升自身思想理念、政治素质和道德规范的基础上，通过实施有效的手段、方式和方法，营造良好的信任环境氛围和人际信任关系，不断提高教育对象对教育者及思想政治教育内在要素的"可信性"，为提高思想政治教育"可信度"，进而提升思想政治教育实效性奠定坚实的基础。

（二）思想政治教育信任的外延

外延是一个概念所概括的思维对象的数量或范围。❶思想政治教育信任的外延是思想政治教育信任实践开展及拓展的边界或范围，受到思想政治教育信任概念的约束和调节。思想政治教育信任的外延集中体现在以下五个方面。

从主体范围来看，思想政治教育信任是"全员式"信任。人际信任是思想政治教育信任的重要组成部分，教育者和教育对象是思想政治教育的核心主体，教育者与教育对象之间、教育者与教育者之间、教育对象与教育对象之间需要在良好的人际信任氛围中对话、交流，彼此之间才能形成积极的、肯定的信赖及信任关系。同时，在各类思想政治教育中，思想政治教育信任

---

❶《思想政治教育学原理》编写组.思想政治教育学原理[M].2版.北京：高等教育出版社，2018：6.

的产生、变化和发展需要社会成员的广泛参与，如在学校思想政治教育中，学校行政管理人员、教辅人员和工勤人员等均应参与到思想政治教育中，学校内不同部门、基层党组织、群团组织、教学单位、专业院系、教研室、实验室等，以及政府、家庭和社会等均需要加强协同合作，共同汇聚思想政治教育的思想合力、信任合力、智慧合力和资源合力。

从时间维度来看，思想政治教育信任是"全过程"信任。思想政治教育信任是一个动态发展的教育实践过程。从思想政治教育发展历程看，思想政治教育信任这一"内隐性"命题始终存在，附着在思想政治教育实践的各个时段，并发挥着重要作用。思想政治教育信任始终处于产生、变化和发展过程中。对不同类型、不同场域的思想政治教育来说，从社会成员一出生便接受家庭思想政治教育，在学校接受学校思想政治教育，进入社会接受不同行业、不同单位及各种社会公共场合的思想政治教育，思想政治教育信任贯穿在各类型和场域思想政治教育的"进场"到"出场"的始终，特别是伴随着教育对象个人成长发展的一生。

从覆盖范围来看，思想政治教育信任是"全方位"信任。"全方位"信任指涉思想政治教育的空间因素、载体因素和领域因素，在思想政治教育不同空间、载体和领域内，有着不同类型、不同层次、不同程度的信任判断、信任关系、信任观念，思想政治教育信任在这些空间、载体和领域中均发挥着重要作用。如在学校思想政治教育中，涵盖现实物理场所、网络虚拟空间、课堂内外、校园文化景观、师风教风学风考风、志愿服务、社会实践、心理健康、校园文艺活动、体育竞技活动等，体现在学生德智体美劳培养的各个领域。

从延展指向来看，思想政治教育信任是"全要素"信任。在思想政治教育实践中，教育者、教育对象对彼此之间及对思想政治教育内在要素的信任具有明确的要素指向，从教育对象对教育者的信任角度来看，是对其个体的思想觉悟、政治信仰、道德品质、专业知识与技能、外在形象等多方面的信赖与认同；从对思想政治教育内在要素的信任角度来看，包含对思想政治教育内容、方法、技术、平台等内在要素的信赖与认同，接受、参与并融入思想政治教育而提升思想政治觉悟和能力的自信心与自觉性，以及由此增强对党、国家和人民的高度信赖与认同。可以说，思想政治教育信任涵盖思想信任、政治信任、道德信任、社会信任、人格信任、系统信任、人际信任等。

从实践层次来看，思想政治教育信任是"全时域"信任。对思想政治教育的教育者及其内在属性的信任是分阶段、分层次的，从教育对象成长发展规律来看，对教育者的品德、形象、能力及思想政治教育的内在属性会历经"不信任"到"半信半疑"再到"信任"的认知过程，其中"信任"阶段也会经历初级信任到高级信任的发展历程。实践是推动思想政治教育信任发展的根本动力，也是检验思想政治教育信任特性与效果的根本标准。因此，在思想政治教育信任实践的推动下，思想政治教育势必会呈现出"信任—自信—认同—信念—信仰"螺旋式上升的发展态势，以信任增强自信，以自信强化认同，以认同提升信念，以信念筑牢信仰。

思想政治教育信任的外延受其概念的制约，在思想政治教育信任理论研究与实践探索中要防止其外延的泛化和窄化，既不能盲目扩大其外延边界和范围，也不能故步自封、局限于自我，而是需要树立系统观念，科学统筹考虑。

第二节　思想政治教育信任的基本要素

思想政治教育信任的基本要素是构成思想政治教育信任系统内在的、必不可少的基本单位，主要包括施信者、受信者、信任内容、信任介体和信任环体。

一、施信者

施信者是思想政治教育信任实践的基本要素之一。施信者是依据一定社会统治阶级及其政党的要求，对受信者进行思想政治教育，以"可信性"作为检验思想政治教育成效的个体或群体。作为个体的施信者是发起、策划、实施思想政治教育的人，作为群体的施信者是发动、组织和实施思想政治教育活动的组织。施信者在思想政治教育信任实践中起主导作用，是思想政治教育信任实践的发起者、策划者、组织者和实施者。在某一具体的思想政治教育信任实践过程中，施信者通过有形或无形的方式向受信者传递不同程度、不同维度的"可信性"判断信息，是这一具体思想政治教育信任演进路向的第一环节，是思想政治教育信任活动的"信源"。一般而言，施信者即思想政治教育者，与一般意义的教育者相比，施信者是在思想政治教育实践中，自身有着使受信者信任的综合素质和人格魅力，能够注重运用信任的原理、方法和技术，有着较高的人际信任理解、组织与转化的能力。其善于在思想政治教育实践中营造良好的信任氛围，形成良好、稳定的信任关系，能够以信任（思想、理论、观点和方法等的综合力量）充分整合思想政治教育资源，激活教育对象融入思想政治教育的积极性、主动性和创造性。

二、受信者

受信者是思想政治教育信任的又一基本要素。受信者是指思想政治教育信任实践的对象，是判断施信者及思想政治教育"可信性"的人或群体，也包括在特定思想政治教育实践中的施信者，因为施信者在特定的思想政治教育活动中也需要接受教育，在一定条件下成为受信者。在思想政治教育信任活动中，受信者处于接受施信者教育引导的客体地位，是思想政治教育信任实践的接受者、体验者和反馈者。在具体的思想政治教育信任实践进程中，受信者通过有形或无形的方式接收、分析施信者传递来的各种各样的思想政治教育"信息"，对施信者及其所实施的思想政治教育的"可信度"进行判断，是这一具体思想政治教育信任实践的最后环节，是思想政治教育信任的"信宿"。

三、信任内容

广义上，思想政治教育信任内容是指在一定的社会环境中，包括受信者、施信者等群体在内的一切群体对思想政治教育的各种思想观念、理想信念、政治观点、道德规范、思维方式、心理素质、文化积淀、法治要求及全面发展等的价值判断和心理预期。因此，思想政治教育的信任内容既包括根据社会要求、受信者的思想政治素质现状与发展需求，经施信者选择、设计后，有目的、有计划、有组织、分层次、有步骤地向受信者"灌输"的各种信息集合，即一般意义上的思想政治教育内容；还包括表征受信者对施信者个体及其从事思想政治教育的各种信息集合，即施信者内在属性；同时也包括表征施信者对受信者融入思想政治教育主动性与能动性的各种信息集合，即受信者内在特质。

（一）思想政治教育内容

目前学界对思想政治教育内容的组成划分多样，本研究以培养人的全面发展素质视角来划分思想政治教育内容。有学者认为思想政治素质由思想素质、政治素质、道德素质与法治素质构成。[1] 本研究认为思想政治教育内容主要包括思想素质、政治素质、道德素质、心理素质、法治素质及综合素质六方面要求。

1. 思想素质要求

思想素质包括人的思想、理想和信念等，集中体现为世界观、人生观和价值观，是个体在长期的社会实践中形成的对人、社会、客观事物的基本看法与观念。[2] 思想素质作为人的思想政治素质构成中的核心要素，是自觉的思想信念和意志的集中体现，对人的成长成才起着重要的引导作用。不同历史时期、不同社会制度、不同国家的思想政治教育对思想素质的要求各不相

---

[1] 沈壮海. 新编思想政治教育学原理 [M]. 北京：中国人民大学出版社，2022：94.
[2] 沈壮海. 新编思想政治教育学原理 [M]. 北京：中国人民大学出版社，2022：99.

同。在我国思想政治教育实践中，提高思想素质就是要促进受信者认识、理解、接受、信任并最终树立科学的世界观、人生观和价值观。为此，需要强化辩证唯物主义教育、历史唯物主义教育和马克思主义认识论教育，坚持用马克思主义武装头脑，提高认识世界和改造世界的能力与水平，着力推进理想信念教育、人生价值观教育、生命价值观教育等，不断提高受信者辨别是非对错、善恶美丑的价值判断能力和抵御不良思想侵蚀的思想觉悟能力，确保思想认识的正确性和坚定性。

2. 政治素质要求

政治素质是人们在政治社会化的过程中形成的比较稳定的政治立场、观点和政治行为，是人们从事社会政治活动所必需的基本素质和内在条件，综合体现着个人的政治方向、政治立场、政治观念、政治态度和政治修养等，主要包括政治认知、政治情感、政治意志、政治信仰和政治行为等。在我国，人的政治素质集中表现为对中国特色社会主义制度和对中国共产党领导的政治态度及其实际行为。❶提升社会成员政治素质有赖于强化政治教育。政治教育是对社会成员进行政治理想、政治信念、政治方向、政治立场、政治观点、政治情感、政治能力、政治纪律等方面的教育，重点是对国家、阶级和社会制度等重大政治问题的立场和态度。提高社会成员的政治素质，需要在思想政治教育的实践中，不断增强受信者的政治自觉，提高政治分析与判断能力，坚定共产主义远大理想和中国特色社会主义共同理想，加强爱国主义、集体主义、社会主义教育，进一步增强受信者对中国共产党和中国特色社会主义的政治认同。

3. 道德素质要求

道德是调节人与人之间、个人与集体之间及个人与社会之间相互关系的原则和行为规范的总和。❷道德素质是社会成员的社会道德认识水平及处理

---

❶ 沈壮海.新编思想政治教育学原理［M］.北京：中国人民大学出版社，2022：100.
❷ 吴昌福.大学生素质教育创新研究［M］.北京：现代出版社，2020：25.

社会道德关系的能力，是人的素质的核心组成部分，反映的是一个人的道德修养、道德风貌和道德水平，是一定社会中社会成员道德品质、道德形象和道德影响力等方面的综合体现，主要由道德认知、道德情感、道德意志和道德行为四个方面构成。新时代我国社会成员的道德素质整体表现为明大德、守公德、严私德。❶古往今来，道德素质是一定社会中为人处世的先决条件和基础原则，提高社会成员的道德素质要通过道德教育，即对社会成员开展道德行为规范的教育，内化道德规范、形成道德观念、发展道德判断、培养道德情感、养成道德行为，从而不断提高社会成员的道德素质。在我国，提高社会成员道德素质，需要进一步传承中华传统美德，发扬中国革命道德，自觉遵守公民道德准则，遵守社会公德、职业道德、家庭美德、传统道德、生态道德、网络道德及个人品德，自觉将社会主义核心价值观内化为道德规范与行为准则。

4. 心理素质要求

心理是人的内心世界活动的反映。心理素质是人的稳定的、基本的心理特征和品质，是个体的心理能力、心理动力和适应性因素的综合体现。心理素质在人的素质结构中位居核心层次，起中介和核心作用。❷可以说，心理素质是个体实现自我发展与社会发展有机统一的重要基础和前提，良好的心理素质是个体身心成熟、成长成才成功的显著标志，主要体现为人格健全、心胸开阔、积极向上、心理状态稳定、心理承受能力强、有较强的心理适应与调节能力。提高受信者心理素质是思想政治教育信任实践中信任内容要素的重要组成部分，即通过各种方式提高受信者心理素质，使受信者形成良好的心理意识、心理品格、心理意志和心理行为，特别是要提升受信者在激烈的社会竞争中勇于进取、知难而上、不怕挫折、不惧失败、自立自强、艰苦奋斗的心理素质能力，处理好环境适应、自我管理、学习成才、择友交友、

---

❶ 沈壮海．新编思想政治教育学原理［M］．北京：中国人民大学出版社，2022：101.
❷ 许文果．教育学简明教程［M］．广州：暨南大学出版社，2020：136.

婚恋家庭、求职择业、职场发展、人格发展和情绪调节等方面的心理困惑，为增强学习和工作效果、实现全面发展奠定良好的心理基础。

5. 法治素质要求

法治是实现国家长治久安的制度保障，也是实现社会成员全面发展的制度基石。习近平总书记强调，"法治兴则民族兴，法治强则国家强"[1]。法治素质是人认识、掌握及运用法律的能力和品质，体现在遵法、学法、守法和用法等多个方面，是社会主体对于法律及其相关制度体系的主观心理感受、认知把握和实际应用情况，包括法治认知、法治意识、法治思维、法治能力和法制行为等。[2]要增强受信者法治认知、法治意识，引导受信者树立健全的法治思维，提高运用法治实现个体发展与社会发展和谐统一的能力。

6. 综合素质要求

除了以上具体的素质要求外，人的综合素质在思想政治教育信任中的作用不可忽视。人的发展是全面的发展，实现经济社会的全面发展需要培养具备综合素质的人。从实现全面发展视角来看，除了前述五种素质外，受信者的综合素质还包括智能文化素质、生理体魄素质、艺术审美素质和劳动素质等。其中，智能文化素质是受信者认识与理解未知事物的能力，主要包括学习意识、学习态度、学习思维、学习方法、学习能力和学习行为等，是受信者提升智力、提高文化修养的核心素质要求；生理体魄素质是受信者在先天遗传和后天努力改造的综合作用下，在身体机能上表现出来的稳定状态，良好的生理体魄素质是支撑受信者实现全面发展的生理基础；艺术审美素质建立在受信者对美的感受和理解的基础之上，是受信者艺术审美意识、艺术审美经验、艺术审美旨趣和艺术审美能力等各种因素的总和，是受信者提高艺术欣赏力、表现力和创造力的综合体现；劳动素质由劳动态度、劳动技能和劳动品格所构成，需要受信者树立科学的劳动观，提升劳动基础知识和应用

---

[1] 习近平谈治国理政：第 4 卷 [M]．北京：外文出版社，2022：300.
[2] 沈壮海．新编思想政治教育学原理 [M]．北京：中国人民大学出版社，2022：101.

技能，强化包括健康奋斗、勤奋务实、坚持不懈等在内的劳动品质锻造。人的综合素质是上述素质要求的总和，在不同的时空境遇与条件下，要不断优化受信者综合素质能力，为实现受信者全面发展奠定良好的基础。

（二）施信者内在属性

从思想政治教育的使命和现实来看，施信者内在属性是思想政治教育信任基本要素的核心。受信者对施信者的信任包括形象信任、品格信任和能力信任等层面，由此产生相应的信任度及信任关系。

1. 形象信任

形象是一个人在日常生活、学习和工作中留给他人的印象及获得的社会评价，人的形象由外在形象和内在形象组成，其中外在形象包括自然形象、外饰形象、行为形象等，内在形象是由知识结构、职业、性格等汇聚的内在素质。❶人的形象是人对自己的认识所形成的图像或图式。❷在思想政治教育信任实践中，主要存在着个体形象、群体形象和系统形象三类，其中系统形象以个体形象为支撑，思想政治教育的形象即为系统形象。目前学界对思想政治教育形象的解释主要包括两种：其一指向施信者，是受信者、社会成员等群体对施信者的认知、印象和评价的总和，是施信者在实践中展现出的人格特征、道德风貌、能力素质、行为方式等在人们头脑中的描摹与再现❸；其二指向整个思想政治教育，是受信者在感知、接受、体验思想政治教育时对思想政治教育的存在状态、表现样态和运行状况的总体印象与综合评价❹。这两种解释侧重面不同，是一般指向与特殊指向的关系，可以说，施信者形象在一定程度上代表着思想政治教育形象。在思想政治教育信任实践中，全面提升思想政治教育信任形象特别是施信者的信任形象，是提高思想政治教育

---

❶ 李红，刘学俊.公共关系学［M］.北京：北京理工大学出版社，2017：150.

❷ 岳伟.批判与重构——人的形象重塑及其教育意义探索［M］.武汉：华中师范大学出版社，2009：34.

❸ 潘晓阳，熊建生.思想政治教育者形象的时代塑造［J］.思想理论教育，2019（8）：5.

❹ 郑敬斌，李鑫.新时代思想政治教育形象的内在意蕴、出场语境与优化理路［J］.思想理论教育，2022（1）：65.

信任实效性最直接、直观、有效的因素。思想政治教育者形象是其在教育实践活动中所体现的精神状态、道德风貌和心理特征等诸方面留给人们的总体性判断、评价和印象。❶ 形象信任是受信者通过对施信者的自然形象、外饰形象和行为形象等进行判断、评价而产生的信赖、信任和认同。为了提高施信者的形象信任，要特别关注首因效应，首因效应是人与人之间初次交往形成的第一印象❷，是最初信息导致的印象同化模式❸。施信者要强化首因效应管理，在与受信者的初次接触中，更加注重言谈举止、外饰形象，为进一步增强信任打下良好的基础。

2. 品格信任

品格是一个人区别他人内在性的心理、情绪、情感、意志等特征的综合。❹ 品格稳定地支配着人的行动和态度的内在的精神或道德品性。❺ 人的形成本质是人的道德人格的形成。❻ 品格信任也称为品德信任、道德信任，是在思想政治教育实践过程中受信者对施信者所呈现的修养、道德和人格魅力进行评价的认知过程和信赖、认同的心理预期。"以德服人"是品格信任的重要体现，包括孔子、孟子等中国历代诸多思想家、教育家均强调"以德服人"。蔡元培曾说"故教员宜实行道德，以其身为学生之律度"，强调了教师道德模范的价值作用。《中华人民共和国高等教育法》将"热爱教育事业，具有良好的思想品德"作为取得高等学校教师资格的基本条件。习近平总书记在多个场合强调加强教师道德建设。2014年5月，习近平总书记在北京大学师生座谈会上强调教师要"以人格魅力引导学生心灵"❼；同年9月，在同北京师范大学师生代表座谈时指出"好老师首先应该是以德施教、以德立

---

❶ 郑敬斌.思想政治教育者形象论［J］.思想理论教育导刊，2017（4）：121.
❷ 赵磊.心理效应与思想工作［M］.上海：上海社会科学院出版社，2018：54.
❸ 墨羽.受益一生的心理学效应［M］.北京：中国商业出版社，2019：3.
❹ 卢雨.打好人生的底色［M］.上海：上海教育出版社，2020：31.
❺ 蔡春.德性与品格教育［M］.上海：复旦大学出版社，2020：74.
❻ 姚大志.人的形象：心理学与道德哲学［M］.长春：吉林教育出版社，1999：6.
❼ 习近平谈治国理政：第1卷［M］.北京：外文出版社，2014：175.

身的楷模",提出了"有理想信念、有道德情操、有扎实学识、有仁爱之心"的"四有"好老师标准❶；2016 年 12 月，在全国高校思想政治工作会议上指出"引导广大教师以德立身、以德立学、以德施教"❷；2018 年 9 月，在全国教育大会上指出"教师是人类灵魂的工程师，是人类文明的传承者"❸；2021 年 4 月，在清华大学师生座谈会上强调"教师要成为大先生，做学生为学、为事、为人的示范"；2022 年 4 月，在中国人民大学同师生座谈时指出"培养社会主义建设者和接班人，迫切需要我们的教师既精通专业知识、做好'经师'，又涵养德行、成为'人师'"。习近平总书记关于教师道德建设的重要论述，为加强受信者对施信者的品德信任提供了根本遵循。

3. 能力信任

能力是人能够胜任或完成某项工作任务的本领，这种本领建立在人的生理及在认识世界和改造世界过程中形成和发展起来的经验和智慧的基础上。能力信任是指认可他人的技能和能力❹，是受信者对施信者在开展思想政治教育实践全过程中所展现出来的综合本领的信赖、认可与认同，是对施信者职业能力的综合判断，在思想政治教育信任体系中居于重要地位。在思想政治教育实践中，施信者具备卓越的能力可以更好地协同、优化各类资源，更科学、高效地实施思想政治教育，而受信者可以更直观地认识到这些活动的价值意义，认识到活动安排更符合自身需求，更加个性化、人性化、多样性等，因而可以切实感受到施信者的综合素质能力，自然而然会对施信者感到由衷的佩服和信赖，进一步增强受信者对施信者的肯定性信任。目前，有关思想政治教育能力及其相关的理论研究较多，特别是学校思想政治教育中针对班主任、辅导员、思政理论课教师的能力。《中共中央　国务院关于进一

---

❶ 习近平总书记教育重要论述讲义［M］.北京：高等教育出版社，2020：207.
❷ 习近平谈治国理政：第 2 卷［M］.北京：外文出版社，2017：379.
❸ 习近平.坚持中国特色社会主义教育发展道路　培养德智体美劳全面发展的社会主义建设者和接班人［N］.光明日报，2018-09-11（01）.
❹ 丹尼斯·雷纳，米歇尔·雷纳.信任决定成败［M］.程云琦，译.长春：长春出版社，2007：50.

步加强和改进大学生思想政治教育的意见》《教育部关于加强高等学校辅导员、班主任队伍建设的意见》《高等学校辅导员职业能力标准（暂行）》《普通高等学校辅导员队伍建设规定》等文件为施信者能力建设指明了方向。提高能力信任，施信者要加强专业理论和技术技能学习，不断提高组织协调、语言文字表达、沟通对话、教育引导、调查研究等能力，夯实基础工作能力，拓展跨界综合能力，提升核心发展能力，从而不断提高施信者能力的"可信性"。

形象信任、品格信任和能力信任共同构成了受信者对施信者的信任判断、信任预期的基本内容，其中品格信任是核心，能力信任是关键，形象信任是重要支撑，三者之间相互依存，共同推动受信者对施信者的信任判断及信任关系的发展。

（三）受信者内在特质

施信者对受信者的信任是思想政治教育信任内容的重要组成部分，长期以来被人们所忽视。在思想政治教育实践中，特别是在学校思想政治教育中，施信者会较多地关注受信者对其自身的信任状况，而对受信者信任的关注度不够。造成这种情况的原因是多方面的，其中对受信者的主观能动性、明辨是非的能力缺少关注是主要原因。心理学研究表明，任何学生都期望获得老师的关注和信任，信任是促进学生不断进步的内在动力。❶ 尊重与信任学生是热爱学生的表现，是教师对学生思想、品德、智慧、才能和意志等的肯定，是对学生的存在与发展的承认。❷ 对受信者的信任是尊重受信者、发展受信者的重要体现，可以有效提升受信者的自信心，激发受信者接受、融入思想政治教育的积极性、主动性和创造力。对受信者的信任，是指在思想政治教育实践中，施信者坚持以人为本，在充分了解、尊重受信者的基础上，对受信者思想境界、政治素质、法治观念、道德品质、审美情趣、智力

---

❶ 杨宝宏，李凤芹.学生心理健康教育全书［M］.北京：长城出版社，2000：160.
❷ 李春尚，李银德.当代师德修养［M］.广州：广东高等教育出版社，1993：134.

才干等方面的发展潜力有全面、深刻的洞察和积极、肯定的自信。对受信者的信任主要包括成长信任、成才信任和成功信任三个方面。

1. 成长信任

一般意义上，成长是指社会成员在社会环境、学校、家庭及个体的自然成熟等因素的综合影响下，在生理和心理上逐渐走向成熟的社会化过程。在思想政治教育视域中，成长是社会成员通过接受思想政治教育，不断实现自我认知、自我完善和自我发展的身心变化过程，是思想观念、政治品质、道德修养、情感态度、精神面貌、智能素质、生理素质等方面不断发展的过程，而实践是推动社会成员成长的基础。实现人的全面发展是成长的根本指向，大学生的全面发展是自身成长发展在社会主义现实生活中履行好社会角色的客观需要。❶ 成长是由人的本质属性、发展需要、主体性及人与社会互动作用等决定的，人的成长是人在社会关系中的成长，是不断满足人的发展需要的成长，是人的主体性不断发展的成长，是追求人与社会和谐统一的成长，是生理、认知、道德、情感、精神、智力、心理等综合发展的成长。

人本主义心理学家罗杰斯认为，个体内有自我成长的动力，主要表现在一定社会中的个体都在由低到高地追求达到自我实现的状态，并力图最大限度地朝着实现自身潜能的趋向发展，他因此提出了无条件积极关注的观点，即包容和接纳人格中不完全的部分，教师对自己要有足够的自信，能够信任学生的自律和成长的能力。❷ 人的成长是内在自我驱动、接受教育及社会环境相互作用、相互影响的综合结果。诚然，每个人所处的社会环境是不相同的，成长轨迹也是不同的，但个人的自我成长意识、主动性和能动性也是客观存在的；但这种成长意识、主动性和能动性可能还处于"沉睡"状态，在不同年龄段及不同的环境中的表现形式可能存在诸多差异，需要施信者科学引导与激活，彰显教育在个体成长中的重要作用。在思想政治教育实践中，

---

❶ 张桂生.大学生成长探索[M].北京：中央编译出版社，2012：185.

❷ 郭永玉，等.人格心理学导论[M].武汉：武汉大学出版社，2007：137.

受信者的成长是其接受教育而在思想政治综合素质方面不断成熟、成长的持续过程，受信者为了更好地促进个体适应社会发展，进行自我探索、自我认知、自我调控，对所接受的教育与自身发展之间也会不断地思考、选择和改进。成长信任是指施信者对受信者有着强烈的自我成长内生动力和能动性的肯定性心理预期，也是对受信者接受教育、融入教育并在教育中得到全面成长的信心。因此，在思想政治教育实践中，施信者要对受信者给予更多的关心与帮助，善于发现受信者自有的"闪光点"，对受信者在思想、人格和行为等方面存在的不足给予更多的关注、理解与关爱，耐心细致地与受信者共同探索内在诉求和主要原因，精准、持续、高效地进行引导和鼓励，让受信者真切感受到施信者对自己的信心，进一步激发自我成长的动力。

2. 成才信任

通俗地讲，成才是成为有才能的人的过程。深入理解成才信任，首先要界定人才的内涵。人才是指那些具有良好的素质、对人类社会的发展产生较大影响的人[1]，是知识性、社会性、创造性的复合体[2]。因此，人的成才是在人的成长的基础上，在思想、知识、能力、业绩、创造性和社会贡献度上的进一步发展，不仅局限于个体自身的发展，更关注自身对社会发展的价值。受信者成才是在施信者的教育引导及各种环境因素的影响下，逐步提升德智体美劳等素质能力以胜任一定社会发展所需人才的过程。《国家中长期教育改革和发展规划纲要（2010—2020年）》把"人人成才观"作为新的教育理念纳入人才培养改革中，强调要"树立人人成才观念，面向全体学生，促进学生成长成才"[3]。2014年5月，习近平总书记在《中央人才工作协调小组关于二〇一三年工作情况的报告》上的批示中指出，"开创人人皆可成才、人人尽展其才的生动局面"。"人人皆可成才、人人尽展其才"思想是马克思主义

---

[1] 罗洪铁，等.大学生成才理论与实践[M].北京：人民出版社，2010：7.

[2] 那日，严文.西部大开发中的人才战略问题思考[J].中央民族大学学报（哲学社会科学版），2002（5）：71.

[3] 李军.高校德育与大学生成才[M].成都：电子科技大学出版社，2013：8.

人才观的重要发展，集中体现了习近平人才思想的精髓，具有重大的理论和现实意义。❶

2018年9月，习近平总书记在全国教育大会上指出，要把立德树人融入思想道德教育、文化知识教育、社会实践教育各环节。❷我国的思想政治教育承担着"为党育人、为国育才"的历史使命，因此提升施信者对受信者的成才信任至关重要。施信者要坚持科学的人才观和成才观，加强受信者成才世界观和方法论的学习，进一步坚定思想政治教育在落实立德树人根本任务和"为党育人、为国育才"初心使命中的引领作用，坚信受信者自我成才的价值追求和能力潜质，通过不断提升思想政治教育能力，从而全面激发受信者的成才动力，促进受信者在思想观念、政治觉悟、道德修养、知识能力和社会贡献等方面达到社会所要求的成才标准。2022年，国务院新闻办公室发布的《新时代的中国青年》中强调，"新时代中国青年积极主动学理论、学文化、学科学、学技能，思想素养、身体素质、精神品格、综合能力不断提升"❸。从当前我国青年发展总体情况来看，青年的成才基础越来越稳固、成才潜质开发越来越深入、成才之道越来越明晰。

3. 成功信任

成功是一个十分复杂的多视角论题。一般而言，成功是在符合社会大众利益和社会基本价值观的前提下，一个人为社会作出杰出贡献并由此得到社会民众的广泛赞扬和称许。❹一个人的成功是个人价值与社会价值的高度统一。成功是大学生实现成长成才成功教育体系的目标，对大学生成功教育来说，成功属于创新能力，侧重于解决什么是成功及怎样才能成功的问题。❺有关成功与教育的论辩逐渐产生"成功教育"这一重要思想，"成功教育"

---

❶ 龚云.习近平人才思想的精髓——论"人人皆可成才、人人尽展其才"思想[J].人民论坛，2019（3）：35.

❷ 教育部课题组.深入学习习近平关于教育的重要论述[M].北京：人民出版社，2019：76.

❸ 中华人民共和国国务院新闻办公室.新时代的中国青年[M].北京：人民出版社，2022：16.

❹ 兰宜生.厚德成功学[M].上海：上海财经大学出版社，2017：84.

❺ 黄启红.论构建大学生成长成才成功的教育体系[J].经济与社会发展，2006（11）：202.

的基本思想是相信每一个学生都有成功的潜能和愿望,都可以取得成功;通过教师帮助学生成功、学生尝试成功,逐步达到学生自主成功。❶长期以来,由于多重原因,一些大学的成功教育已异化为一种学术浮躁、祛教育化的力量,舍弃了教育的本真。❷因此,施信者引导受信者走向成功,需要引导受信者树立并坚守成功理念的"气质"与"风骨",在追求成功的过程中遵循客观规律与主观能动性的统一。

马克思认为,"选择了最能为人类福利而劳动的职业"是青年成功的根本表现。他在中学毕业论文《青年在选择职业时的考虑》中写道,"如果我们选择了最能为人类福利而劳动的职业,那么,重担就不能把我们压倒,因为这是为大家而献身;那时我们所感到的就不是可怜的、有限的、自私的乐趣,我们的幸福将属于千百万人,我们的事业将默默地、但是永恒发挥作用地存在下去"❸。引导受信者走向成功是思想政治教育信任的重要使命之一。施信者通过创新思想政治教育内容和方式,促进受信者提高思想观念、政治素质和道德品质,不断提升其文化知识、技术技能和社会适应与贡献能力,从而为受信者的成功打下坚实的基础。施信者对受信者的成功信任是思想政治教育凝聚人、引导人、激励人和塑造人的功能所致,在思想政治教育实践的过程中要把准成功方向、夯实成功基础,融入思想政治教育的人生历练自然也是感悟成功、追求成功和实现成功的过程。

四、信任介体

介体亦称"中介要素"。而中介是客观事物转化和发展的中间环节,也是对立面双方融合和统一的环节。❹信任介体是思想政治教育信任实践的桥

---

❶ 嵇秀梅.坚信每一个学生都能成功——全国第二届成功教育研讨会综述[J].中国教育学刊,2000(2):24.
❷ 孙圆."成功"教育反思[J].扬州大学学报(高教研究版),2014,18(1):45.
❸ 马克思恩格斯全集:第40卷[M].北京:人民出版社,1982:7.
❹ 杨威.思想政治教育发生论[M].北京:中国社会科学出版社,2009:218-219.

梁和纽带。具体而言，信任介体是联结施信者与受信者、推动思想政治教育信任发展的各种载体、媒介或平台的统称，主要包括课堂教学、会议交流、讲座论坛、谈心谈话、文献阅读、实践活动、志愿服务及网络互动等，均是思想政治教育信任的重要介体形态，思想政治教育信任内容在这些介体形态中传播。信任介体可以是显性的、直接的，如面对面的交流对话、课堂教学等，也可以是隐性的、间接的，如通过文献、网络等方式进行间接式有目的的了解或无目的的"接触"。通过信任介体可以加快施信者与受信者之间形成特定信任关系，同时在一定程度上影响两者之间的信任度。具体而言，信任介体主要包括语言、文字、音频、视频、多媒体等信息载体，图书、报纸、杂志、年鉴等文献载体，电视、广播、网络、黑板报、海报、墙报等媒介，博物馆、纪念馆、科技馆、展览馆、文化馆、图书馆、美术馆、廉政馆、校史馆等物理场馆及其他各类人文景观等。信任介体在思想政治教育信任实践中发挥着重要的作用，施信者对信任介质的科学合理运用，无疑将成为思想政治教育信任实践能否取得预期目标和效果的重要因素。

五、信任环体

信任环体是影响思想政治教育信任实践的各种内外部因素的总和。思想政治教育信任环体的影响范围广泛，对施信者与受信者均会产生不同程度的影响，特别是在两者之间信任关系的建立及信任程度的变化进程中，信任环体的影响是潜移默化的。思想政治教育信任环体主要包括思想政治教育信任的宏观环境、中观环境和微观环境。其中，宏观环境主要包括政治环境、经济环境、社会环境、生态环境、文化环境、科技环境、国际环境等；中观环境主要包括行业环境、学校环境、单位环境、组织环境、社区环境和朋辈环境等；微观环境主要包括家庭环境、班级环境、宿舍环境、小组环境、车间环境、军营环境、工作环境等。随着大数据、云计算、人工智能、区块链和元宇宙等现代技术及理念的快速发展，与现实环境相对应的虚拟环境也成为思想政治教育信任环体的重要组成部分。思想政治教育信任的宏观环境、中观环境和微观环境之间相互影响、相互促进，对施信者与受信者之间信任关系与信任程度的影响差异显著，随着时空的变化而变化，在思想政治教育信任实践中推动思想政治教育信任关系及信任程度的变化与发展。因此，要高度重视思想政治教育信任环体要素，科学合理地进行引导，进一步巩固、发展现有合理的信任环体，推动不合理的环体的自我否定与转化，为思想政治教育信任健康、有序、可持续发展提供有力的环境支撑。

需要注意的是，本研究中涉及的思想政治教育信任主体是指参与思想政治教育信任实践的具体的人，包括施信者、受信者及其他参与者。同时，思想政治教育信任客体是思想政治教育信任主体在思想政治教育信任实践中作用的对象，既包括施信者、受信者及其他参与者，也包括思想政治教育系统本身及其内在属性。此外，思想政治教育信任主体与客体之间在一定条件下是可以相互转化的，需要根据思想政治教育信任实践的具体场景加以确定。

第三节　思想政治教育信任的主要特征

特征是某人（组织）或某物区别于他人（组织）或他物的标识。毛泽东在《矛盾论》中强调，"事物发展的根本原因，不是在事物的外部而是在事物的内部，在于事物内部的矛盾性"[1]。思想政治教育信任的主要特征包括以下四个方面。

一、政治性

政治性是思想政治教育信任的根本特征，决定着思想政治教育信任的性质与方向，是思想政治教育信任实践发展的指导原则。马克思在《德意志意识形态》中指出，统治阶级的思想在每一时代都是占统治地位的思想。[2] 思

---

[1] 毛泽东选集：第1卷［M］．北京：人民出版社，1991：301．
[2] 马克思恩格斯选集：第1卷［M］．北京：人民出版社，2012：178．

想政治教育信任的政治性体现在三个方面。其一，思想政治教育信任是思想政治教育的特殊形式，其出发点和落脚点是实现好、维护好和发展好最广大人民群众的根本利益。其二，思想政治教育信任反映并巩固中国特色社会主义制度，在中国特色社会主义制度指引下发展社会主义信任体系，不断健全经济、政治、社会、文化、生态等方面的制度。其三，思想政治教育信任实践要在中国共产党的指引下坚持正确的政治方向，以"信任"进一步强化党的基本理论、基本纲领、路线、方针和政策，引导党员、干部坚守理想信念、精神追求，从而进一步坚定马克思主义政党的根本立场、方向和道路。

二、交互性

交互性是思想政治教育信任的核心特征之一，是推动思想政治教育信任实践的基础条件之一。交互性是指思想政治教育信任的产生、变化与发展需要思想政治教育信任的施信者与受信者之间、施信者与施信者之间、受信者与受信者之间通过一定的方式进行沟通、交流、合作的互动过程。其可以是人与人的交互，也可以是物与物之间的"交互"，当然物与物之间的"交互"是通过人与人的交互或其本身所具有的各类属性之间的特殊"交互"。这种特殊"交互"可以是政府部门、政策制度、物品等"物"或"类物"的存在，它们的交互是通过它们自身所具有的"特性"所生成，当然很多情况下这里的"特性""属性"及其产生的"交互"都需要人的支撑。通过交互，受信者才能更深刻了解、评价施信者的可信度，以良好的信任度促进自身思想政治品德发展，以疑惑或负面或其他程度的信任度促进施信者反思或转变教育方式，提高思想政治教育的实效性。

三、多维性

多维性是思想政治教育信任内在属性、信任关系、信任对象等多维度的存在性。影响思想政治教育信任的外部环境包括政治、社会、经济和文化等环境。思想政治教育信任内在属性是多维的，涉及思想政治教育主体、客体、内容、方式、原则、目标、进路等。思想政治教育信任关系包括合作式信任关系、被动式信任关系、主动式信任关系等。思想政治教育信任主客体的属性也是复杂且多变的，信任对象可以是人，也可以是政治体制、政策制度、组织机构、物品等。思想政治教育信任的多维性也体现在其"族群"特色中，在一定范围、距离和原先人际关系较为亲近的思想政治教育的主客体之间越容易信任，这也印证着费孝通先生提出的"熟人社会"理念❶；同时，思想政治教育信任具有层级性，这种层级也是多维性的重要体现，意味着思想政治教育信任度有不同的层级属性，还意味着思想政治教育信任关系有不同的层级属性。针对思想政治教育的多维性特征，要系统梳理分析各种维度及其属性，才能更好地了解思想政治教育信任的联系、规律及趋势。

四、渗透性

渗透性是指思想政治教育信任往往以间接、隐性、全方位的方式，在思想政治教育实践的各个环节、各个要素和各种平台载体中发挥着潜移默化的作用。这种作用主要体现在思想政治教育实践中施信者与受信者之间的信任关系与信任程度，施信者与受信者之间的人际关系及其作用在思想政治教育实践中具有特殊、超时空的渗透性影响，直接影响思想政治教育的实效性。在思想政治教育实践中，施信者的一言一行及穿着服饰、精神面貌、道德品质、气质修养、知识能力等都会给受信者带来潜在的影响，这种影响会直接导致受信者对施信者作出认知、判断，也会进一步影响对施信者及其实施的思想政治教育的判断。思想政治教育系统中的各种活动场所、仪式教育、人文景观等会对受信者产生不同程度的影响，这同样也是思想政治教育信任渗透性的体现。此外，思想政治教育信任的渗透性也体现在其影响的长期性，

---

❶ 费孝通.乡土中国[M].北京：中华书局，2013：5.

一方面施信者与受信者之间产生特定的信任关系、提升两者之间的信任度是一个长期的过程；另一方面修复破损的信任关系、恢复并有效提升信任度也是一个长期的复杂过程。

第四节　思想政治教育信任的基本功能

功能是事物本身所固有的一定属性或特征。❶思想政治教育信任的功能，是思想政治教育信任系统内在各要素之间，以及思想政治教育系统在与外部环境之间相互作用时所表现出来的特性及其产生的效果。思想政治教育信任的基本功能是思想政治教育信任实践中居于主导地位、具有基础作用的功能，其实质是育人功能，主要包括凝聚功能、形塑功能、调节功能和关怀功能。

一、凝聚功能

凝聚功能是思想政治教育信任的首要的基本功能。凝聚是通过一定的手段和方式，促进人或事物向某一特定方向、某一特定群体或某一种人际关系等逐渐聚集的动态过程。可以说，信任是一个在社会关系和社会系统中产生并维持团结的整合机制❷，这种机制可以把原来分散、孤立的人或事物有机融合，形成巨大的凝聚合力，朝着特定的目标发展。凝聚程度通过凝聚力来呈现，既可以表征某个社会、某个系统、某个组织或某个群体内部成员之间的吸引力与依从性，也可以表征一定社会内的社会成员对所在社会、系统、组织或群体的认可度和归属感，是客体对主体在思想、政治、道德、情感等方面产生的认同度、信任度、向心度，是一个动态的心理认知过程。信任对社会团结具有重要的意义，丰富人际联结的网络，从而扩大了人际互动的范围。❸马

---

❶ 陈燕.思想政治教育社会治理功能研究［M］.北京：中央编译出版社，2019：47.
❷ BABER，B. The logic and limits of trust［M］.New Brunswick，New Jersey：Rutgers University Press，1983：21.
❸ 郭慧云.论信任［M］.重庆：西南师范大学出版社，2016：95.

克思、恩格斯强调,"共产党人到处都努力争取全世界民主政党之间的团结和协调"[1],"全世界无产者,联合起来!"[2]凝聚革命斗争力量在无产阶级革命中具有重要作用。凝聚共识与力量也成为中国共产党带领全国各族人民在中国革命建设、改革历程中取得辉煌成就的重要基础。信任是一种自带"凝聚"功能的精神力量,这种力量也蕴含着文化的整合功效,促进整个社会关系健康有序发展。在思想政治教育实践中,思想政治教育信任是一种特殊的思想、政治、道德、情感的"黏合剂",施信者以富有吸引力、感染力的独特的人格魅力、道德品格及能力素质,促进施信者与受信者之间形成良好的信任关系,将原本处于离散状态、偏离状态甚或逆向状态的思想观念、政治素养、道德修养逐渐与社会所要求的思想观念、政治素养和道德修养同向同行,受信者的荣誉感、自豪感、归属感、幸福感得到全面提升,更加支持、拥护党和国家的路线方针政策,思想政治教育的吸引力、向心力和凝聚力不断强化。

二、形塑功能

形塑是指按照一定的目标或要求来开展定向塑造或培养的过程。[3]马克思指出,"人也按照美的规律来建造"[4],"劳动是活的、造形的火"[5],强调了美及劳动在塑造形象中的价值作用。列宁指出,"只有以先进理论为指南的党,才能实现先进战士的作用"[6],强调先进理论对无产阶级战士的"塑造"。思想政治教育信任的"形塑"功能是在社会信任环境、思想政治教育信任实践和受信者主观能动的共同作用下逐步形成和发展起来的。一定程度上,作为一种中介或桥梁,思想政治教育信任将施信者与受信者通过相互之间产生

---

[1] 马克思恩格斯文集:第2卷[M].北京:人民出版社,2009:66.
[2] 马克思恩格斯选集:第1卷[M].北京:人民出版社,2012:435.
[3] 朱翠英,高志强.心理素质形塑论[J].大学教育科学,2013(5):4.
[4] 马克思恩格斯全集:第42卷[M].北京:人民出版社,1979:97.
[5] 马克思恩格斯文集:第8卷[M].北京:人民出版社,2009:73.
[6] 列宁选集:第1卷[M].北京:人民出版社,1995:312.

的信任关系关联在一起，也将思想政治教育与实现人的全面发展关联在一起，一端联结着思想政治教育的内容体系，承载着"载体"与"灌输"功能，另一端联结着受信者实现其全面发展的信任体系，承载着行为"引导"与"共向"功能，共同构成了思想政治教育信任的形塑功能，即依照一定社会思想政治教育内在属性塑造受信者实现全面发展的信任模式，将其转化为受信者自身的思想观念、思维方式和行为习惯。思想政治教育信任的形塑功能包括思想形塑、政治形塑、道德形塑、心理形塑、劳动形塑和艺术形塑等方式。此外，信任效应是出于对某人发自内心的尊敬和信服，从而相信并喜爱这个人，连同相信并喜爱与之有关的事物的心理现象。[1] 良好的信任效应是思想政治教育信任发挥其形塑功能的关键因素之一，因此在思想政治教育信任实践中，一方面要不断提升施信者的综合素质；另一方面也要不断创新思想政治教育信任内容与方式，在塑造良好信任关系的过程中，培塑受信者正确的世界观、人生观和价值观。

三、调节功能

卢曼将信任看作一种简化复杂的机制，认为信任能够减少社会生活和社会交往的复杂性。[2] 信任对稳定的社会关系非常重要[3]，良好的社会信任氛围可以简化合作关系、增进合作共识、提高合作效率。信任可以预期人们的行为、创造共同体意识、简化合作关系，从而维系社会秩序和稳定社会关系。[4] 可以说，信任在调节社会关系、营造良好合作氛围、稳定社会秩序等方面具有独特的优势与作用。思想政治教育信任的调节功能是指施信者通过一定的手段和方式，调和或解决思想政治教育信任实践中的各种矛盾和问题，优化

---

[1] 陈德华.教学中的心理效应［M］.上海：上海教育出版社，2009：121.

[2] 尼古拉斯·卢曼.信任：一个社会复杂性的简化机制［M］.瞿铁鹏，李强，译.上海：上海人民出版社，2005：30.

[3] 布劳.社会生活中的交换与权力［M］.李国武，译.北京：商务印书馆，2008：155.

[4] 刘昌明，杨慧.社会网络视角下的东亚国家间信任建构：理论框架与现实路径［J］.国际观察，2016（6）：1.

施信者与受信者之间的信任关系，提高两者之间的信任度，从而确保思想政治教育朝着预期目标发展的特性和效果。思想政治教育信任的调节功能主要包括心理调节、道德调节和行为调节。其中，心理调节主要通过正确认识自我在思想政治教育信任中的定位及其环境对自我的影响力，消除信任异化带来的不良心理刺激与反应，以此缓解心理不适和困惑；道德调节主要是指通过社会信任道德规范、人际信任关系及社会信任环境的三重约束，调节社会道德关系中的各种矛盾、问题及利益纠纷，引导受信者逐步接受、信任、认同社会道德观念和思想，从而培养良好的道德品质；行为调节主要是指在思想政治教育信任实践中，良好的信任关系会产生积极的示范作用，激活受信者融入思想政治教育的能动性和创造性，有效调节施信者与受信者人际关系的不良倾向，以良好的信任关系共同克服思想政治教育过程中的各种困难，推进思想政治教育有序发展。

四、关怀功能

关怀是维持、提升人类社会生活品质的基本要素之一，主要表现包括尊重、包容、关爱、关心等，是人的道德品质之一。关怀伦理学家斯丁诺认为，关怀意味着对某事或某人负责，保护其利益、促进其发展。[1] 马克思认为，全部人类历史的第一个前提无疑是有生命的个人的存在。[2] 相对于整个社会、自然界、宇宙万物而言，社会中的人是一种相对脆弱、有限性的存在，更好地关怀他人，同时更好地被他人关怀是实现人的全面发展的内在需要。纵观马克思的一生，探索人的发展规律、实现人的解放、促进人的全面发展是其终生奋斗的目标，马克思主义经典著作中的诸多论述充分体现了马克思对现实的人的关注、同情与理解。马克思主义人学理论蕴含着丰富的关怀理论和思想资源，是思想政治教育信任关怀功能产生、发展的理论基础。

---

[1] NODDINGS N. Caring：a feminine approach to ethics and moral education [M]. Callifornia：University of Callifornia Press，1986：23.

[2] 马克思恩格斯文集：第1卷[M].北京：人民出版社，2009：519.

思想政治教育信任的关怀功能，是马克思主义人本论在思想政治教育信任实践中的创造性应用，它强调施信者与受信者之间的平等性、对话性、亲近性、贴近性和柔和性，强调施信者要充分尊重受信者是具有独立人格的人、完整的人、能动的人、创造性的人，关心、了解受信者内心的真实想法和真实需求，着眼于受信者全面发展的实现。在漫长的人生旅途中，每个人总会经历这样或那样的困难、挫折和挑战，特别需要他人的关怀，而思想政治教育信任是拉近施信者与受信者距离的重要方式。这种方式可以更好地消解人与人之间的思想隔阂与困惑，消除交往中的焦虑、冷漠和对抗，真正走进彼此的内心，更深切地感受到对方的现实状况与内在需要，让受信者能够得到更多的关注、关心与关爱，在平等、自由、温暖的思想政治教育信任环境氛围中自然而然地纾解思想、道德、情感等方面产生的压抑、困惑或茫然；同时，可以将关怀、关爱传递给周围的人，影响和带动更多的人能够敞开心扉、热爱生活、正视缺陷、绽放自我，在实现精神关怀和物质关怀的统一中有力推动思想政治教育发展。

总体上，思想政治教育信任是思想政治教育的一种特殊形态，是一种蕴含思想、价值、情感和道德的集实践发展与静态结构于一体的"养成共同体"，是一种"全员式""全过程""全方位""全要素""全时域"的综合性信任，涉及施信者、受信者、信任内容、信任介体和信任环体五个基本要素，具有较强的政治性、交互性、多维性和渗透性等主要特征，以及凝聚功能、形塑功能、调节功能和关怀功能等基本功能。本章围绕思想政治教育信任的相关概念、内涵、外延、特征、功能进行了较为深入的研究，是开展思想政治教育信任研究的逻辑起点，但还需要对思想政治教育信任的理论依据及思想资源展开进一步探索。

第三章

思想政治教育信任的理论依据与思想资源

在探究思想政治教育信任基础理论的基础上，需要进一步论证思想政治教育信任的理论依据，还需要吸收、借鉴中华优秀传统文化及西方经典理论中蕴含的丰富的有关信任的思想资源，为拓宽思想政治教育信任研究视野、创新思想政治教育信任方法提供新思路。

第一节 马克思主义信任思想

马克思主义是关于世界无产阶级和人类解放事业并在实践进程中不断丰富和发展的伟大理论体系、思想体系、革命体系和价值体系，是指引科学社会主义在各国实践、不断发展的真理力量。马克思主义经典著作中蕴含着丰富的信任思想资源，形成了马克思主义信任思想，成为指导思想政治教育信任理论研究与实践发展的理论依据。

一、马克思主义信任思想的内涵阐释

（一）马克思和恩格斯关于人的本质及人的社会关系的论述

马克思和恩格斯是马克思主义的主要创始人，他们的著作中蕴含着丰富的信任思想资源，是开展思想政治教育信任理论研究的理论基础。

1. 人的本质是一切社会关系的总和

人的本质属性是思想政治教育信任关系研究的理论前提，信任的本质体现了人的本质。

其一，社会性是构成思想政治教育信任关系的基础。马克思指出，人的本质是一切社会关系的总和。❶人通过劳动彰显其本质属性，在劳动实践中不断产生、重构、发展人的各种社会关系。可以说，人的本质是人的创造活动。要认识人的本质，就要全方位考察人的本质属性，尤其是社会交往方面。缺乏对人的现实发展需要和社会发展状况的考察，就不可能从根本上解决信任危机问题。因此，要深刻认识信任关系，发掘信任危机的内在因素，只能从人的客观存在、交往活动和社会关系入手，以人所处的不同时代的现实社会生活为基础。

其二，思想政治教育信任关系在实践中产生和发展。马克思认为，"人应该在实践中证明自己思维的真理性"，"全部社会生活在本质上是实践的"❷。在信任关系形成与发展的实践中，每个人都是具体的人，信任是调节人与人之间、人与组织之间、组织与组织之间经济、社会、文化、教育等领域各种关系的价值规范。当前的信任与不信任（或非信任）关系之间相互渗透或相互排斥、相互转化或相互分离。真信任关系、半信任关系、非信任关系、师生信任关系、生生信任关系等思想政治教育信任关系在实践中形成、变化与发展，通过实践检验思想政治教育信任关系的本质属性、功能价值。

其三，主观能动性是思想政治教育信任关系形成与发展的必要条件。认识是主客体相互作用的结果，信任关系也需要通过人的"认识"这个桥梁才能得以生成。人的主观能动性具有目的性、计划性和创造性等特征，"劳动过程结束时得到的结果，在这个过程开始时就已经在劳动者的表象中存在着，即已经观念地存在着"❸，"即从主体方面来看：只有音乐才能激起人的音

---

❶ 马克思恩格斯选集：第1卷[M].北京：人民出版社，2012：139.

❷ 马克思恩格斯选集：第1卷[M].北京：人民出版社，2012：134–135.

❸ 马克思恩格斯文集：第5卷[M].北京：人民出版社，2009：208.

乐感；对于没有音乐感的耳朵来说，最美的音乐也毫无意义"❶。思想政治教育信任关系的形成以主观能动性的发挥为前提，主客体之间可信性的认知建立，需要充分发挥主观能动性，充分认识到信任关系主客体的思想状态、价值取向和道德规范等，采取针对性策略把握信任关系主动权。

2. 生产力与生产关系的发展直接推动信任关系的发展

思想政治教育信任关系的形成、变迁与生产力发展水平紧密相关，随社会生产关系的变迁而发展。

其一，思想政治教育信任关系要与社会生产力发展水平相适应。马克思和恩格斯指出，生产力与交往形式的关系是交往形式与个体的行动或活动的关系。❷有什么样的生产力，就会有什么样的社会交往形式和交往实践活动，也就有什么样的社会信任形态。当人的社会交往形式不适应社会生产力的发展要求时，"已成为桎梏的旧交往形式被适应于比较发达的生产力，因而也适应于进步的个人自主活动方式的新交往形式所代替"❸。传统的或者落后的信任交往关系、交往形式远远无法满足新的生产力发展要求，新的适应生产力发展的信任关系、交往形态就会应运而生。

其二，传统的信任关系存在于非异化理想世界假设中。异化劳动对传统信任关系产生了巨大冲击，"人同自己的劳动产品、自己的生命活动、自己的类本质相异化的直接结果就是人同人相异化"❹，"而人对世界的关系是一种人的关系，那么你就只能用爱来交换爱，只能用信任来交换信任"❺。在资本主义社会中，由于商品拜物教等现象，人与人之间的道德关怀、情感寄托沦为资产阶级属性的工具，社会信任的载体仅仅具有思想意识领域的符号意义，传统的符合人际交往规律的社会信任贴上了资本主义标签。在共产主义

---

❶ 马克思恩格斯文集：第1卷［M］.北京：人民出版社，2009：191.
❷ 马克思恩格斯文集：第1卷［M］.北京：人民出版社，2009：575.
❸ 马克思恩格斯文集：第1卷［M］.北京：人民出版社，2009：575–576.
❹ 马克思恩格斯文集：第1卷［M］.北京：人民出版社，2009：163.
❺ 马克思.1844年经济学哲学手稿［M］.北京：人民出版社，2000：146.

社会，只有在自由人的联合体中，传统信任关系才得以重构。

其三，信任关系是维系良好人际关系、规范社会秩序的纽带。马克思曾明确地把社会关系理解为"许多个人的共同活动"❶。由于信任是人们的社会交往关系，同时也是一种包含特定预期的社会交往活动，因此信任并不是单个信任主体或信任对象单方面的事情，而是关涉社会交往主客体双方甚至多方、社会交往环境等因素的社会交往活动，在人的社会交往实践中形成、存在、变化和发展。就个人而言，并不是生下来就信任他人，也不是天生就值得他人信任，而只能在现实的认识和实践活动中，通过各种交流、对话、合作甚或竞争等方式，表现出较强的可信任性，才能获得他人的信任。良好社会秩序的构建需要社会成员遵循社会信任规则，在信任框架下人与人、人与组织、人与社会等之间保持信任，良好的社会秩序才能得以维持和发展。

3. 人与人之间的纽带是需要的满足和利益的获得

社会信任关系由人与人之间的纽带所维系，利益需求和价值导向是推动思想政治教育信任关系发展的关键向度。

其一，利益需求是社会信任关系产生、变化与发展的根本动力。人的生存和发展是以物质、精神等利益需求的满足为基础的，信任关系的形成与发展同样需要满足社会主体的利益需求。马克思认为，人们奋斗所争取的一切，都同他们的利益有关。❷ 不同的人的利益诉求各异，同一个人在不同时期也有不同的利益需求，同一个人与他人之间相互交往产生的信任因利益需求变化而变化。现实的生产、生活中，没有人能够也没有必要占有全部满足自身需求的生产生活资料，而是主要通过与他人进行交换获得满足自身发展的生产生活资料。在交换中满足个人发展需求，表现出对社会、对他人的依赖和预期，这种依赖和预期产生的结果是社会信任关系的产生，而社会信任关系的产生、变化与发展是在利益追逐中得以实现的。

---

❶ 马克思恩格斯文集：第1卷［M］.北京：人民出版社，2009：532.
❷ 马克思恩格斯全集：第1卷［M］.北京：人民出版社，1956：82.

其二，信任关系的产生与发展离不开价值指引。可以说，信任及其关系是绝对性与相对性的统一，信任本身具有思想性、价值性、多样性、复杂性、阶段性和转化性等多重特征，其中思想性和价值性居于主导地位。对于当前社会及世界范围内普遍存在的信任匮乏和信任危机现实，需要深入思考。就社会发展和人的实际而言，由于对个人自我意识的过度标榜及对工具理性的过度推崇，人的责任意识逐渐淡薄，人的信任本性不可避免地出现下滑趋势。思想政治教育信任关系本身就蕴含着价值导向功能，信任关系的形成、变化与发展以一定的价值观念、价值原则和价值规范为前提。社会交往中的信任体现着人对外部世界和他人的合理预期，是交往主体的某种需求和预期及实现这种期求的内心肯定性。当前，要不断推进社会主义核心价值观建设，以社会主义核心价值观为根本导向构建良好的社会信任体系。

4. 自由人联合体构建需要以信任来交换信任

自由人联合体是马克思和恩格斯对共产主义社会形态的理想设定，良好的社会信任关系的建立是构建自由人联合体的应然举措。

其一，信任关系是共产主义者坚守共产主义伟大信仰的内在要求。《共产党宣言》认为自由人联合体中"每个人的自由发展是一切人的自由发展的条件"[1]，"共产党人到处都努力争取全世界民主政党之间的团结和协调"，"全世界无产者，联合起来！"[2] 可以说，共产党人实现"联合体"的构建这一目标，需要联合全世界的无产者，联合世界各国无产阶级政党，联合一切可以联合的力量，才能取得广泛信任。从广义的信任内涵角度看，信任不仅是人际信任，更是对某种理念、观念、观点和方法等方面的认可。可以说，信任是形成、巩固和升华信仰的内在前提，社会主义信任是形成、巩固和升华共产主义信仰的内在要求和必要条件。

---

[1] 马克思恩格斯文集：第2卷［M］.北京：人民出版社，2009：53.
[2] 马克思恩格斯文集：第2卷［M］.北京：人民出版社，2009：66.

其二，信任关系是马克思主义人文关怀思想的应然要求和实然诠释。马克思主义人文关怀思想是马克思主义理论的重要组成部分，某种程度上通过信任进行诠释、理解、深化和发展。在马克思、恩格斯及与其他人的书信中，能够深刻领会到马克思和恩格斯两位伟人牢固的信任关系，体现出他们对无产阶级战友的无私关爱、对统一战线上其他群体的坦诚和关爱。马克思和恩格斯时常通过书信彼此分享各自人生经历、生活琐事、学说著作、时事评论和革命斗争等情况。随着思想的日趋成熟，两人在人生信仰、友情、理论旨趣等方面产生了高度共鸣，成为人类历史上伟大友谊的典范。恩格斯在马克思逝世后高度评价了马克思的一生，"这个人的逝世，对于欧美战斗的无产阶级，对于历史科学，都是不可估量的损失"❶。只有在对马克思高度信任、志同道合的基础上才能作出这样客观、全面、科学的评价。

（二）列宁关于无产阶级革命斗争及政党建设的论述

列宁关于信任的论述是列宁主义的重要组成部分，集中体现在推动无产阶级革命斗争及政党建设方面。

1. 无产阶级政党用实际行动赢得信任

无产阶级政党代表广大人民群众的根本利益，广大人民群众的信任、拥护是无产阶级政党领导政权、推动经济社会发展的决定性因素。

其一，提升人民群众信任以确保执政党执政合法性是政权稳固的基础。列宁认为代表剥削阶级的国家政权对群众的压迫和掠夺是造成极端仇视和不信任的源泉，"千百年来，国家都是压迫人民和掠夺人民的机关，它留给我们的遗产是群众对国家的一切极端仇视和不信任"❷。列宁认为要以实实在在的行动赢得群众的充分信任，"无产阶级专政在世界上是最巩固的，因为它用行动赢得了信任"❸。列宁强调，"共产党真正成为革命阶级的先锋队，吸收了这个阶级的一切优秀代表，集中了经过顽强的革命斗争的教育和锻炼

---

❶ 马克思恩格斯文集：第3卷[M].北京：人民出版社，2009：601.

❷ 列宁选集：第3卷[M].北京：人民出版社，2012：487.

❸ 列宁全集：第40卷[M].北京：人民出版社，1986：252.

的、完全觉悟的和忠诚的共产主义者，把自己跟本阶级的全部生活密切联系起来，再通过本阶级跟全体被剥削群众密切联系起来，取得这个阶级和这些群众的充分信任"❶。他指出，"我们鼓励建立公社，但应把公社办好以取得农民的信任"❷，要求共产党员和工会的工作人员"能够用同志的态度对待群众、关心满足群众的要求，以此赢得群众的无限信任"❸。

其二，以铁的纪律确保党员队伍纯洁性、先进性是赢得人民群众信任的前提。列宁认为，党必须严格遵守铁一般的纪律，"如果我们党没有极严格的真正铁的纪律，如果我们党没有得到整个工人阶级全心全意的拥护，就是说，没有得到工人阶级中所有一切善于思考、正直、有自我牺牲精神、有威信并且能带领或吸引落后阶层的人的全心全意的拥护，那么布尔什维克别说把政权保持两年半，就是两个半月也保持不住"❹。列宁强调，"当我们有了受过专门训练、经过长期教育的工人革命家（当然是'所有各个兵种'的革命家）队伍的时候，世界上任何政治警察都不能战胜这支队伍，因为这支由无限忠于革命的人组成的队伍也一定会获得最广大的工人群众的无限信任"❺。从建立世界上第一个社会主义国家伊始，为了突破国内外反动势力的围剿，维护国家安全稳定，推动战时"战时共产主义"政策向新经济政策转变，苏维埃俄国摆脱了极其严峻的内外部经济和政治危机，极大地增强了广大无产阶级对苏联共产党的信任，以及投身社会主义国家经济社会建设的信心。

2. 提高党内信任是加强党的建设的重要举措

其一，以榜样示范和党内铁的纪律性提高党内互信以提升对党的领袖和党组织的信任。列宁强调党内互信是统一意志、齐心协力推动工作的重要标

---

❶ 列宁选集：第4卷［M］.北京：人民出版社，2012：237.
❷ 列宁全集：第36卷［M］.北京：人民出版社，1985：190.
❸ 列宁全集：第42卷［M］.北京：人民出版社，1987：372.
❹ 列宁全集：第40卷［M］.北京：人民出版社，1986：3-4.
❺ 列宁选集：第1卷［M］.北京：人民出版社，2012：412.

准,"目前许多情况正在加剧国内小资产阶级居民的动摇,在这个时候特别需要保持党的队伍的统一和团结,保证党员相互之间的完全信任"[1],"只要具备这些品质,就能保证有一种比'民主制'更重要的东西,即革命者之间的充分的同志信任"[2]。此外,列宁认为共产党的组织方式和纪律规定是获得信任与拥护的重要内容,"共产党只有按照高度集中的方式组织起来,在党内实行近似军事纪律那样的铁的纪律,党的中央机关成为拥有广泛的权力、得到党员普遍信任的权威性机构"[3]。

其二,以有"根据的""正式规定的"信任确证无产阶级政党的组织原则。列宁认为,"一个小组内部或各个小组之间的联系,在过去是不需要规定的,也是无法规定的,因为这种联系是靠朋友关系或盲目的、没有根据的'信任'来维持的"[4]。他进一步指出,"任何一个选区选举国会议员都是关系全党的一个重要问题,所以党至少应当经过党所信任的人（Vertrauensmänner）对指定候选人施加影响"[5]。列宁批判了孟什维克在组织问题上的机会主义,深度剖析了"没有根据的""单纯的""盲目的""不遵照正式规定"的信任在政党组织建设中的弊端,为无产阶级政党学说的建立奠定了基础。

3. 以民族互信推进民族自治是解决国内民族历史问题的基本前提

其一,以真情实感推动民族平等自治是实现民族互信的先决条件之一。面对俄罗斯多民族共存的局面,以及各民族广大劳动群众对大俄罗斯主义普遍缺乏信任的现状,为了缓和国内民族间矛盾、增进民族共识,列宁认为,"必须特别慎重地对待民族感情,认真地实行各民族的真正的平等和分离的自由,以便消除这种不信任的基础,而使各民族的苏维埃共和国结成一个自愿的最紧密的联盟"[6],强调"取得当地人的信任;取得三倍、四倍的信

---

[1] 列宁选集：第4卷[M].北京：人民出版社,2012：469.
[2] 列宁选集：第1卷[M].北京：人民出版社,2012：419.
[3] 列宁选集：第4卷[M].北京：人民出版社,2012：254.
[4] 列宁选集：第1卷[M].北京：人民出版社,2012：504.
[5] 列宁选集：第1卷[M].北京：人民出版社,2012：512.
[6] 列宁选集：第3卷[M].北京：人民出版社,2012：725.

任"[1]。列宁认为"无产阶级应当要求受'它的'民族压迫的殖民地和民族有政治分离的自由。否则无产阶级的国际主义就会始终是一句空话，被压迫民族的工人和压迫民族的工人之间的信任和阶级团结都将无从谈起"[2]。

其二，实现多民族联盟是取得无产阶级革命斗争胜利的重要保障之一。列宁对苏维埃各民族友谊和合作给予了高度关注，认为应当保留和巩固社会主义共和国联盟，强调"对无产者来说，不仅重要而且极其必要的是保证在无产阶级的阶级斗争中取得异族人的最大信任"[3]。列宁认为巩固和发展各民族联盟团结信任需要实现对资产阶级彻底的斗争，"任何民族的无产阶级只要稍微拥护'本'民族资产阶级的特权，都必然会引起另一民族的无产阶级对它的不信任，都会削弱各民族工人之间的阶级团结，都会把工人拆散而使资产阶级称快"[4]。

4. 揭露和批判"信任蛊惑"本质是推动革命发展的重要条件

其一，在批判轻视理论建设和政治斗争的经济主义思想中提升群众信任。列宁认为，"'经济'的让步（或者假让步），对政府来说，自然是最便宜最有利的，因为它想借此博得工人群众对它的信任"[5]。他认为实际生活现状会直接降低无产者和贫苦农民对资本主义的信任，"这种轻信的不觉悟和不觉悟的轻信，必然会日益消失，特别是对无产者和贫苦农民更是这样，因为实际生活（他们的社会经济地位）教他们不要信任资本家"[6]。"被压迫民族的广大居民群众，即他们中间的小资产阶级群众，对俄国无产阶级的信任超过了对资产阶级的信任，因为历史已经把被压迫民族反对压迫民族、争取解放的斗争提到日程上来了。"[7]

---

[1] 列宁全集：第51卷［M］.北京：人民出版社，1988：323.
[2] 列宁选集：第2卷［M］.北京：人民出版社，2012：565-567.
[3] 列宁选集：第4卷［M］.北京：人民出版社，2012：758.
[4] 列宁选集：第2卷［M］.北京：人民出版社，2012：398.
[5] 列宁选集：第1卷［M］.北京：人民出版社，2012：348.
[6] 列宁选集：第3卷［M］.北京：人民出版社，2012：44.
[7] 列宁选集：第3卷［M］.北京：人民出版社，2012：290.

其二，引导广大农民群众认清沙皇专制政府和资本主义的信任"欺骗"。信任蛊惑是沙皇专制政府和资本主义骗取群众信任的惯用伎俩，列宁指出，"沙皇专制政府利用自由派这种背叛人民自由的行为，利用对自由派高度信任的农民的无知，击溃了起义的工人"❶。在《无产阶级在我国革命中的任务》中，列宁认为"无产者应该教导人民不信任资产阶级"❷。列宁强调："不消除农民群众对资本家的信任……地主的全部土地就不能彻底地、牢靠地无偿交给农民。"❸ 列宁批判了二月革命后一些人思想上的狭隘和混乱，认为"俄国革命的另一个非常重要的特点，就是显然得到大多数地方苏维埃信任的彼得格勒兵工代表苏维埃，竟自愿把国家政权交给资产阶级及其临时政府，自愿把首位让给临时政府"❹，"获得多数人民信任的社会革命党和孟什维克党的这种同资产阶级妥协的政策，就是革命从开始以来整整5个月内全部发展进程的主要内容"❺。

（三）不同时期党和国家主要领导人关于中国式现代化的论述

党的二十大报告指出，我们党成功推进和拓展了中国式现代化。❻ 中国式现代化是中国共产党带领全国各族人民在中国革命、建设和改革发展进程中闯出来的独特的发展之路、人民之路、信任之路，赢得人民信任、信任人民、增强党内信任、推进政治互信等思想在推进中国式现代化进程中发挥了不可替代的积极作用。

1. 赢得人民信任与拥护是党和国家事业永葆生机的政治根基

人民信任不信任、拥护不拥护既是中国共产党取得政权、巩固政权、发展政权的根本，是政权合法性、稳固性及持续性的基石，也是有力推动我国

---

❶ 列宁选集：第2卷[M].北京：人民出版社，2012：271.
❷ 列宁选集：第3卷[M].北京：人民出版社，2012：44.
❸ 列宁选集：第3卷[M].北京：人民出版社，2012：73.
❹ 列宁选集：第3卷[M].北京：人民出版社，2012：40.
❺ 列宁选集：第3卷[M].北京：人民出版社，2012：99.
❻ 习近平.高举中国特色社会主义伟大旗帜　为全面建设社会主义现代化国家而团结奋斗——在中国共产党第二十次全国代表大会上的报告[M].北京：人民出版社，2022：22.

经济建设、政治建设、文化建设、社会建设、生态文明建设的根本力量之所在。毛泽东认为,"中国共产党在革命斗争中的伟大的历史成就,使得今天处在民族敌人侵入的紧急关头的中国有了救亡图存的条件,这个条件就是有了一个为大多数人民所信任的、被人民在长时间内考验过因此选中了的政治领导者。"邓小平认为,"我们党的胜利,首先和最主要地要归功于人民群众对于我们的信任和支持,要归功于全体党员的艰苦奋斗"❶,同时强调"只有对这些弊端进行有计划、有步骤而又坚决彻底的改革,人民才会信任我们的领导,才会信任党和社会主义,我们的事业才有无限的希望"❷。江泽民指出:"我们党的执政地位不是从天上掉下来的,而是由于我们党集中了一大批先进分子,并在长期的奋斗中为祖国和人民作出了巨大牺牲、建立了伟大业绩,人民才充分信任和拥护我们。"❸胡锦涛指出:"只有把自己置身于群众之中,真正与群众同甘共苦,才能赢得群众信任和支持,获得战胜困难的力量。"❹习近平总书记在党史学习教育动员大会上强调:"赢得人民信任,得到人民支持,党就能够克服任何困难,就能够无往而不胜。"❺

2. 信任人民、依靠人民是实现中华民族伟大复兴的根本动力

人民群众是历史的创造者,信任人民、依靠人民是中国共产党坚守人民至上立场的内在要求,是马克思主义群众史观的核心要义,为推进中国式现代化建设汇聚强大的物质和精神力量。毛泽东在《论联合政府》中认为,"只要我们依靠人民,坚决地相信人民群众的创造力是无穷无尽的,因而信任人民,和人民打成一片,那就任何困难也能克服"❻。邓小平强调要在信任群众中赢得群众信任,"只要我们信任群众,走群众路线,把情况和问题向

---

❶ 邓小平文选:第1卷[M].北京:人民出版社,1994:256.
❷ 邓小平文选:第2卷[M].北京:人民出版社,1994:333.
❸ 江泽民文选:第2卷[M].北京:人民出版社,2006:284.
❹ 胡锦涛文选:第1卷[M].北京:人民出版社,2016:205-206.
❺ 习近平谈治国理政:第4卷[M].北京:外文出版社,2022:512.
❻ 毛泽东选集:第3卷[M].北京:人民出版社,2006:1096.

群众讲明白，任何问题都可以解决，任何障碍都可以排除"[1]。江泽民在《高度重视农业、农村、农民问题》中指出"只要各级领导干部诚心诚意为农民谋利益，认真倾听农民呼声，充分信任和依靠农民，我们就一定能够克服前进道路上的各种困难和问题，农业和农村工作的形势就会越来越好"[2]，在中央思想政治工作会议上强调"既讲道理又办实事，既以理服人又以情感人，在办实事中贯穿思想教育，通过解决现实问题引导群众提高精神境界、增强群众对党和政府的信任"[3]。胡锦涛指出，"我们党之所以能够赢得广大人民群众拥护和信任，从根本上说，是因为我们党坚持一切为了群众、一切相信群众、一切依靠群众"[4]。习近平总书记强调要信任青年、信任干部、信任知识分子，"各级党委和政府、各级领导干部以及全社会都要充分信任青年、热情关心青年、严格要求青年"[5]，对广大基层干部要"充分理解、充分信任"[6]，对文艺工作者要"政治上充分信任，创作上热情支持，营造有利于文艺创作的良好环境"[7]，对广大知识分子要"做到政治上充分信任、思想上主动引导、工作上创造条件、生活上关心照顾"[8]。

3. 增强党内信任是加强党的建设的重要思想武器

统一思想、增进共识需要党员领导干部作出表率。毛泽东在《中国革命战争的战略问题》中指出，"然而人民的信任与否，密切地联系于干部的信任与否，因此主要的和首先的任务，是说服干部"[9]；在《论十大关系》中指出，"可以保证不犯无法挽回的错误，犯了错误也有改正的机会，可以稳定

---

[1] 邓小平文选：第2卷［M］.北京：人民出版社，1994：152.
[2] 江泽民文选：第1卷［M］.北京：人民出版社，2006：276.
[3] 江泽民文选：第3卷［M］.北京：人民出版社，2006：95.
[4] 胡锦涛文选：第1卷［M］.北京：人民出版社，2016：495.
[5] 习近平.在纪念五四运动100周年大会上的讲话［M］.北京：人民出版社，2019：12-13.
[6] 十八大以来重要文献选编（上）［M］.北京：中央文献出版社，2014：352.
[7] 习近平总书记重要讲话文章选编［M］.北京：中央文献出版社，党建读物出版社，2016：203.
[8] 习近平.在哲学社会科学工作座谈会上的讲话［M］.北京：人民出版社，2016：18.
[9] 毛泽东选集：第1卷［M］.北京：人民出版社，2006：214.

很多人，可以避免党内同志之间互不信任"❶。邓小平强调党中央的权威，指出"中央决定了的东西，党的组织决定了的东西，在没有改变以前，必须服从，必须按照党的决定发表意见，不允许对党中央的路线、方针、政策任意散布不信任、不满和反对的意见"❷。面对错综复杂的国内外形势，江泽民强调要加强增进领导干部、领导班子团结信任，领导班子内部"要树立互相信任、互相支持、互相谅解和批评与自我批评的良好风气"❸，各级领导干部和领导班子"大家要做到相互信任、相互支持、相互补充、相互帮助"❹。胡锦涛强调"领导成员要树立起互相信任、互相谅解、互相支持、互相帮助的风气"❺，进一步强调了领导班子内、领导成员之间要在相互信任基础上树立良好风气、增进内部团结；强调要牢固树立党员主体意识，认为"在党内生活中实现党员人人平等、共同参与和管理党内事务，形成彼此信任、平等合作、相互支持、共同奋进的关系"❻。习近平总书记在党的群众路线教育实践活动总结大会上指出"党内上下关系、人际关系、工作氛围都要突出团结和谐、纯洁健康、弘扬正气"❼，在十八届中央纪委三次全会上强调全党同志要"相信组织、依靠组织、服从组织"❽，在学习贯彻习近平新时代中国特色社会主义思想主题教育工作会议上强调党内要"推动形成清清爽爽的同志关系"❾。

4. 推进政治互信是巩固和发展统一战线的重要基点

毛泽东在《关于正确处理人民内部矛盾的问题》中强调，信任真正愿意

---

❶ 毛泽东文集：第7卷［M］.北京：人民出版社，1999：38-39.
❷ 邓小平文选：第2卷［M］.北京：人民出版社，1994：272.
❸ 江泽民文选：第1卷［M］.北京：人民出版社，2006：251.
❹ 江泽民文选：第2卷［M］.北京：人民出版社，2006：148.
❺ 胡锦涛文选：第1卷［M］.北京：人民出版社，2016：295.
❻ 胡锦涛文选：第3卷［M］.北京：人民出版社，2016：14.
❼ 十八大以来重要文献选编（中）［M］.北京：中央文献出版社，2014：96-97.
❽ 十八大以来重要文献选编（上）［M］.北京：中央文献出版社，2014：767.
❾ 习近平.在学习贯彻习近平新时代中国特色社会主义思想主题教育工作会议上的讲话［M］.北京：人民出版社，2023：11.

为社会主义事业服务的知识分子[1]，各民主党派是否能够长期存在下去要看它们是否取得人民的信任[2]。毛泽东强调要以虚心学习和真诚合作增进党和党外人士的信任，"我们和非党人士之间的真诚合作，不仅帮助了群众，也帮助了我们自己。这样做的结果是，党和非党人士的相互信任，在他们必须通力合作的实际工作中增长了"[3]。邓小平指出"我们相信，各民主党派和工商联一定能够在巩固和发展安定团结的局面，促进社会主义现代化建设，发扬民主，加强法制，进行自我教育和促进祖国统一等方面，作出新的更大的贡献"[4]，提出了党同各民主党派"长期共存、互相监督、肝胆相照、荣辱与共"的方针。江泽民在全国统战工作会议上指出，"以良好的精神风貌和模范行为，增进广大党外人士对我们党的理解和信任"[5]。习近平总书记在中央政协工作会议暨庆祝中国人民政治协商会议成立70周年大会上强调，"中国共产党领导的多党合作和政治协商制度是我国的一项基本政治制度，是从中国土壤中生长出来的新型政党制度"[6]。

推动各民族互信互鉴是做好新时代民族工作的客观要求。毛泽东在《同藏族人士的谈话》中强调，做好民族工作"要用互相信任代替互相不信任"[7]。邓小平在《加强民族团结 改善人民生活》中指出，"民族间团结以及互相间的信赖，是要经过长期工作才能办得到的"[8]。江泽民在《通报中央政治局常委"三讲"情况的讲话》中指出，"促进各族人民加强团结、相互信任、相互支持、相互帮助，促进民族地区共同发展、共同繁荣"[9]。胡锦涛在《把西藏反分裂斗争进行到底》中指出，"只有坚定不移相信和依靠人民

---

[1] 毛泽东文集：第7卷［M］．北京：人民出版社，1999：225．
[2] 毛泽东文集：第7卷［M］．北京：人民出版社，1999：235．
[3] 毛泽东文集：第3卷［M］．北京：人民出版社，1996：190．
[4] 邓小平文选：第2卷［M］．北京：人民出版社，1994：204．
[5] 新时期统一战线文献选编（续编）［M］．北京：中共中央党校出版社，1997：243．
[6] 习近平谈治国理政：第3卷［M］．北京：人民出版社，2020：293．
[7] 毛泽东文集：第7卷［M］．北京：人民出版社，1999：5．
[8] 邓小平西南工作文集［M］．重庆：重庆出版社，2006：494．
[9] 江泽民文选：第2卷［M］．北京：人民出版社，2006：538．

群众、关心和支持人民群众、组织和发动人民群众，才能有效防范分裂主义分子和各种敌对势力的破坏活动"❶。习近平总书记在中央民族工作会议上指出"中华民族共同体意识是民族团结之本"❷，在党的二十大报告中提出"以铸牢中华民族共同体意识为主线，坚定不移走中国特色解决民族问题的正确道路"❸。

二、马克思主义信任思想的现实启示

马克思、恩格斯、列宁等马克思主义经典作家，以及毛泽东、邓小平、江泽民、胡锦涛、习近平等党和国家领导人有关信任论述的思想内涵，是开展思想政治教育信任理论研究与实践探索的思想源泉和行动指南。

（一）坚持人民至上的信任之治

信任是政治生活中不可或缺的社会资源❹，也是实现人的全面发展的思想资源，当它嵌入社会治理体系结构之中，并与社会治理体系构成要素产生相互作用时，就会在政治、社会、经济、文化等方面产生特定的治理功能，这些功能深度融入现代社会治理体系各要素、各环节中，并形成以"信任"为主要媒介的社会关系网络。从一定意义上讲，思想政治教育信任是推进中国特色社会主义治理体系建设的重要内容与方式之一。自1921年成立以来，中国共产党就坚持以"信任"为载体团结广大人民群众，为推动中国政治、经济、社会、文化等方面取得举世公认的历史性成就提供思想源泉和精神动力。坚持人民至上的信任思想是"信任之治"的核心要义，它是以信任相关法律法规体系为制度保障，得益于中国特色社会主义制度优越性，符合时代要求、国情实际、中国发展需要，符合中国特色社会主义治理体系经济发展规律、社会发展规律、文化发展规律、制度发展规律，是以促进人的全面发展推动中国式现代化建设的重要方式之一。

---

❶ 胡锦涛文选：第1卷［M］.北京：人民出版社，2016：42.
❷ 习近平著作选读：第2卷［M］.北京：人民出版社，2023：508.
❸ 习近平.高举中国特色社会主义伟大旗帜　为全面建设社会主义现代化国家而团结奋斗——在中国共产党第二十次全国代表大会上的报告［M］.北京：人民出版社，2022：39.
❹ 雷鸣.信任的政治功能［J］.甘肃理论学刊，2005（3）：21.

（二）涵养宽严有度的信任之德

作为调解社会关系的重要准则与规范，信任是社会道德习惯、伦理规范的产物。❶思想政治教育在很大程度上是信任的教育❷，是进行信任帮扶教育的重要方式。鉴于信任在当前社会发展中的"弱"状态或"隐"状态，信任的道德调解与规范作用的发挥需要不断创新方式方法。信任本身是他人可信任关系的期望，具备包容、宽容的思想意蕴。信任不是放纵、不管不问，而是对他人人格、素质和能力的充分认可，是在信任基础上做好宽严之间"度"的把握。因此，要进一步诠释信任与道德的关联性，厚植信任之德，积极践行社会主义核心价值观，坚持人民立场，采用恰当的思想政治教育方法，引导受信者树立更为科学、开放、坦诚、包容的信任思想观念，消解受信者对外部世界和他人可能存在的焦虑、恐惧、敌视、漠视等思想观念和态度，进一步强化伦理道德、商德、医德、师德、学术道德、学习纪律等信任道德，有效解决思想政治教育实践中存在的各种信任问题。

（三）提升信仰自觉的信任之能

信任是一种有效的心理激励方式，和谐健康的信任关系会催生强大的精神动力和创造力。信任不是一种口号，而是实实在在的认可与激励，可以迸发出强大的内驱动力，必然要落到实际行动中。中国共产党在长期的革命、建设和改革的伟大实践中，以实际行动和伟大成就取得了人民群众的广泛信任。❸历史和实践反复证明，党在人民心中的形象好，得到人民群众的信任与支持，发展前景就更加光明。在良好的"信任"环境氛围中，包括青年、干部、知识分子和文艺工作者等在内的广大人民群众获得"信任"，才能感受到自身的价值所在，才能感受到真实的鼓励和尊重，才能在艰难重大任务和危急时刻保持定力、鼓足干劲、奋勇争先，最大程度发挥主观能动性，使信任成为干事创业的动力之源，以信任之能厚植信仰自觉，以信仰自觉提高

---

❶ 翟学伟，薛天山.社会信任：理论及其应用［M］.北京：中国人民大学出版社，2014：120.

❷ 金奇.思想政治教育中的信任及其改善［J］.现代教育科学，2019（11）：77.

❸ 孙旭.论习近平群众路线思想的三个特质［J］.吉首大学学报（社会科学版），2017，38（6）：3.

信任之能，为全面推进中国式现代化建设、实现中华民族伟大复兴作出更大贡献。

（四）深耕价值内化的信任之脉

信任是维系人与人之间日常交流、合作共事、商务往来等社会交往的桥梁，这种基于信任的社会交往关系对于提高社会生产力、推动经济发展和科技创新有着重要的"物质性"价值，而对社会管理、教育、文化事业、社会文明进步等也有着重要的"精神性"价值。社会成员之间的人际信任关系是社会信任关系的起点，由于共同的爱好、旨趣、理想，潜移默化中社会成员会被其他社会成员的思想观点特别是信心、信念、信仰等吸引和同化，这里的"社会成员"可以泛指一个组织、民族或国家，由此产生对组织、民族和国家的信任，由相信到信任再到信念和信仰。施信者要不断强化思想政治教育信任的内在自觉，通过不断的理论学习和实践锻炼，提高被信任度。同时，要不断创新思想政治教育信任的宣传渠道、理论熏养和实践锻炼，充分运用新媒体手段，强化网络思想政治教育信任实践，引导受信者积极参与社会实践，提高人际交往能力，筑牢良好的人际信任关系。

（五）凝聚强大合力的信任之势

信任是维系社会关系的纽带，对人与人之间、组织与组织之间、国家与国家之间的交往、合作发挥着重要的作用。集中力量办大事是中国特色社会主义的显著优势，在中国革命、建设、改革的伟大进程中，广大人民群众始终紧密团结在党中央周围，在中国共产党的带领下汇聚强大合力，是我们党被全国各族人民信任与拥戴、不断推进社会主义事业发展的时代大势。中国共产党自诞生以来，就以为人民服务为宗旨，坚持人民至上，以实现共产主义理想为终极目标，有着强大的动员力、凝聚力和战斗力。当前，世界百年未有之大变局加速演进，我国面临着更加复杂的国内外发展形势，包括地缘政治、自然灾害、环境污染、资源枯竭、气候变化等一系列世界性的新挑战加剧，既需要全国各族人民在党的领导下携手互信、共进，也需要在"构建人类命运共同体"倡议下与世界各国人民增进交流对话、信任合作,共同凝聚国内外共筑和平之基、共谋发展之路的时代伟力,在更加磅礴、更加辽阔的时空范畴拥抱时代大势、开拓信任之势。

第二节　中华优秀传统文化信任思想

人类自诞生以来,为了适应自然、维持生存和发展,不可避免地要进行交流对话、物品交换,作为调整社会关系的重要方式,信任逐渐深入社会生产生活中。在中华五千年文明发展史中,信任思想在治国理政、修身齐家、教化道德、宣传法制等方面的重要思想价值、道德价值和实践价值,对新时代中国特色社会主义发展、国家治理体系和治理能力现代化建设、思想政治教育高质量发展具有重要的启示。

一、中华优秀传统文化信任思想的内涵阐释

(一)信以治国

从夏朝诞生以来,有关"信"的思想就被统治阶级用来作为维护统治、促进社会经济发展的工具,以信治国成为中国古代国家治理的重要组成内容。

1. 立国安邦之本

《诗经·小雅·节南山》强调君主专注国事才能赢得百姓信赖,"弗躬弗亲,庶民弗信"[1]。《论语·颜渊》载"自古皆有死,民无信不立"[2],国家得不到民众信任就无法存立;《论语·子路》载"上好信,则民莫敢不用情"[3],强调君主要有信,老百姓才会真情以待。《尚书·周书·康王之诰》记载君王以礼法使国家威信普照天下,"昔君文武丕平富,不务咎,厎至齐,信用昭

---

[1] 程俊英.诗经译注[M].上海:上海古籍出版社,2012:202.
[2] 杨伯峻.论语译注[M].3版.北京:中华书局,2009:124.
[3] 杨伯峻.论语译注[M].3版.北京:中华书局,2009:133.

明于天下"[1]。《左传·宣公十二年》载"其君能下人，必能信用其民矣"[2]，君主谦逊才能获得百姓信任。管仲将"诚"与"信"连用，"先王贵诚信。诚信者，天下之结也"[3]，认为忠信、诚信带来的是有效的治理。墨子强调君王要言行一致、守信果断，"言必信，行必果"[4]。韩非子认为守信是国家安定的七种对策之一，"赏罚敬信，民虽寡，强"[5]，"小信成则大信立，故明主积于信"[6]。荀子认为守信可以产生神奇的社会效应，"诚信生神，夸诞生惑"[7]。商鞅提出"国之所以治者三：一曰法，二曰信，三曰权"[8]，信是国家安定的三大要素之一。《六韬·武韬·顺启》强调以信义覆盖天下才能治理天下，"信盖天下，然后能约天下"[9]。唐太宗李世民强调"以诚信御天下"[10]。武则天认为君臣有信是国家政治稳定的前提，"君臣不信，则国政不安"[11]。司马光认为信誉是君王至高无上的法宝，可以促使人民保卫国家，"夫信者，人君之大宝也。国保于民，民保于信；非信无以使民，非民无以守国"[12]。

2. 律令畅通之法

《论语·子张》载"子夏曰：'君子信而后劳其民，未信，则以为厉己也；信而后谏，未信，则以为谤己也'"[13]，君主要以信来管理老百姓，臣民在取得信任的基础上劝谏君主。《荀子·议兵》载"政令信者强，政令不信者弱"[14]，

---

[1] 王世舜，王翠叶.尚书［M］.北京：中华书局，2012：315.
[2] 郭丹，等.左传（中册）［M］.北京：中华书局，2012：793.
[3] 黎翔凤，梁运华.管子校注（上）［M］.北京：中华书局，2004：246.
[4] 谭家健，孙中原.墨子今注今译［M］.北京：商务印书馆，2009：92.
[5] 张觉，等.韩非子译注［M］.上海：上海古籍出版社，2012：135.
[6] 张觉，等.韩非子译注［M］.上海：上海古籍出版社，2012：304.
[7] 张觉.荀子译注［M］.上海：上海古籍出版社，2012：27.
[8] 石磊.商君书［M］.北京：中华书局，2011：105.
[9] 陈曦.六韬［M］.北京：中华书局，2016：119.
[10] 司马光.资治通鉴（第三册）［M］.长沙：岳麓书社，2009：504.
[11] 王双怀，等.帝范臣轨校释［M］.西安：陕西人民出版社，2016：215.
[12] 司马光.资治通鉴（第一册）［M］.长沙：岳麓书社，2009：12.
[13] 杨伯峻.论语译注［M］.3版.北京：中华书局，2009：199.
[14] 张觉.荀子译注［M］.上海：上海古籍出版社，2012：199.

强调政令取信于民的国家会变得强大，反之会变得弱小。管子强调律令赏罚之信见于严格执行，"赏罚信于其所见。虽其所不见，其敢为之乎？"[1]并将"今恃不信之人，而求以智"为"此兵之三暗"之一[2]。韩非子认为君王要带头维护法令权威，才能不断积累守信声誉，"赏厚而信，人轻敌矣；刑重而必，人不北矣"[3]，"小信成则大信立，故明主积于信。赏罚不信，则禁令不行"[4]；同时他认为善恶要有相应赏罚，法度设立，才能使百姓遵守。商鞅"徙木立信"[5]，为了推行新的法令而向民众许诺"能徙者予五十金"，最终取信于民，为新的法令的推行奠定了思想基础和民众根基。孙武提出为将者须具备"智、信、仁、勇、严"五德[6]，提出"素信者昌"的战争输赢规律[7]，"信者，兵明赏也"[8]，军队锐不可当在于将帅言而有信。西汉贾谊《新书·大政上》"率之以信，然后士民信也"[9]，强调君主要以信示范。军事上，孙武诛杀阖闾宠姬以立军信[10]，诸葛亮挥泪斩马谡[11]。

3. 选人用人之尺

信任是统治者选人用人的重要原则，可以确保政治统治稳定。荀子强调人才首先要忠信，其后是能力才干，君主要根据利害得失选人用人，"士信悫而后求知能焉"，"故明主任计不信怒，暗主信怒不任计"[12]。管子认为，"凡孝悌、忠信、贤良、俊材"受到推崇[13]。《六韬》将"信"作为选拔人才的六

---

[1] 管仲.管子[M].北京：北京燕山出版社，1995：32.

[2] 管仲.管子[M].北京：北京燕山出版社，1995：319.

[3] 张觉，等.韩非子译注[M].上海：上海古籍出版社，2012：433.

[4] 张觉，等.韩非子译注[M].上海：上海古籍出版社，2012：304.

[5] 司马迁.史记[M].北京：中华书局，2006：420.

[6] 骈宇骞，等.孙子兵法·孙膑兵法[M].北京：中华书局，2007：3.

[7] 骈宇骞，等.孙子兵法·孙膑兵法[M].北京：中华书局，2007：137.

[8] 骈宇骞，等.孙子兵法·孙膑兵法[M].北京：中华书局，2007：147.

[9] 贾谊.新书校注[M].阎振益，钟夏，校注.北京：中华书局，2000：341.

[10] 司马迁.史记[M].北京：中华书局，2006：400.

[11] 诸葛亮.诸葛亮集[M].北京：中华书局，1960：48.

[12] 张觉.荀子译注[M].上海：上海古籍出版社，2012：457.

[13] 黎翔凤，梁运华.管子校注（上）[M].北京：中华书局，2004：65.

条标准之一，"一曰仁，二曰义，三曰忠，四曰信，五曰勇，六曰谋，是谓六守"❶。西汉刘安认为考察一个人要先看其信誉后再看才干，"人先信而后求能"❷。唐太宗李世民对所任用大臣极为信任，"谓上书人曰：'朕欲使大信行于天下，不欲以诈道训俗，卿言虽善，朕所不取也'"，充分说明了李世民对所任大臣的高度信任，以致彼时人才济济，达至"贞观之治"。

（二）信以立身

春秋之前，"信"多用于神鬼崇拜，具有强烈的宗教色彩。后经我国儒家等贤士的倡导和统治阶级的吸纳与推广，"信以立身"逐渐成为社会道德规范的重要评判标准，涵盖纲常之信、君子之信和朋友之信。

1. 纲常规制之信

孔子将仁与信联系在一起，"能行五者于天下为仁"，"恭，宽，信，敏，惠。恭则不侮，宽则得众，信则人任焉"❸，强调有信才会得到他人的任用、委托；"人而无信，不知其可也"❹，人若无信则做不了什么事。孟子强调忠信以义为先，诚与信是上天之则、为人之则，"大人者，言不必信，行不必果，惟义所在"❺，"仁义忠信，乐善不倦，此天爵也"❻。老子认为"道"生天地万物，"信"是"道"的重要属性特征之一，"窈兮冥兮，其中有精；其精甚真，其中有信"❼。韩非子把"信"看作至高无上的美德，"得原失信，吾不为也"❽，高度评价了"晋文公以信降卫国"典故。董仲舒将"信"与孔孟提出的"仁、义、礼、智"四德并列，"夫仁谊（义）礼知（智）信五常之道"❾，

---

❶ 陈曦.六韬[M].北京：中华书局，2016：38.
❷ 陈广忠.淮南子（下）[M].北京：中华书局，2012：1027.
❸ 杨伯峻.论语译注[M].3版.北京：中华书局，2009：181.
❹ 杨伯峻.论语译注[M].3版.北京：中华书局，2009：21.
❺ 杨伯峻.孟子译注[M].北京：中华书局，2008：144.
❻ 杨伯峻.孟子译注[M].北京：中华书局，2008：209.
❼ 饶尚宽.老子[M].北京：中华书局，2006：53.
❽ 张觉，等.韩非子译注[M].上海：上海古籍出版社，2012：331.
❾ 班固.汉书（中）[M].颜师古，注.北京：中华书局，2005：1906.

"信重于地，礼尊于身"，"《春秋》尊礼而重信，信重于地"❶。西汉刘向认为，"水倍源则川竭，人倍信则名不达"❷。西晋傅玄言"故以信待人，不信思信；不信待人，信思不信"❸，以信待人会使更多的人信任，信是做人之本。北宋周敦颐将"信"称为"五常之本，百行之原也"，认为"德，爱曰仁，宜曰义，理曰礼，通曰智，守曰信"❹。

2. 君子德才之信

君子是人的修养所能达到的理想状态，是中国古代社会大众所普遍追求的道德典范。《周易》中有关"信"的思想主要以"孚"呈现，"孚"引申义为"信"，"中孚：豚鱼吉，利涉大川，利贞"❺，认为守信是君子立身处世的根本。孔子认为君子要注重内外在修养，行事以忠和信两种道德为主，"君子不重，则不威；学则不固。主忠信"❻。孟子认为君子要讲信用，否则就没有操守，"君子不亮，恶乎执？"❼老子把"信"作为评价君子与小人的重要道德标准，"信言不美，美言不信"❽，指出"夫轻诺必寡信"❾，并强调要信守德信，"信者，吾信之；不信者，吾亦信之，德信"❿。庄子认为"信"是重要的财富，"无行则不信，不信则不任，不任则不利"⓫，没有德行就无法获得他人的信赖，没有他人的信赖就无法获得重用。荀子认为君子坦诚忠信，小人言行无定，"体恭敬而心忠信，术礼义而情爱人"⓬，"言无常信，行无常贞，

---

❶ 张世亮，等.春秋繁露[M].北京：中华书局，2012：5.
❷ 刘向.说苑译注[M].程翔，译注.北京：北京大学出版社，2009：418.
❸ 傅玄.《傅子》评注[M].刘治立，评注.天津：天津古籍出版社，2010：32.
❹ 周敦颐.周子通书[M].徐洪兴，导读.上海：上海古籍出版社，2000：32.
❺ 黄寿祺，张善文.周易译注[M].最新增订版.北京：中华书局，2016：444.
❻ 杨伯峻.论语译注[M].3版.北京：中华书局，2009：6.
❼ 杨伯峻.孟子译注[M].北京：中华书局，2008：229.
❽ 饶尚宽.老子[M].北京：中华书局，2006：192.
❾ 饶尚宽.老子[M].北京：中华书局，2006：153.
❿ 饶尚宽.老子[M].北京：中华书局，2006：119.
⓫ 文史哲.庄子白话全译[M].上海：立信会计出版社，2012：386.
⓬ 张觉.荀子译注[M].上海：上海古籍出版社，2012：14.

唯利所在，无所不倾，若是则可谓小人矣"[1]。墨子推崇忠信之士，"言不信者行不果"[2]，言而有信、说到做到才有信誉。南朝傅昭认为君子要说话算话，"君子不失信于人，不失色于人"[3]。

3. 朋友志道之信

朋友是人际关系中的一种，《诗经》载"仲氏任只，其心塞渊"[4]，是一首送别诗，述说了国君的二妹为人可信，赞美了朋友之间的高度信任之情。孔子每日三省"与朋友交而不信乎？"[5]强调与朋友交往要守信，"与朋友交，言而有信"[6]。孟子把"朋友有信"与"父子有亲，君臣有义，夫妇有别，长幼有序"并列为"五伦"[7]，成为中国封建社会道德评价的基本标准和规范。老子主张谦逊不争、尊信为善，"居善地，心善渊，与善仁，言善信，正善治，事善能，动善时"[8]。韩非子认为要对朋友守信，"必行其私，信于朋友，不可为赏劝，不可为罚沮，人臣之私义也"[9]。刘向认为朋友之间以"信"为交，"孝于父母，信于交友"[10]。韩愈在《柳子厚墓志铭》中肯定了已故好友柳宗元重信守诺的高尚品德，"行立有节概，重然诺，与子厚结交，子厚亦为之尽，竟赖其力"[11]。中国古代有诸多关于友情及送别朋友的诗词，也充分表达出朋友之间的信任之谊。

（三）信以施教

由于中国古代特殊的社会环境，主张以"信"为核心的思想来教导臣

---

[1] 张觉.荀子译注［M］.上海：上海古籍出版社，2012：26-27.

[2] 谭家健，孙中原.墨子今注今译［M］.北京，商务印书馆，2009：7.

[3] 傅昭.处世悬镜［M］.冠中注，译.海口：南方出版社，2004：221.

[4] 程俊英.诗经译注［M］.上海：上海古籍出版社，2012：28.

[5] 杨伯峻.论语译注［M］.3版.北京：中华书局，2009：3.

[6] 杨伯峻.论语译注［M］.3版.北京：中华书局，2009：5.

[7] 杨伯峻.孟子译注［M］.北京：中华书局，2008：94.

[8] 饶尚宽.老子［M］.北京：中华书局，2006：20.

[9] 张觉，等.韩非子译注［M］.上海：上海古籍出版社，2012：140.

[10] 刘向.说苑译注［M］.程翔，译注.北京：北京大学出版社，2009：408.

[11] 韩愈.唐宋名家文集·韩愈集［M］.卫绍生，杨波，注译.郑州：中州古籍出版社，2010：255.

子、学子及各行各业人士是中国古代一些杰出政治家、思想家和教育家常用的方式，是中国思想政治教育信任的思想源泉和重要实践基础。

1. 学理慎思立信

在古代，学理、学问成为社会成员有无真才实学的标准，其中教导学生和百姓崇信学理是其中的一个重要方面。孔子在教导弟子时强调在言行上要谨慎可信，"弟子入则孝，出则悌，谨而信"❶。庄子认为"大道"真实可信，"夫道，有情有信，无为无形"❷。孟子认为"尽信《书》，则不如无《书》"❸，强调做学问时要独立思考，蕴含不唯书之理。辛弃疾认为"近来始觉古人书，信著全无是处"❹，强调不唯书、不唯古人、不迷信权威。程颐认为"学贵信，信在诚。诚则信矣，信则诚矣"❺。南朝傅昭认为"修学不以诚，则学浅；务事不以诚，则事败"❻，强调了做学问要诚信正心、全力以赴。"诚者合内外之道，不诚无物"❼，认为"诚""信"是"天理"的根本道德属性。朱熹认为"诚者，合内外之道，便是表里如一"❽，强调说话有根据，"诚意"与"致知"二者辩证统一。

2. 人际善诚守信

孔子在教导学生时强调在与人交往过程中讲求信实，"子以四教：文，行，忠，信"❾。孟子认为"善人也，信人也"，"可欲之谓善，有诸己之谓信"❿，强调信是以善为前提的。"且德厚信矼，未达人气；名闻不争，未达人心"⓫，强调虽德性醇厚、品性信实，但未必能够理解别人的思想和精神状况。

---

❶ 杨伯峻.论语译注［M］.3版.北京：中华书局，2009：4.
❷ 孙通海.庄子［M］.北京：中华书局，2007：123.
❸ 杨伯峻.孟子译注［M］.北京：中华书局，2008：255.
❹ 谢永芳.辛弃疾诗词全集［M］.武汉：崇文书局，2016：592.
❺ 周敦颐.周子通书［M］.徐洪兴，导读.上海：上海古籍出版社，2000：31.
❻ 傅昭.处世悬镜［M］.冠中注，译.海口：南方出版社，2004：208.
❼ 程颢，程颐.二程遗书［M］.潘富恩，导读.上海：上海古籍出版社，2000：59.
❽ 姚进生，林元昌.朱子文化与和谐社会构建［M］.上海：上海交通大学出版社，2017：13.
❾ 杨伯峻.论语译注［M］.3版.北京：中华书局，2009：71.
❿ 杨伯峻.孟子译注［M］.北京：中华书局，2008：263.
⓫ 孙通海.庄子［M］.北京：中华书局，2007：65.

《大戴礼记·曾子立事》强调在言行上始终坚守信义原则，"人信其言，从之以行，人信其行，从之以复，复宜其类，类宜其年，亦可谓外内合矣"❶。"推之以诚，则不言而信"❷，强调了人与人之间只要坦诚相待，不用言说也会相互信任。《处世悬镜·信之卷六》载"忠信谨慎，此德义之基也"❸，做人忠厚守信用严谨，是培养道德的根本。

3. 话语承诺实信

孔子强调不要轻信他人的话，"无信人之言，人实不信"❹；劝说世人不要听信谣言，"人之为言，苟亦无信"❺；要慎言，否则他人可能会不信任你，"慎尔言也，谓尔不信"❻；要根据说话判断是否可以信任他人的行为，"始吾于人也，听其言而信其行"❼。老子认为可信的话语不华丽，华丽的话语不可信、不真实，"信言不美，美言不信"❽。管子认为不应承诺而坚持承诺的言语不可信，强调话语承诺的可行性，"必得之事不足赖也，必诺之言不足信也"❾。《春秋穀梁传·僖公》载："言之所以为言者，信也。言而不信，何以为言？信之所以为信者，道也。信而不道，何以为道？"❿其强调说话要守信用、讲道义。《大戴礼记》强调说话要讲信用，否则就没有说的必要了，"可言而不信，宁无言也"⓫。魏徵强调有信用的言语和诚信的法令，"然而言而不信，言无信也；令而不从，令无诚也。不信之言，无诚之令，为上则败德，为下则危身"⓬。

需要注意的是，中国古代传统文化信任思想在维护政治稳定、促进经济

---

❶ 方向东.大戴礼记汇校集解（上）[M].北京：中华书局，2008：429.
❷ 张沛.中说校注[M].北京：中华书局，2013：117.
❸ 傅昭.处世悬镜[M].冠中注，译.海口：南方出版社，2004：197.
❹ 程俊英.诗经译注[M].上海：上海古籍出版社，2012：91.
❺ 程俊英.诗经译注[M].上海：上海古籍出版社，2012：123.
❻ 程俊英.诗经译注[M].上海：上海古籍出版社，2012：220.
❼ 杨伯峻.论语译注[M].3版.北京：中华书局，2009：44.
❽ 饶尚宽.老子[M].北京：中华书局，2006：192.
❾ 黎翔凤，梁运华.管子校注（上）[M].北京：中华书局，2004：32.
❿ 徐正英，邹皓译注.春秋穀梁传[M].北京：中华书局，2016：283.
⓫ 方向东.大戴礼记汇校集解（上）[M].北京：中华书局，2008：441.
⓬ 王娟.贞观政要译注[M].上海：上海三联书店，2013：348.

社会发展等方面发挥着重要的作用，但不可避免地内含着一定的封建思想，推进思想政治教育信任理论研究与实践探索要对中国古代传统文化信任思想进行"创造性转化、创新性发展"。

二、中华优秀传统文化信任思想的现实启示

中华优秀传统文化信任思想博大精深，对指导当前思想政治教育特别是提高思想政治教育信任质量具有重要的启示意义。

（一）以信任文化营造尊信崇信氛围

信任文化是在一定社会中人们在信任认知与实践中积累的各种物质和精神财富的总和，根植于社会信任的沃土。良好的信任文化是一个国家、民族、单位或个人赖以生存和发展的重要软实力之一。信任文化的发展需要自上而下率先垂范，讲信誉、守承诺，才能在国与国之间赢得尊重、赢得信誉；同时，只有在国内严格执行法律制度，在不同民族之间才能赢得相互之间的信任，在社会中才能赢得社会大众的广泛拥戴，各种政策法令才得以真正施行、上下贯通，才能真正实现政通人和。在商业、学业等不同领域或行业中，更需要培育良好的信任文化，才能增进不同领域或行业中社会成员之间的相互信任、相互理解，在互帮互助、彼此信任的社会文化氛围中，才能更好地促进商业发展，提升学业水平，以及促进其他领域或行业的发展。此外，在日常生活中，一定社会的信任文化既是一定社会伦理道德的重要组成部分，也是推进一定社会伦理道德建设的重要手段或方式。为此，要大力加强社会信任文化建设，通过各种方式培育良好、稳定、有活力、可持续的信任文化，逐渐在社会中营造尊信崇信的良好氛围，让社会成员在这样的文化氛围中提升信任道德修养。

（二）以信任共识凝聚政治信任合力

信任共识是社会不同阶层、不同利益群体在信任媒介支撑下对某项工作、某种事务或某种观点所达成的共同认识、追求、理想与价值。信任在政治生活中有着十分重要且独特的作用，在政治生活中，达成政治信任是执行

政治决策、推进政治实践、提升政治质量的重要目标，政治信任是一定社会内的社会成员对其所在社会所倡导的各种政治信念、观点、规则等的信赖与认同。简言之，政治信任是信任共识在政治生活中的具体实践，中国古代在朝代更迭之际、在革新变法之际、在盛世治世之际，封建统治阶级及其代表无不通过立信、治信、执信等方式凝聚社会成员的广泛信任共识，促进社会成员更好地"服从"和"服务"封建统治阶级，从而进一步巩固政治统治、维护社会稳定，为经济社会发展创造良好的政治环境。因此，在思想政治教育实践中，施信者有必要引导受信者进一步提高信任共识，以信任共识促进受信者对当前社会政治理想信念、政治价值观念、政治规矩意识、政治道德规范等方面达成普遍共识，让受信者更加紧密围绕在党中央周围，更加拥护中国共产党的全面领导。

（三）以信任伦理增进良好信任关系

信任伦理是以信任为核心理念、原则、方式调整人与人之间信任关系的各种规则与准则。在中国古代，包括守信、重诺、信义、信用、诚信和信德等在内的社会信任伦理在促进社会人际关系、经济贸易、民族融合、对外交流、学业修身等方面发挥了重要作用，形成了以"信任"为内核的社会信任伦理道德规范，成为社会伦理道德的重要组成部分。统治阶级及其代表通过社会信任伦理的塑造，可以进一步增进社会成员的信任价值伦理观念，并在生产生活中与他人更好地交流、相处、合作抑或合理性竞争，从而不断增进、巩固彼此之间良好的信任关系。因此，在我国思想政治教育实践中，要进一步加强信任伦理内涵、原则、内容、方法等研究与实践，着力构建系统、科学的社会信任伦理体系，注重以信任为核心的社会道德观念的培育与引导，创新信任伦理教育方法，以良好的信任伦理推动社会信任关系发展、调节信任行为，从而不断增进受信者对施信者的可信度，提高思想政治教育信任实践效能。

（四）以信任话语提升教育信任实效

信任话语是围绕信任及其相关概念而形成的思想理论体系和知识体系的外在表达体系。通俗地讲，信任话语是为了更好地实现人与人之间有效、真诚对话而建立的话语表达体系，即如何使他人更容易接受、信赖、认可自己的话语内容及其表达方式。与日常生活中的各种商品推销类话语相比，信任话语是一种公众性、日常性的话语体系，是一种符合所在社会统治阶级根本利益的话语体系。在中国古代，信任话语往往融于说教话语体系中，在礼教、学教、宗教等领域中各具特色，在稳固政治统治、教化民众、民族融合、促进商贸等方面有着巨大的"可信"资本与力量。在思想政治教育实践中，柔性话语是信任话语的重要组成部分，可以建立起施信者与受信者的沟通平台和信任关系，这种信任关系是一切有效的说服教育工作的基本前提。[1]思想政治教育信任话语是思想政治教育信任话语体系的核心组成部分，而构建符合时代特征、科学有效的思想政治教育信任话语体系是一项系统性、长期性的复杂工程，需要在不断的理论滋养与实践探索中向前发展，特别需要在坚定信任话语立场、更新信任话语内容、创新信任话语表达、推动信任话语传播、优化信任话语评价等方面持续发力，提高思想政治教育信任话语的科学性、生动性、生活性、思想性和艺术性，更好地提升思想政治教育信任话语的吸引力、感染力、表达力和传播力。

（五）以信任法制保障信任机制运转

法制是一个国家或地区法律法规和制度的总称。[2]信任法制是在一定社会中与信任有关的各种法律、制度、规范、规章、规定等的总和，通过发挥信任的"法制"激励、约束作用来规范社会生产生活秩序，提高社会生产生活质量。本质上，信任法制是系统信任在社会法律制度中的集中体现。中国古代特别是封建社会时期，皇帝是封建统治阶级根本利益的代表，封建社会的法制建设集中在加强封建集权、维护封建地主阶级利益，主要通过吏治、德治、民治、宗教等方式，强调神权、君权、父权、夫权等纲常思想，具有浓厚的封建神秘色彩；同时，在一些领域特别是礼制方面体现出一定的信任

---

[1] 中国教育科学研究院.中小学培育和践行社会主义核心价值观：思有领航（理论篇）[M].北京：教育科学出版社，2019：66.

[2] 马纪岗.大学生安全法制教育[M].北京：北京理工大学出版社，2019：3.

法制思想萌芽，如强调君主通过赏罚分明确证率先垂范信任法制精神，使政令在各个层次、各个环节得以有效畅通、遵循与执行。当前，我国思想政治教育要大力加强信任法制建设，为社会信任关系有序、健康、可持续发展提供强大的制度保障，为思想政治教育信任实践营造良好的制度环境。

第三节　西方理论界信任思想

信任思想在西方国家同样有着悠久的历史，在政治、经济、社会、文化等方面发挥着重要的作用。一些学者从不同学科层面对"信任"及其相关思想进行了研究，其中的一些观点对推进我国思想政治教育信任理论研究与实践探索具有一定的启发借鉴意义。

一、西方理论界有关信任思想的主要观点

西方理论界信任思想资源丰富，其主要观点主要集中在公正崇信、契约守信和理性确信三个方面。

（一）公正崇信

社会公正是西方思想学家长期关注的热点问题。西方学者常把"信""信任""诚信""信用""信誉"等作为社会公正的基本要素。苏格拉底认为公正是个人的诚实并按要求偿还自己的债务。柏拉图则认为公正的人是"守约"的人。亚里士多德以社会公正视角提倡遵循经济伦理中的守信原则，强调实现分配和交换的公正需要市场主体具备守信的基本道德，才能使得各自产品实现量化平衡，最终实现交易公正。阿奎那则将亚里士多德的思想与基督教思想相结合，认为价格欺骗会损害交换公正的原则。霍布斯认为信守契约就是正义，根据在于保全自己生命的理性命令。[1]

公正是信任的前提与基础，信任是公正的产物。亚里士多德认为"公正

---

[1] 宋希仁.西方伦理思想史［M］.2版.北京：中国人民大学出版社，2010：189.

不是德性的一个部分，而是整个德性；同样，不公正也不是邪恶的一部分，而是整个的邪恶"❶。公正提升大众彼此之间的信任，不公正成为失信的催化剂。亚当·斯密认为"个人的信用贷款任何时候也不应依赖下级征税官员的正直和信任这样一种极其脆弱的担保"❷，"政府给予原债权人的担保品可以自由转让，而且出于对政府的公正的普遍信任，担保品通常在市场上出卖时价钱还远比原价要高"❸。罗尔斯对信任与公正之间的关系进行了较多的论证，认为"一旦原则被接受，各方就能相互信任地遵循它们"❹，"如果社会的各阶层之间存在着一种合理的信任并分享着一种共同的正义观，纯粹多数的统治就可能会相当不错地获得成功"❺，"根据契约观点，这种信任的理由在于平等的自由有一完全不同的基础"❻。信任是基于平等的原则，"为了解释信任的职责，我们必须把公平原则作为一个前提"❼。同时，罗尔斯认为"合作德性：正义和公平，忠诚与信任，正直和无偏袒，是这种道德的特有内容"❽。

在西方，公正与信任是辩证统一的，公正的人、组织、制度、事物，以及包括交易等在内的各类生产活动更容易得到他人肯定的、积极的信任，而能够客观地信任他人或自身具有较高的可信性是自身公正的重要标尺，这种辩证统一在西方社会学、伦理学、经济学等领域有着广泛的应用空间。

（二）契约守信

"契约"一词源于拉丁文，其本质是自由、平等、守信的契约理念。西方思想家强调遵约守信即为正义。可以说，西方的信任文化即契约文化。西方社会将社会契约作为重要的道德法则，是随着商品与货币经济的发展而提

---

❶ 苗力田.亚里士多德选集：伦理学卷［M］.北京：中国人民大学出版社，1999：104.
❷ 亚当·斯密.国富论（下）［M］.谢祖钧，译.北京：中华书局，2012：768.
❸ 亚当·斯密.国富论（下）［M］.谢祖钧，译.北京：中华书局，2012：815.
❹ 罗尔斯.正义论［M］.何怀宏，等译.北京：中国社会科学出版社，2009：112.
❺ 罗尔斯.正义论［M］.何怀宏，等译.北京：中国社会科学出版社，2009：181.
❻ 罗尔斯.正义论［M］.何怀宏，等译.北京：中国社会科学出版社，2009：166.
❼ 罗尔斯.正义论［M］.何怀宏，等译.北京：中国社会科学出版社，2009：273.
❽ 罗尔斯.正义论［M］.何怀宏，等译.北京：中国社会科学出版社，2009：373.

出的一种互惠互利的契约伦理。伊壁鸠鲁提出具有"功利主义"色彩的社会契约思想。亚里士多德在《政治学》中提出"心理契约"思想。阿奎那认为契约守信是一种德性。在17—18世纪欧美资产阶级革命中，霍布斯、洛克、孟德斯鸠、卢梭等人提出了著名的社会契约理论。卢梭于1762年正式出版《社会契约论》，成为社会契约理论的集大成著作，社会契约理论主张"天赋人权"和"主权在民"。卢梭提出了"社会契约论""人民主权论""分权制衡"等思想，认为政府"是民众间的一种隐含的契约"，"政府最终合法与否，决定在民众自己"[1]。社会契约理论蕴含的"契约守信"思想对西方社会发展产生了深远影响。

"契约守信"思想在西方法治建设中扮演着重要角色。从法律与"信"的关系的角度来看，西方法治社会的不断完善是以"契约守信"为基础的。一方面，法律以"契约守信"为前提，"契约守信"是法律得以形成的前提；另一方面，法律为"契约守信"作诠释，即守契约必然得到法律的保护。与中国传统文化长期把"信""信任""诚信""信用"等作为人的基本道德规范不同，西方社会有关"信""信任""诚信""信用"等思想的法制向度明显。在《撒克逊民法典》（1863年）、《法国民法典》（1804年）、《德国民法典》（1900年）、《瑞士民法典》（1907年）、《美国统一商法典》（1952年）等各种法律法典中皆有"契约守信"思想的条文。此后，"契约守信"思想在西方国家法制建设中得到广泛应用。可以说，"契约守信"既是西方社会法制发展程度的反映，也是西方法制体系的重要组成内容。西方社会法律法制与"契约守信"之间日趋紧密的内在关系，实现了个体系统与社会系统、法制系统与伦理系统的有机统一。

"契约守信"思想是资本主义自由竞争的集中体现。在资本主义萌芽产生、发展的过程中，该思想在生产、分配、交换和消费等环节都发挥着重要的作用。亚当·斯密从人的利己私欲本性视角，在《国富论》和《道德情操

---

[1] 袁祖社，董辉.公共伦理学[M].西安：陕西师范大学出版社，2018：111.

论》两部论著中指出，一切市场经济交易行为或活动都需要在公平和守信的基础上进行，契约守信在市场经济中发挥着隐性作用的"互利交换"和"等价交换"作用。马克思·韦伯在《新教伦理与资本主义精神》一书中，直接引用富兰克林"信用就是金钱"的观点，认为"诚实有用，因为诚实能带来信誉；守时、勤奋、节俭都有用，所以都是美德"。可见，"契约守信"俨然成为市场经济的"灵魂"。

（三）理性确信

在西方思想理论界，信任在长期的发展过程中，更趋于以一种理性的思维来判断某人或某物是否值得可信，是否在值得可信的基础上可以获利甚至获利最大化。这种理性的判断建立在理性确证基础上，也建立在"经济人"利益最大化的基础上，更建立在博弈论视角"确信"博弈中。因此，"理性确信"成为西方思想界的重要思想观念，主要包括认知理性确信和计算理性确信两个方面。

1. 认知理性确信

山岸等人认为施信者的特征及其未来行为的可预测性可以增加其可信性，即施信者拥有较高的可信性，这种可信性主要包括信用、信誉及个人品质等。可以说，如何判断一个人可信往往是通过其以往可信的基础来推测其未来可信的概率。一方面，可信性是理性确信产生的前提条件。"信任被看作基于信任者对被信任者可信性的感知基础上所作出的理性的或者至少是合理的选择"，"我们应在付诸信任之前评估他人的可信性"[1]。信任建立在可信性评估上，其理由是施信者对相关信息的准确获知，即"可考据性信任"。当然，受制于诸多因素，施信者相关信息的准确获知是极其困难的，所获得的关于施信者是否可信的信息有可能是表面的，甚至是完全相反、虚假的，也可能是不完整、片面、机械式的。信任具有一定的风险性，在付出自己对他人的信任之前，需要对付出信任的他人是否值得信任进行缜密的理性判

---

[1] Möllering G. Trust: reason, routine, reflexivity [M]. Oxford: Elsevier, 2006: 13.

断。另一方面，信任是否得以兑现依赖施信者的未来行为，降低非可信性的干扰需要增强对施信者未来行为及影响其行为的各种内外部环境变化的准确把握。可信任的根据来自对施信者未来行为的预期，乃至将信任的根基看作关于施信者的性格或可能的行为的理性信念。

2. 计算理性确信

计算理性是西方理论界提出的一种经济理性思维和逻辑，它以"经济人"假设为前提，强调的是利益的最大化。信任与被信任之间存在无数种可能，对最大利益、最优方案的追逐，是计算理性信任的必然选择。信任是一种有意识的选择，以应对个人、组织和制度的发展而带来的影响。一定意义上，信任是受信者和施信者相互利益的博弈，而信息在利益博弈中发挥着重要的作用。犹如多伊奇的囚徒困境心理实验的解决方案，在掌握大量真实、及时的信息时，对他人是否值得信任的"可信计算"效果明显，这种利益计算实质上是人与人之间相互信任的计算"判断"。哈丁认为，信任本质上是对施信者自利行为的理性预期，参与其中的每一方都被这种理性计算所驱使。威廉姆森把信任直接解释为计算，强调权衡信任失败带来的损失及信任成功带来的收益。计算理性下的信任是一种纯粹性的量化式的人际关系，将人际关系、心理状态、外部环境等影响因素以变量方式建构模型，是工具理性思维在信任关系伦理中的具体体现，在西方经济社会发展中有着广阔的应用空间，深刻影响着西方社会思潮的发展。在当前元宇宙、人工智能等现代科学技术飞速发展的时代，更智能化、智慧化的计算理性确信方式方法和手段不断发展，有力地推动着信任思维、信任关系预测判断的智能化发展。

认知理性确信和计算理性确信更符合西方伦理价值观念。但在实际的信任关系发展和信任伦理实践中，很多情况下是基于感性认知和实践认知的。同时，计算理性信任是一种基于不信任和防范性的信任，主张单纯依照自我利益行事，是一种较为冷漠无情的机械式行为；而信任关系及其内在要素中通常还包含着关爱、善意等。威廉姆森曾指出计算性信任是自相矛盾的，卢曼也强调信任不是一种为了特定目的而选择的手段，甘贝塔认为证据（信息)不能完全解决信任问题。因此,要吸收、借鉴认知理性确信和计算理性确信两种思想的合理成分。

二、西方理论界有关信任思想的现实启示

信任思想研究在西方社会起步早,相关领域的研究已较为成熟,特别是西方经典理论中蕴含着大量的信任思想,解析、吸收这些有益的思想资源,对于进一步推动我国思想政治教育信任实践具有较强的借鉴意义。

(一)强化公正等有益思想资源以优化思想政治教育信任环境氛围

社会公正、教育公正思想及理论在西方有着悠久的历史,在推进社会文明进步中发挥着重要作用。思想政治教育作为一种特殊的教育实践活动,在实施过程中处处需要公正。一方面,从社会环境角度来看,社会公正对于思想政治教育实践有着一定的影响,良好的社会环境可以使受信者对当前社会产生一定的依赖、信任与认同,在一定程度上提高了受信者对所在社会执政党的政治认同;另一方面,从思想政治教育系统内部来看,思想政治教育的理念、方法、内容及实施路径等也都内蕴着公正思想,只有营造更加良好的教育公正氛围与秩序,才能更好地优化思想政治教育系统内部的各种人际关系,特别是人际信任关系。因此,在推进我国思想政治教育实践中,既要在社会大环境中强化、推进社会公正建设,又要在思想政治教育实践的各个环节、各个阶段、各个要素中强化公平公正,充分尊重、理解受信者,促进施信者与受信者之间形成良好、稳定、可持续的信任关系,增进受信者对施信者、对思想政治教育的信任度。

(二)坚守契约以确保思想政治教育信任有序发展

通俗地讲,契约是社会成员对他人、组织、社会作出的各种承诺与期许。西方经济社会及文明快速发展的一个重要原因是契约精神在社会各个层面的普遍确立。在思想政治教育领域,心理契约以相互期望为主线,包括个体对组织的期望和组织对个体的期望,存在于施信者所代表的组织意志与受信者个体之间,包含学生对教师的期望和教师对学生的期望这两个相互影

响、相互制约的方面。[1]思想政治教育的心理契约是一种非强制性的心理期许，是非刚性的约束，具有内隐性、动态性和功能性特点，是一种非公开、不稳定的契约，但其影响较大。[2]当前，在我国经济社会快速发展的同时，多元价值观念出现，人们的心理和行为模式发生了很大的变化，契约精神、规范意识和权责意识等公民意识日益觉醒。[3]在我国思想政治教育中，施信者要进一步加强契约精神的培育，如在学校思想政治教育中，要切实加强纪律规范意识教育、考试诚信教育及日常教育管理，去除西方契约思想中的不合理之处，把良好的契约精神合理运用到思想政治教育实践中。施信者要具备较强的契约精神与能力，更好地把握思想政治教育信任实践的方向，为深入推进思想政治教育信任实践"保驾护航"。

（三）善用理性以提高思想政治教育信任思维能力

理性是通过复杂且精密的理性思维、理性逻辑，对某人、某事或某个组织进行全方位理性解读的过程。信任行为是一种精确计算预期效用得以实现的决策行为，理性信任隐含着人们精确地计算在多大程度上能实现预期目标。[4]理性是人类思维的最高层次，思想政治教育本身就是理性活动的反映，缺乏理性，思想政治教育就缺少灵魂。[5]因此，在思想政治教育信任实践中，要善于吸收、借鉴、运用理性信任的合理部分，特别是在量化评价他人、他物可信度方面的机制、规范、措施与方法上，同时也需要借助大数据、人工智能、元宇宙、区块链等现代科学技术，以提高思想政治理性信任的广度、深度与精度。在广度上，可以有效扩充思想政治教育信任的时空范畴，提高信任确信的敏捷性、响应度；在深度上，可以更好地为施信者、受信者及其相互之间建立何种信任关系及提高信任关系的紧密度提供深度参考依据；在

---

[1] 胡卫红.心理契约理论与高校思想政治理论课教学［J］.思想教育研究，2010（7）：38.
[2] 张微.心理学视域下的思想政治教育方法论［M］.厦门：厦门大学出版社，2021：176.
[3] 刘泾.高校思想政治教育中的规则意识培育［M］.上海：上海人民出版社，2017：84.
[4] 杨丽娜.交易虚拟社区中的信任演化与强化机制研究［M］.西安：西安交通大学出版社，2017：147.
[5] 罗仲尤.思想政治教育属性研究［M］.北京：知识产权出版社，2017：97.

精度上，可以为施信者精准实施思想政治教育提供指导，特别是在更好地感知受信者的基本状态、现实困境及发展需求等方面。同时，要注意剔除理性信任中的不合理部分，纾解对于人的精神世界活动的规律及人际关系复杂性的认知不足等情况对思想政治教育信任实践的潜在干扰。

第四节　马克思主义信任思想中国化时代化的理论表达

党的十八大提出了社会主义核心价值观，涉及丰富的信任思想。其中，"富强、民主、文明、和谐"是国家层面对建设中国特色社会主义现代化强国的愿景"信任"，"自由、平等、公正、法治"是社会层面完善中国特色社会主义社会治理体系的制度"信任"，"爱国、敬业、诚信、友善"是个人层面实现人的现代化的价值"信任"。综合对马克思主义、中华优秀传统文化及西方理论界信任思想的理论探讨，教育引导广大受信者树立符合当今中国现实发展需求的思想政治教育信任价值观，是践行社会主义核心价值观的内容延展、个性展现、具象表现，需要从概念界定、内涵要义和培育方向三个层面深入开展思想政治教育信任价值观理论分析。

一、思想政治教育信任价值观的概念界定

价值体现了主客体之间的意义关系。信任是一种复杂的价值心理[1]，"信任价值"是在社会实践中主客体之间由信任及信任关系建立起来的意义关系，这种关系是信任及其价值的存在与属性以满足经济社会的全面进步和人的全面自由发展为根本目的而呈现出来的一种积极的肯定的意义关系。价值观是社会成员对某人（或组织）、某物或某种社会现象的评价标准与方法的根本看法、根本观点，因此信任价值观是对一定社会关于信任的价值本质的

---

[1] 马俊峰，等.当代中国社会信任问题研究［M］.北京：北京师范大学出版社，2012：65.

认识及对社会信任标准、原则与方法等观点的根本态度和观点。这种态度和观念是人们在社会生产生活实践中对"信任价值"产生的直观感受与反馈经验,并由此上升到当前对他人、他物的"信任价值"有关问题的根本立场、态度、观点和看法。

在人们当前和今后的各种实践活动特别是与信任价值有关的实践活动中,信任价值观以无形的"指挥棒"引导、调节人们的信任价值选择与实践创造。科学的、正确的、积极的信任价值观可以促进人的全面发展,畅通人际交流渠道,推进经济社会发展进步;反之,歪曲的、错误的、消极的信任价值观则严重阻碍人的全面发展,堵塞人际交流渠道,不利于经济社会的发展。在特定的社会历史环境中,针对受信者"信任价值"认知与社会发展需求脱节的现状,施信者要积极引导受信者树立符合当前社会所要求的思想政治教育信任价值观。信任价值观的主要特征包括以下五个方面。

其一,主体性与社会性相统一。社会成员之间只有通过接触、交流、合作等过程才能产生一定意义上的信任价值关系。信任价值观是"信任价值"主客体所处历史阶段的政治环境、经济环境、社会环境及利益需求驱动自发产生各种信任关系、自觉体悟"信任价值"的内在反映。信任价值观的培育不是线性式、离散式、被动式的,不是填鸭式"灌输",而是要唤醒主观能动性,掌握信任价值观培育主动权。在信任价值观培育中强调主体性是由"信任价值"规律所决定的,是主客体自我发展、双向演化、螺旋式发展的应然路径。需要注意的是,信任是社会关系的重要存在方式,信任价值观培育要在特定的社会环境中实施,既要充分尊重主客体的主体性,也要把这种主体性主动融入社会期待的整体框架内,忽视或不重视社会属性的信任价值观培育是片面的、机械的、不科学的。

其二,静态性与交互性相统一。从认识论角度来看,信任价值观是人们对信任关系及信任价值的根本认识,具有长期性、稳定性等特点,受信者与他人或他物在初次接触、了解、交流的过程中对他人或他物形成信任意念,经过不断实践，随着认知能力的增长，信任价值观才得以形成、不断发展。信任价值观是对"信任价值"规律性、稳定性、静态性的认知。受信者对社会制度、教育内容的信任，需要建立在与施信者的多次交流对话中，体现为信任价值观的交互性，是推动信任关系产生、变迁和发展的重要动力。可见，信任价值观是相对静态性与绝对交互性的统一。

其三，内隐性与外显性相统一。古今中外，信任价值观培育这一实践活动在不同时期、不同地域中以不同的方式、形态得以存在、延续和发展，与隐性思想政治教育类似❶，大多数情况下信任价值观培育以"沉默"状态呈现于鲜活的实践中，通过"隐""寓""意"等方式潜移默化地渗透、渲染和内化。因此，信任价值观培育在施教目标规划设计时、施教过程中及施教结果反馈中均表现出一定的"潜隐性"。与此同时，信任关系的确立、信任主客体的思想倾向及价值意义认同趋向等也可以通过信任主体的言行等外在形式进行度量。为了丰富信任价值观培育的内容与形式，提高信任价值观培育的有效性，信任价值观的培育有必要以显性的方式组织实施，如开展以信任为主题的对话交流、教学、文化活动等。因此，信任价值观培育是内隐性与外显性的统一。

其四，合目的性与合规律性相统一。在信任价值观培育过程中，必然要以特定的、先进的、合理的及社会所倡导的信任价值观去引导和整合现实存在的多元形态的信任价值观，因而信任价值观培育具有"合目的性"的特征，有鲜明的政治导向和价值归属。同时，要实现信任价值观培育目标，需要遵循信任价值观培育的基本规律，包括社会适应规律、要素制约与协同规律、信任适度张力规律、信任层次递进规律等。这些基本规律承载着信任价值观培育的内核，对这些基本规律的认识是提高思想政治教育实效性的基本前提。因此，开展信任价值观培育既要以目标为导向，又必须符合基本规律，是合目的性与合规律性的统一。

---

❶ 白显良.隐性思想政治教育基本理论研究［M］.北京：人民出版社，2013：43.

其五，族群性与开放性相统一。自人类诞生以来，为了生存、繁衍和发展，人类通过血缘、盟约等方式结成群体，后来演化为族群、村庄、组织甚至国家，这便是早期社会信任关系产生的主要形式。费孝通在20世纪40年代提出"熟人社会"这一概念❶，由共同的利益目标而组成，在道德伦理、文化特质、社会关系等方面具有一定的独特性，相互之间熟悉的个体与个体之间更容易产生信任。信任价值观具有族群性特点，但随着经济社会的发展，由信任而组成的群体规模的扩大及信任结构的变迁，诚如费孝通的"差序格局"观点❷，对"信任价值"的认知从"自我—族群"为中心迈向更宽广的时空领域。因此，信任价值观培育既要立足客观社会条件，又要与时俱进，通过更为开放与前瞻的思维和方式纾解信任思想困惑，提高受信者的思想水平和认知能力，才能在培育信任价值观的实践中实现人的全面发展和社会的全面进步的有机统一。

二、思想政治教育信任价值观的内涵要义

信任价值观是一种复杂的价值观体系，无论是学科属性还是现实属性，均呈现多层、多维、多向的发展趋势。要探索培育信任价值观的理路，必然要厘清信任价值观的内涵要义。从信任价值观的生成逻辑、概念特征来看，信任价值观是信任正义、信任文化、信任制度和信任思维的有机统一体。

（一）建构思想政治教育主客体平等对话的信任正义

正义的学理范畴广泛，涉及伦理学、政治学、经济学、法律学等，是对政治、经济、法律、道德等领域的是非、善恶的一种道德认知和价值评价。罗尔斯认为，正义是社会制度的首要价值，真实和正义是决不可妥协的。❸正义可以看作社会的首要的基本价值观念，一个社会的有序、健康运行需要

---

❶ 费孝通.乡土中国[M].上海：上海人民出版社，2006：7.

❷ 费孝通.乡土中国[M].上海：上海人民出版社，2006：29.

❸ 罗尔斯.正义论[M].何怀宏，等译.北京：中国社会科学出版社，1988：1.

由包括正义在内的社会基本价值来协调。罗尔斯有关正义的理论从制度框架为社会有序发展提供了一个利益调节的宏观机制，强化了社会的交流、合作和稳定，在以正义为刚性要求的宏观制度框架内，信任属于不可或缺的重要组成部分。信任在社会生活中无处不在，几乎所有的社会交往活动都离不开信任及其要素。在社会成员生存、发展的诸多方面，都要与他人产生各种各样的合作、交流或依赖关系，在这些合作、交流或依赖关系中获得各类物质资源和精神资源。随着现代化进程的加速，人类社会越来越需要由信任构筑的人际关系网络的支撑，而信任的存在形态也逐渐向制度化、体系化及网络化转变，个体、组织与信任的关系更加紧密。现代社会各种抽象体系的有效性也是建立在信任之上，如市场经济可称作"信任经济"，政治活动可称为"政治信任"，社会生活可称为"信任社会"。可以说，信任在政治、经济和社会运行中发挥作用的方式更具有某种特殊的本真性。

在思想政治教育领域，长期以来形成的一种看似"被默认"或"习以为常"的现象，属于思想政治教育主客体之间对话层面的问题，即施信者和受信者不在同等的层次上进行对话，两者之间不对等的关系必然会对思想政治教育的实施效果产生极大的负面影响。出现这种情况的原因有很多，主客观因素都有，其中思想政治教育实践主客体之间的信任是导致这种情况出现及产生更长远和深层次影响的核心因素之一。信任正义是推进思想政治教育信任实践的本质要求，也是促进思想政治教育信任参与主体之间平等对话的核心观念和重要机制，指的是以信任为核心的正义价值原则和行为规范的总和，具体是指思想政治教育信任实践中有关是非、善恶的道德认知和价值评价体系，符合思想政治教育信任参与主体的利益诉求并一视同仁。同时，从思想政治教育信任的内在矛盾来看，思想政治教育信任参与主体之间的信任对话不足的问题突出，这也是要大力推进思想政治教育信任理论研究与实践探索的主要缘由。推进思想政治教育信任主客体平等对话是实现信任正义的首要任务，施信者要大力倡导人性化、多样化、人本性的工作理念和工作方式，促进思想政治教育信任主客体平等对话，建立更加科学、健康、可持续的信任关系，共同推动思想政治教育高质量发展。

（二）建设思想政治教育内外部复杂环境的信任文化

在人类发展的历程中，文化作为一个国家或民族区别于其他国家或民族的最基本的特质，是在一定的国家或民族中形成和发展起来的被全体国民和全民族成员所共同遵守的历史文化传统，是全体国民和全民族成员个性特征、行为范式、心理倾向和精神结构的本质体现，因此文化具有强大的生命力、凝聚力和辐射力。马克思关于文化的重要论述形成了马克思主义文化观，马克思指出，"文化上的每一个进步，都是迈向自由的一步"❶。马克思主义文化观包括文化交往观❷，认为文化是人类集体劳动创造的结果，其中人类交往起着重要作用。可以说，文化是一定社会物质生活方式的反映，是人类精神生产和创造的结晶。

信任作为社会交往态度和价值心理，是个体性和社会性的统一。❸ 在人类日常行为习惯、教育引导、道德感化和宗教仪式等活动中，信任已成为大众在社会交往中普遍遵循的伦理规范，在人类历史发展进程中代代传承。其构成了一定社会的道德文化，深刻影响着人们的精神和行为，成为人与人之间友好交往的前提和建立良好人际社会关系的基础，以及促进社会公共秩序稳定有序、推动经济社会高质量发展的思想力量。在现实生活中，信任作为一种约定俗成的规范，人们对其大都抱有支持、赞成和认同的态度，对褒扬信任的观念、典故和重要人物表达敬意，使其成为世人学习的榜样。有关信任的思想和观念通过传承，模式化为行为习惯或心理暗示，成为一定社会、国家或民族普遍奉行的心理倾向、行为方式、道德观念和社会舆论，深刻影响着大众生活方式、行为方式和思维方式，构筑为以信任为核心的社会文化价值模式。这种文化价值模式兼具民族性、时代性特征，随着交往频次和范围的扩大，社会信任结构和模式也在与时俱进，并与同步

---

❶ 马克思恩格斯文集：第9卷［M］.北京：人民出版社，2009：120.
❷ 左岫仙.马克思主义文化观视野下的中华文化认同建设［J］.贵州民族研究，2021，42（2）：10.
❸ 马俊峰，等.当代中国社会信任问题研究［M］.北京：北京师范大学出版社，2012：71.

发展的文化价值模式保持一致。

一般地，信任是社会文化价值观的产物[1]，信任文化由此孕育而生。信任文化是一定社会、国家或民族在长期的生产和发展过程中所形成的、全体成员共同认可的以"信任"为核心的价值观念、基本信念和行为规范等的总和。信任文化以"信任"为核心价值理念，是调节"信任"及其行为规范的重要精神力量。由于经济社会的快速发展，社会思潮纷繁复杂，社会失信行为现象此起彼伏，思想政治教育的外部环境受到严重冲击。信任文化可以从思想观念、教育熏陶等层面涤荡制约当前思想政治教育发展的各种不良因素，纾解思想政治教育实践中存在的各种不良信任关系，为优化思想政治教育资源结构布局、创新思想政治教育方法、有效提高思想政治教育实效性提供文化引领、滋养与保障。

（三）建强思想政治教育内容与方法体系的信任制度

制度是人与人之间规范意义的范畴，是一个社会规则体系，可以使人的行为合理预期、社会秩序稳定。总体上，制度涉及正式制度、非正式制度、基本制度与非基本制度。其中，正式制度是通过一定程序、由专门的人或群体确定的；非正式制度是自然形成、演化、约定俗成的规范；基本制度是制度体系的根本，规定了非基本制度的具体内容、发展趋势及其逻辑关系；非基本制度是基本制度的具象化。制度是社会信任的基础[2]，信任需要制度保障，信任可分为人际信任和系统信任两种。其中，系统信任符合当前社会人与人之间交往的频次剧增、交往的突发性增强、暂时性交往增大、虚拟交往飞速发展等复杂的现状，建立在信任维护社会大众合法权益的制度体系的基础上，具有制度化、非人格化和持续性强等特点。系统信任的发展缩短了建立信任关系的时间，降低了社会交往成本，提高了社会资源的使用效率，为各种社会交往提供系统保障。

---

[1] 白春阳.现代社会信任问题研究［M］.北京：中国社会出版社，2009：23.
[2] 马俊峰，等.当代中国社会信任问题研究［M］.北京：北京师范大学出版社，2012：95.

随着思想政治教育的深入推进，信任制度形成了制度信任。简言之，制度信任就是人们对当前社会各种制度体系能够保障合法权益的确信。制度信任本质上是对统治阶级及其政治集团的信任，因为这些制度体系及其执行依赖于统治阶级及其政治集团。值得深入思考的是，这些制度在制定时是否考虑或充分考虑到制度信任的指导作用及价值意义，即逆向倒推制度信任在制度层面的信任缘起为何。而制度信任则回答了这样的一个疑问。制度信任并非仅是关于信任的制度体系，而是为了使受众增强对特定领域内的制度体系所蕴含的基本精神、价值特质及其有效实施能力的认同而建立的制度内生机制及具体政策制度，通过制度的可信性机理获得大众的广泛信任。在思想政治教育信任实践中，制度信任是对受信者能够认同一定社会统治阶级及其政治集团的政策主张、施政机构、制度体系及思想政治教育内在要素等而建立的制度内生机制及具体政策制度，是对现有思想政治教育信任及其内在要素可信性的再审视。在思想政治教育实践中，思想政治教育内容与方法体系还存在需要进一步深入探究的薄弱环节，如思想政治教育内容的可信性、可亲性及与受信者思想政治品德发展的适配度等；再如方法的接受度、共鸣度、趣味性、艺术性等。应以制度信任为审视点，强化制度信任的普适性、内生性，优化思想政治教育内容与方法体系，增强思想政治教育信任的"制度化""大众化""网络化""智能化"发展后劲，为思想政治教育的有序、高效发展提供强有力的制度支撑与保障。

（四）健全思想政治教育主客体发展能力的信任思维

思维是人的认知心理的高级阶段，这个过程由分析、综合、判断及推理等多个环节所组成。马克思主义哲学思维是对思维本身的再思考，具体运行方式包括分析与综合思维、矛盾思维、系统思维、实践思维。[1] 辩证思维方法是人们进行理性思维的科学方法，辩证思维能力是唯物辩证法在思维中的具体运用，是通过分析事物与事物之间、事物内部的各种联系，找准各种矛

---

[1] 黄静. 马克思主义哲学的思维性质探析[J]. 云南社会科学，2003（3）：43.

盾及矛盾的各个方面，科学把握事物发展规律的能力。在思想政治教育中，信任思维是以信任理念与方法正确认识思想政治教育信任属性、矛盾及规律，并推动其实践发展的心智活动过程。信任是社会交往的产物，通过对思维对象可信性的判断，产生信任判断。信任判断和信任行动在具体的情景中首先应是合理的❶，即"合理的信任"❷。在当前思想政治教育实践中，受信者对于自身提高思想政治素质的内生动力不足是制约思想政治教育实效性提升的重大难题，其原因在于受信者对思想政治教育与自身思想政治素质发展的价值关联和定位不足，包括对施信者道德素质、政治素质、人格特征、社会交往能力及专业能力存疑。破解这一难题，需要强化思想政治教育信任思维培育，而信任思维培育的关键在于信任判断能力。

　　信任判断有一定的标准。施信者与受信者之间的亲疏关系、社会地位、责任义务等因素，极大地影响着信任判断。在思想政治教育信任各参与主体中，与信任对象自身的专业能力和人格特征相比，上述因素属于社会外在型标准，具有较强的易变性、表面性和暂时性。通过社会外在型标准，可以在一定程度上判断施信者的可信度，因为社会外在型标准决定了施信者在社会生活中所应遵循的基本操守、承担的责任义务及一定程度的社会公共评价，在很大程度上可以表征施信者的思想政治素质、道德品质、人格魅力、社会交往能力及专业技术能力。根据这些标准可以判断施信者所属群体的整体可信水平。对施信者个体而言，社会外在型标准在一定程度上缩小了选择范围，使其行为具有可预见性，但并不能完全表征施信者所具备的道德素质、政治素质、人格特征、社会交往能力及专业能力，无法从根本上反映施信者内在属性与外在属性的逻辑统一。吉登斯认为，"在纯粹关系的场合中，只有通过个体之间相互敞开的过程，信任才会出现"❸。在这种"纯粹关系"

---

❶ 倪霞.论现代社会中的信任［M］.北京：人民出版社，2014：85.
❷ LAGERSPETZ O. Trust：the tacit demand［M］. Dordrecht：Kluwer Academic Publishers，1998：50.
❸ 吉登斯.现代性与自我认同——现代晚期的自我与社会［M］.赵旭东，等译.北京：生活·读书·新知三联书店，1998：7.

中，施信者个体间产生的信任并不以个体所具有的外在标准为基础，而是以在社会交往中所表现出的稳定性、内在性和长期性的道德素质、政治素质、人格特征、社会交往能力及专业能力为基础，建立在通过社会交往而形成的信任判断思维基础上。

施信者要坚持信任思维的逻辑指引，结合具体的思想政治教育实践场域，实现社会外在型标准和内在属性标准的统一，注重道德标准、政治标准、实践标准、能力标准、交往标准和能力标准的内在一致，促进受信者深刻理解自我思想政治素质发展与社会思想政治素质要求的自觉、共生、互促关系，提升对施信者及思想政治教育的深度认同，从而有效激活受信者思想政治素质发展的内在动力。

三、思想政治教育信任价值观的培育方向

信任价值观培育是根据特定社会历史环境，针对受信者对"信任价值"认知现状不能满足当前社会发展需求的根本矛盾，通过一定的方式方法，唤醒受信者"信任意识"、形成"信任自觉"，最终树立中国特色社会主义信任价值观的教育实践活动。新时代思想政治教育信任价值观培育要从以下五个方面着手。

（一）以重塑信任关系为主线

人与人之间的信任关系是思想政治教育信任实践的起点，也是"信任价值"社会属性的应有之义。当前，由于各种利益纠葛，失信、妄信、孤信等信任问题仍然存在，制约了经济社会发展，同时使人们在信任方面出现思想困惑、情感困顿、认识模糊，思想政治教育信任实践的再发展陷入一定的"桎梏"之中。究其原因，首先是符合法律规范和社会道德的社会信任关系出现"断裂"现象。信任关系是贯穿思想政治教育信任价值观培育的主线，良好的信任关系是人与人交流合作、评判他人或他物可信度的认识起点。在培育良好的信任关系的实践中，施信者要将信任关系的培育置于具体的历史环境、政治环境、经济环境、社会环境中进行考察，辩证看待信任关系产

生、变迁、违背与修复,分析信任关系形成的原生动力、演化机理,增进对信任关系主客体的主要特点、基本规律、构成要素和发展趋向的认知与把握,强化信任关系主客体之间的双向互动与多向发展,科学运用信任关系的"强联系"和"弱联系",重塑符合时代要求的实现社会发展和个人发展有机融合的思想政治教育信任关系。

(二)以解码信任伦理为核心

信任价值观是通过具体的现实的自然人来感知并内化于心、外化于行,最终形成符合时代所要求的信任价值观念与态度。受信者所处不同的历史时代、地缘环境和社会环境,以信任伦理为核心内容的信任价值观也随着变化和发展。信任伦理是人与人之间处理信任关系的道德准则和行为规则,是社会主义核心价值观在"信任"领域的合理延展。解码信任伦理是新时代推进信任价值观培育的核心要义,要始终坚持和发展中国特色社会主义思想政治教育信任价值体系导向,继承和发扬中华优秀传统文化中的信任"基因",深入挖掘信任伦理在国家治理、契约制度、传统道德和品格修养等方面的经验与特色;全面解析信任伦理语境下的思想政治教育信任规范系统,消解信任伦理中不良的糟粕,不断增强信任与被信任的能力与素养;积极开展信任交流、对话与合作,构建和谐、适度、可持续的信任关系,引导受信者在良好的氛围中体验、反思并最终认同和践行社会主义核心价值观,诠释思想政治教育信任伦理的思想精髓、价值意涵,为思想政治教育信任价值观培育奠定良好的道德伦理基础。

(三)以优化信任结构为主轴

一般而言,"信任价值"是施信者与受信者之间的价值意义关系。作为一个复杂的、多维的、多层次的信任系统,"信任价值"是信任价值观的基石。思想政治教育信任结构是信任价值观的"骨架",从层次来讲,信任结构包括三个层级:第一层级为信任基础层,即为总体上、基础性、原理性的信任价值意义关系;第二层级为信任应用层,是第一层级的具体应用和拓展,涉及信任价值目标观、信任价值生成观、信任价值本质观、信任价值发展观和信任价值实践观等；第三层级是处在"信任价值"基础层和应用层之间的连接层，主要包括"信任价值"的传播机制、对话机制、表达机制等。从范围来讲，信任结构包括信任"链"、信任"圈"和信任"域"三个方面。其中，信任"链"是构成"信任价值"体系的纽带，包括信任目标"链"、信任供应"链"、信任方法"链"、信任生产"链"、信任发展"链"、信任实践"链"和信任创造"链"；信任"圈"是不同信任度的信任关系范畴所组成的"圈"层结构，涉及信任程度、信任深度、信任广度等范畴，不同信任程度、信任深度、信任广度组合而成不同的信任"圈"，每个信任"圈"中均有相应的融通渗透机制，实现各个信任"圈"的交流对话；信任"域"是相对独立的信任时空范畴，涉及信任行动者、信任资本、信任惯习、信任网络、信任质度及信任文化等，由相应的信任"链"和信任"圈"所组成。针对信任关系失衡、断裂、阻塞等结构性问题，施信者要合理优化信任结构布局，完善"信任价值"的内容结构和体系架构，更好地实现信任资源在思想政治教育信任实践中的有序高效流动，更好地服务良好信任关系的建构。

（四）以构建信任共同体为保障

马克思和恩格斯在《共产党宣言》中提出建立"每个人的自由发展是一切人的自由发展的条件"的"联合体"[1]。党的十八大提出"倡导人类命运共同体意识"[2]。习近平总书记在党的十九大报告中提出"构建人类命运共同体"[3]，在党的二十大报告中进一步强调"构建人类命运共同体是世界各国人民前途所在"[4]。"自由人的联合体"和"人类命运共同体"的实现需要以信任为纽带，就信任价值观培育而言，需要织构领域更广、活力更强、运转高效的信任共同体。信任共同体是在共同的目标引领下由不同主体、要素、机制

---

[1] 马克思恩格斯选集：第1卷[M].北京：人民出版社，2012：422.
[2] 十八大以来重要文献选编（上）[M].北京：中央文献出版社，2014：37.
[3] 习近平谈治国理政：第3卷[M].北京：外文出版社，2020：46.
[4] 习近平.高举中国特色社会主义伟大旗帜　为全面建设社会主义现代化国家而团结奋斗——在中国共产党第二十次全国代表大会上的报告[M].北京：人民出版社，2022：62.

等构成的利益共同体、价值共同体和发展共同体，可以有效减少信任内耗、强化信任关系、营造良好的信任环境，确保人的自由而全面发展及社会的全面进步发展。一般而言，信任共同体由政治共同体、利益共同体、文化共同体、实践共同体和发展共同体五个子系统构成。推动信任共同体的发展要坚持正确的政治方向，坚持人民至上，坚持文化传承与创新，在思想政治教育信任实践中更好地认识和把握"信任价值"的精髓要义，引导受信者树牢和践行中国特色社会主义思想政治教育信任价值观，从而更好地提升思想政治教育信任实效性。

（五）以加强"信任—信仰"转化为落脚点

信仰是一种高阶精神活动❶，也是一种持久的理性信念，对人与人之间信任关系的产生、良好的社会信任环境构建具有重要的作用。习近平总书记提出"人民有信仰，民族有希望，国家有力量"❷。从一定意义上讲，信任价值观是一种价值意识或价值形态，是人们自觉的理性思维和认知方式。在现实生活中，人与人之间相互信任所构成的人际信任是信任关系的主要形式，但在对"信任价值"深入理解的基础上，对党和国家的政治认同、信念信仰等也会产生思想性、价值性层面的认识，即产生制度信任特别是涉及其中的信仰信任。人与人之间产生的人际信任大部分属于日常的、基础的、初级的信任关系，这种信任关系是一种依赖性、期待性、易变性的信任认知，是纾解人们有关信任思想、情感方面的问题，培育信任价值观的初级形式。在实践、认知、再实践的基础上，人们对"信任价值"的认识逐步上升到持久的、高层级的"信任价值"，由信任产生了阶级层面、政治层面的信任认同。这个过程可称为"信任—信仰"的飞跃。实现这个飞跃，要有明确的目标导向、可行的发展思路、科学的方式方法、有效的实现路径和完善的评价机制，才能确保在不同历史时期和社会环境中始终坚持正确的发展方向，有效

---

❶ 王慧敏.中国共产党信仰教育的历史考察［J］.思想教育研究，2021（4）：65.
❷ 习近平关于社会主义文化建设论述摘编［M］.北京：中央文献出版社，2017：10.

提升思想政治教育信任实效性，不断完善符合时代要求、满足广大人民群众需求、承载国家经济社会发展趋向的思想政治教育信任价值体系。

可以说，思想政治教育信任价值观培育是一项复杂的系统性工程，需要全社会、全领域广泛参与，要坚持马克思主义的根本指导，充分借鉴中外有益思想，全面把握信任价值观的内涵精髓，重塑良好的信任关系，解码信任伦理"基因"，优化信任结构，构建信任共同体，推动实现"信任—信仰"的认识飞跃。

总体上，本书对思想政治教育信任研究的理论依据进行了详细阐述，同时较为系统地梳理了中华优秀传统文化信任思想的思想内涵及西方理论界有关信任思想的主要观点，提出并阐释了马克思主义信任思想中国化时代化的理论表达——符合当今中国发展的思想政治教育信任价值观这一命题及其概念界定、内涵要义和培育方向，为推动思想政治教育信任中国化时代化指明了方向。在此基础上，需要对思想政治教育信任的内在机理进行深入研究。

第四章

思想政治教育信任的结构与机制

思想政治教育结构承载着思想政治教育信任的基本要素，是思想政治教育信任实践的脉络"骨架"和分布"状态"，分别对应思想政治教育信任实践的框架形态和思想政治教育信任基本要素的配置状况。思想政治教育信任机制是推动思想政治教育信任基本要素及相互之间有效运转、充分发挥思想政治教育信任在思想政治教育中重要作用的逻辑关系与运动方式。思想政治教育信任的基本要素、功能和结构是构成思想政治教育信任机制的重要组成部分。

第一节 思想政治教育信任的结构形态

结构是组成系统或事物的各种要素数量、比例、排列、位置、组合及相互关联、相互作用的方式和图景。以色列社会学家艾森斯塔德在1984年提出"信任结构"概念，认为信任结构主要包括特殊主义信任结构和普遍主义信任结构。❶ 思想政治教育信任的结构是思想政治教育信任要素的存在方式，反映思想政治教育信任要素及其相互之间相互关联、相互作用的观念形态、运动状态和规则体系，包括链环式结构、嵌入式结构和交换式结构三种类型。

---

❶ EISEVSTADT S N，RONIGER L. Patrons, clients and friends: interpersonal relations and the structure of trust in society [M]. Cambridge: Cambridge University Press, 1984: 161.

一、链环式结构

一般情况下,"链"是指由金属的环连接而成的长条形的物体。链环式结构是指事物基本要素及其相互之间关系由"链"或"链环"构成的基本形状。思想政治教育信任的链环式结构是思想政治教育信任基本要素开放性或发散性发展的链状形态或联结,是由"链""链环"组成的递进式连续体,具体包括思想政治教育信任的关系"链"和信息"链"两种具体结构。

(一)思想政治教育信任关系"链"

一般而言,社会关系是人们在社会交往中形成的以社会生产关系为基础的各种联系的总称。[1]一定的社会关系,既是人的本质力量的外化表述,也是决定人的本质生成及发展的根本力量。[2]卢曼认为,信任是一种社会关系。[3]德国社会学家奥弗认为,信任是一种社会的关系现象。[4]思想政治教育信任以信任机制为核心,构建了施信者、受信者、其他社会个体及组织等有机连接的关系结构体系,形成了思想政治教育信任的关系"链"。

1. 思想政治教育信任关系"链"的形态

思想政治教育信任的关系"链"以不同的形态呈现并推动关系"链"的发展,信任关系"链"形态是指在一定社会条件中思想政治教育信任关系"链"存在的表现形式与基本状态,蕴含在信任关系的纽带视角、互动视角和关联强度视角中。

(1)从信任关系的纽带视角看,业缘信任关系、志缘信任关系和泛缘信任关系是广义思想政治教育信任关系"链"的主要组成部分,亲缘信任关系、地缘信任关系主要存在于特定的思想政治教育实践中。思想政治教育信

---

[1] 梁瑞明.社会学基础[M].广州:中山大学出版社,2019:77.
[2] 张治库.现代社会关系视域下的马克思主义人学研究[M].北京:中央编译出版社,2020:28.
[3] 尼古拉斯·卢曼.信任:一个社会复杂性的简化机制[M].瞿铁鹏,李强,译.上海:上海人民出版社,2005:6.
[4] 马克·E.沃伦.民主与信任[M].吴辉,译.北京:华夏出版社,2004:49.

任将业缘信任关系、志缘信任关系和泛缘信任关系等信任关系以"链"的方式有机联结，为思想政治教育信任有序发展提供良好的秩序保障、资源保障和动力保障。业缘信任关系是在一定社会中以从事某种行业、职业或学业为基础而产生相互信赖、信任和认同的人际交往关系，主要包括同事信任关系、师生信任关系、同学信任关系、上下级信任关系和战友信任关系等。志缘信任关系是在一定社会中以具有共同或相近的兴趣、爱好、志向或信仰而形成的独特且稳定的群体内部人与人之间的人际关系，主要包括各类党团、人民团体、学生组织、学术组织、群众组织等组织中的人际信任关系，具有较强的自发性，重视个性特质和个人能力，制度和道德约束力较弱。泛缘信任关系是在一定社会中特定的时空条件或境遇中人与人之间建立起来的人际交往关系，具有较强的突发性、偶然性和不确定性。泛缘信任关系在人们的日常生活中较为常见，如在图书馆、博物馆、商场或电影院等公共场所中人与人之间自觉遵守公共秩序而产生的相对的人际信任关系，由于遵守公共场所行为规范，在特定时间公共场所内的个人与他人之间形成了特定的泛缘信任关系，这种泛缘信任关系建立在社会公共道德基础之上。

（2）从信任关系的互动视角看，思想政治教育信任关系主要包含融合式信任关系、对抗式信任关系、混合式信任关系和虚拟式信任关系。其中，融合式信任关系体现了思想政治教育实践中人与人之间相互接近、吸引、模仿、适应、顺从、交换、和睦、协作、同化、合一等方面的发展态势，是思想政治教育信任关系发展的基本趋向，也是促进思想政治教育健康有序发展的基础性人际信任关系。对抗式信任关系体现了思想政治教育实践中人与人之间相互排斥、对立、竞争、冲突、斗争、敌对、强制、分化等方面的发展态势，是推动思想政治教育信任关系发展的重要向度，也是思想政治教育信任实践所面临的主要挑战和重要机遇，需要通过切实有效的措施实现对抗式信任关系向融合式信任关系的转化。混合式信任关系介于融合式信任关系和对抗式信任关系两者之间，体现了思想政治教育实践中人与人之间隶属、依从、遵规、秩序等方面的规定性和发展性，是思想政治教育信任关系静态发展和动态发展的综合体，也是不同类型的思想政治教育实践中常见的信任关系。这三类信任关系中，混合式信任关系是对抗式信任关系向融合式信任关系转化的桥梁，融合式信任关系是思想政治教育信任关系实践的归宿，对抗式信任关系是思想政治教育信任关系矛盾运动变化的具体体现，三者共同推动思想政治教育信任实践发展。此外，随着现代信息技术的飞速发展，虚拟式信任关系得以产生并快速发展。虚拟式信任关系是在计算机技术、现代互联网络技术及设施设备发展的基础上在虚拟时空条件下产生的人与人之间的人际信任关系，是现实生活中融合式信任关系、对抗式信任关系、混合式信任关系的补充和延展。

（3）从信任关系的关联强度视角看，思想政治教育信任关系主要包括强关联信任关系、弱关联信任关系和一般关联信任关系。思想政治教育信任关系的关联强度规定了施信者与受信者之间信任关系产生和发展过程中时间精力成本、情感依赖状况、互惠互利行为等方面的现实状况。思想政治教育信任关系的关联强度可以通过思想政治教育信任网络中行动者（包括施信者与受信者等在内）之间相互联结的强度来表示。思想政治教育信任关系网络是由思想政治教育信任实践过程中施信者与受信者及其他社会成员（群体）相互之间的信任关系构成的相对稳定的系统。强关联信任关系是指在思想政治教育信任关系网络中，包括施信者与受信者在内的各类行动者之间的联结方式丰富、联结程度紧密、联结方向多元；弱关联信任关系是指在思想政治教育信任关系网络中，各类行动者之间的联结方式较为单一、联结程度不足、联结方向一元；一般关联信任关系处于强关联信任关系和弱关联信任关系之间。施信者与受信者融入思想政治教育信任关系网络越充分，获得社会信任资本的能力也就越强，个人的社会信任网络规模越大、异质性越强，其社会信任资本也就越丰富；同样地，个人社会信任资本越丰富，其摄取、吸纳和同化社会信任资源的能力也就越强，社会信任关系网络的传递性也会变得愈加强烈。此外，在思想政治教育信任关系网络中存在着无直接信任联系或信任联系中断的情况，即产生思想政治教育信任关系网络"结构洞"，对思想政治教育信任关系网络发展产生一定的阻碍作用。在思想政治教育信任关系网络中，施信者需要不断提升自身素养和能力，逐渐成为受信者及其他社会群体的"中心"，增强自身的信任关系网络吸引力与发展力，从而促进思想政治教育信任关系网络联结性、包容性和发展性实现最优发展。

2. 思想政治教育信任关系"链"形成与发展的规律特征

思想政治教育信任关系"链"的发展需要满足邻近律、同一律、互补律、互惠律、对等律和诱发律。其中，邻近律是指在思想政治教育信任关系"链"中，在时空范围内接近的施信者与受信者之间更易于培养信任并建立起信任关系；同一律主要是指在思想政治教育信任关系"链"中，行动者（施信者、受信者及其他群体）、社会资本及各种社会关系是明确的、前后一致的；互补律主要体现为在思想政治教育信任关系"链"中，施信者与受信者之间在个性、特质及需要等方面存在相互补充、相互满足的心理状态；互惠律是指施信者与受信者之间能够给对方带来政治、经济、文化、社会等方面的利益而逐步发展、壮大思想政治教育信任关系"链"的现实状况；对等律是指思想政治教育信任关系"链"中施信者与受信者之间相互尊重、相互接纳、相互认可的"对等性"状态，这种"对等性"状态减少了人与人之间的摩擦、冲突、冷漠和陌生等；诱发律是指思想政治教育信任关系"链"的产生和发展受到一定的自然或社会条件和环境的影响，不同社会历史环境下，不同的社会关系情境中，施信者与受信者之间的信任关系极容易受到各种社会环境和现实条件等突发状况、因素的影响。

3. 思想政治教育信任关系"链"形成与发展的基本原则

思想政治教育信任关系"链"的形成与发展需要坚守合法性与道义性相统一、权威性与平等性相统一及自主性与互动性相统一的基本原则。其中，合法性与道义性相统一原则是指思想政治教育信任关系"链"的产生与发展既要遵循法理逻辑，满足合法性的前提条件与法治保障，同时又要结合施信者与受信者之间及其对思想政治教育内在属性的切身感受，符合社会关系及社会关系"链"的道德义理规范要求。权威性与平等性相统一原则是指在思想政治教育信任关系"链"产生与发展过程中，施信者既要立足自身岗位职责在道德品质、专业技能和素质修养等方面逐步形成在思想政治教育实践中"权威性"地位，同时也要注重与受信者之间在政治导向、思想对话、道德引领、知识传授等方面的公平性、人本性，更好地优化思想政治教育信任关系"链"。自主性与互动性相统一原则是指在思想政治教育信任关系"链"产生和发展过程中，施信者在提升受信者对其自身及其所倡导的思想政治教育内在属性的信任中实现自我自主与联动互动的动态平衡，"强管理—弱互动"信任关系"链"或"弱管理—强互动"信息关系"链"均会不同程度地影响思想政治教育信任关系"链"的发展。

（二）思想政治教育信任信息"链"

思想政治教育信任的信息"链"是由构成并推动思想政治教育信任实践的各种信息所组成的信息集成系统，是思想政治教育信任信息生产与传播的逻辑构造，也是推动施信者与受信者之间产生、维持和发展良好信任关系的重要力量。

1. 思想政治教育信任信息

信息是物质的运动状态和规律的表征。[1]社会信任危机与复杂的社会信息环境密切相关，各种虚假广告、垃圾短信、网络及电信诈骗等使社会信息化的负面影响加剧，是产生社会信任危机的重要因素之一。信息是心理活动的基础，一切心理活动都离不开信息的参与。[2]信任的前提是对信任对象的信息有所了解，包括品格、身份、名誉等将成为信任的条件。[3]一般情况下，人们会采取策略性信任[4]；风险信息、信任、信心及风险认知和情绪体验等是风险共同体建构中的重要变量[5]。行为信息是个体在进行信任判断时的重要依

---

[1] 周炜，丰洪微，高芳.现代教育技术［M］.延吉：延边大学出版社，2018：13.
[2] 杨志平.思想政治教育信息问题研究［M］.北京：人民出版社，2015：20.
[3] 杜海涛."不亿不信"：信息"缺场"的信任选择——论孔子的信任思想及其现实意义［J］.东南大学学报（哲学社会科学版），2019，21（1）：26.
[4] 埃里克·尤斯拉纳.信任的道德基础［M］.张敦敏，译.北京：中国社会科学出版社，2006：19.
[5] 王俊秀，等.信息、信任与信心：风险共同体的建构机制［J］.社会学研究，2020，35（4）：25.

据。❶ 信息广泛存在于思想政治教育信任实践的各类群体和各个环节中。思想政治教育信任信息是在思想政治教育信任实践中产生、应用并发展的，能够反映思想政治教育信任本质特征与基本规律、促进施信者与受信者之间对话交流、优化思想政治教育信任要素，从而实现思想政治教育信任功能的各类信息的集合。在思想政治教育信任实践中，施信者与受信者在交往过程中产生的信任是一种特殊的心理活动，这种特殊的心理活动需要施信者与受信者从各种维度获得对方是否可信的"信息"，基于对是否可信"信息"的分析而作出是否信任、信赖或认可对方的判断。思想政治教育信任产生与发展的过程需要以各种信息传导为中介，一定意义上，思想政治教育信任实践的过程也是思想政治教育信任信息产生、变化与发展的过程。

2. 思想政治教育信任信息"链"的组成

思想政治教育信任信息"链"由信源、信息、信道、链环和信宿五个部分组成。思想政治教育信任的信源是思想政治教育信任信息产生的源头，即信息的生产者或制造者。就具体的思想政治教育信任信息而言，施信者与受信者均可以是信源，施信者与受信者在思想政治教育信任实践中通过不同方式产生内涵丰富兼具个体特色的信息。信源是思想政治教育信任信息"链"形成的基本内容。信息是在思想政治教育信任实践中，由信源（包括施信者和受信者在内）产生的各类思想政治教育信任信息的总和，是对思想政治教育信任存在及运动状态的反映，是由施信者与受信者之间相互交流而逐渐形成信任关系的各类知识、数据、消息、符号等；信息可以被施信者、受信者所感知，是判断两者之间是否存在信任及信任关系程度的关键因素。思想政治教育信任信息是思想政治教育信任信息"链"形成与发展的基础。信道是承载思想政治教育信任信息的通道及载体，在思想政治教育实践中，施信者或受信者的表情系统、语言系统、外貌系统等，思想政治教育课程教

---

❶ 王震炎，等.历史行为信息与近期行为信息对信任判断的影响[C]//第二十二届全国心理学学术会议摘要集.杭州：2019：1273.

学、讲座、谈心谈话、会议交流、实践锻炼、志愿服务及网络环境中的社交软件等，均是思想政治教育信任信息"链"的信道，在畅通思想政治教育信任信息"链"的过程中发挥着重要作用。链环是构成思想政治教育信任信息"链"的前提，不同环节、时空环境及子系统的链环与链环之间相互联结、相互作用，促进思想政治教育信任信息"链"的产生与发展；从一定意义上，链环是思想政治教育信任信息"链"的构成方法与基本规则。信宿是思想政治教育信任信息的落脚点，是思想政治教育信任信息发挥作用的对象。信宿包括施信者与受信者及其他思想政治教育信息实践中的个体，信宿既是某个具体的思想政治教育信任信息"链"的终点，也是新的思想政治教育信任信息"链"产生与发展的起点。

3. 思想政治教育信任信息"链"的演进

思想政治教育信任信息"链"的演进是思想政治教育信任信息及信息"链"产生、变化和发展的基本状态与趋势，是思想政治教育信任信息"链"作用机理的根本体现。从信息"链"的运动规律与演进周期来看，主要包括初始演进、成长演进和高阶演进三个阶段。

初始演进阶段是思想政治教育信任信息"链"发展的起点，主要包括思想政治教育信任信息的收集与筛选。思想政治教育信任信息的收集是在思想政治教育实践中，施信者需要对受信者是否信任自己、是否信任其所组织开展的思想政治教育，以及思想政治教育信任实践是否良性运转进行判断。这种判断主要是基于对受信者的状态和行为的信息"解码"，而信息"解码"首先要"收集"受信者的各类状态和行为信息。这类信息的信源是受信者，而信息的来源主要是受信者的表情、姿态和行为等。一般情况下，在与施信者的交流过程中，受信者全神贯注、不时点头、眼神聚焦、姿态适宜、同步思考与对话等表情或姿势等所呈现的信息，是对施信者的印象、思想、观点和能力等方面的认同；反之，则是对施信者的质疑、否定或不认同。也就是从受信者这一信源中解读是否获取信任、信任哪些部分、信任程度如何等关键信息；同时，也需要通过受信者的日常行为和网络行为等进行综合判断。

在收集上述关键信息过程中，施信者要依据特定的筛选机制筛选出有用的信息，既可以综合直观感受与深度思考，也可以借助一定的方法或技术手段进行筛选，如通过计量法、访谈法、调研法等方式及大数据技术，分析上述信息的关联度、完整性、准确性和影响力，过滤干扰性的无关信息、负面信息甚或有害信息，保留有价值的信息，为思想政治教育信任信息的处理奠定基础。思想政治教育信任信息的收集与筛选为思想政治教育信任信息"链"功能与结构的变化提供了充足且有价值的信息"养分"，是思想政治教育信任信息"链"产生的前提。

成长演进阶段是思想政治教育信任信息"链"发展的关键阶段，主要涉及思想政治教育信任信息的处理与存储。思想政治教育信任信息的处理是在原始的思想政治教育信任信息的基础上，通过一定的技术手段和方法，产生高价值的二次思想政治教育信任信息的过程。这个过程也是施信者（或受信者）在前期筛选出有用的思想政治教育信任信息的基础上，对这些信息进行分类、标引、著录，呈现给施信者（或受信者）更为直观、可读的二次信息；在此基础上，施信者（或受信者）通过内容分析法、因子分析、聚类分析、社会网络分析、情景分析法、层次分析法和模糊综合评估等方法，对思想政治教育信任信息进行深度挖掘分析，概括思想政治教育信任实践中施信者与受信者之间信任关系及信任度的特征和发展趋势，受信者对施信者的人格特征、道德素质与综合能力及其所倡导和坚守的立场、思想、观念等可信性进行综合评判。经过信息处理后，思想政治教育信任的二次信息要在一定时空范围进行存储，可以通过建立"信任积分"档案方式进行存储，也可以借助现代信息技术进行数字存储。思想政治教育信任信息的处理与存储进一步提高了思想政治教育信任信息"链"功能、结构和要素的位序性和延展性，是思想政治教育信任信息"链"稳步延伸、形成多向"链环"并促进行动者之间有机关联的核心内容。

高阶演进阶段是思想政治教育信任信息"链"发展的落脚点，主要涉及思想政治教育信任信息的传播与应用。思想政治教育信任信息的传播是思想政治教育信任信息通过一定的媒介进行传递和扩散，传播的核心路向从施信者到受信者，核心内容是对施信者及其所倡导的思想政治教育可信性的判断性及依赖性"信息"。在传播过程中，施信者或受信者可以通过自身所获得的思想政治教育信任信息，也可以通过第三方"传递"来的思想政治教育信任信息，来进一步提升自身的思想政治教育信任判断与心理预期。当然，在思想政治教育信任信息传播的过程中，由于主客观条件的影响，必然会产生一定的信息"失真"现象。信息"失真"会给信任传播造成"偏移"，而这也考验着施信者或受信者对思想政治教育信任信息的准确性、完整性和及时性的认知能力。思想政治教育信任信息的应用是在思想政治教育信任信息的收集与筛选、处理与储存及传播的基础上，通过全面分析，总结提炼思想政治教育信任信息的发展规律，更好地指导施信者开展思想政治教育信任实践，不断创新思想政治教育信任信息在提升思想政治教育信任实践效能中的方式方法。这一过程既是施信者提升自身素质与能力的过程，也是将思想政治教育信任信息应用到具体实践的过程。整体来看，思想政治教育信任信息的传播与应用进一步拓展了思想政治教育信任信息"链"的时空范畴与创新领域，为推动思想政治教育信任高质量发展奠定良好的基础。

二、嵌入式结构

嵌入性是一个社会关系概念，反映的是对象或行动与环境间的对话关系，或互动的和双向建构的关系。❶ 波兰尼以"嵌入性"概念分析人类经济行为与非经济的社会关系和社会结构之间的互动关系。❷ 格兰诺维特认为，"关系"成了诠释社会嵌入程度及互动效应最重要的结构性因素，受到信任、文化、声誉等因素的持续性影响。❸ 思想政治教育信任是一种围绕人际信任

---

❶ 马强，远德玉.技术行动的嵌入性与技术的产业化[J].自然辩证法研究，2004（5）：71.

❷ 卡尔·波兰尼.大转型：我们时代的政治与经济起源[M].冯钢，等译.杭州：浙江人民出版社，2007：25.

❸ 陈明悦，等.颠覆与想象：后互联网时代的媒介理论与媒体实践[M].成都：四川大学出版社，2000：96.

关系养成、迁移与发展的特殊教育实践活动。嵌入式结构是在思想政治教育信任实践中，受到政治、经济、社会、教育、文化、环境等多重因素的影响，施信者与受信者之间相互融合、共生过程中形成的关系体系，包括理念嵌入、方法嵌入和内容嵌入。

（一）思想政治教育信任的理念嵌入

理念是一种信念、思想或观念，是指导人类行为的一种最基本、最核心的思想认识[1]，是人们对于某一事物或现象的理性认识、理想追求及其所形成的观念体系[2]。可以说，理念是在长期思考与实践中形成的思想观念、理想追求、精神向往和哲学信仰的抽象概括。思想政治教育信任的理念是在长期的思想政治教育信任实践中形成和发展起来的，对思想政治教育信任的发展起着前瞻性、战略性和引领性支撑作用的观念体系的抽象概括，主要包括平等理念、共赢理念、协作理念和开放理念等。

那么，思想政治教育信任的理念是如何产生的？理念的产生是人类思维能力提升的结果，是人类在长期"实践—认识—实践"的基础上逐步形成的，柏拉图认为理念既是对事物的性质起决定作用的内在形式，又是逻辑上所讲的种概念，还是创造一件物品所根据的原型、本原和原因。[3] 理念是经过人类的思维活动，对所认识的对象进行加工，通过去粗取精、去伪存真、由此及彼、由表及里的过程，所形成的关于认识对象本质意义上的观念、思想、看法等，体现为人类思维活动的结果及概念或法则等。[4] 思想政治教育信任的理念是思想政治教育信任的本源及发展的理性回答所形成的基本观点和系统性认识，决定思想政治教育信任的目的与宗旨、对象与内容、手段与方式、动力与机遇、路径与模式等一系列基本问题，对思想政治教育信任实践意义重大、影响深远。

---

[1] 魏锦京，等.新时代大学生思想政治教育研究与探索［M］.北京：研究出版社，2020：110.
[2] 韩延明.大学理念论纲［M］.北京：人民教育出版社，2003：58.
[3] 李武林，等.西方哲学史教程［M］.济南：山东大学出版社，1987：92.
[4] 尹保华.中国马克思主义社会发展理论研究［M］.北京：知识产权出版社，2018：3.

理念嵌入是将思想政治教育信任的理念有机融入思想政治教育信任实践全过程，融入施信者、受信者及其他群体的过程，全方位指引思想政治教育信任实践的发展。思想政治教育信任的理念嵌入主要通过理念制度、理念管理、理念宣讲、理念产品、理念标识等形式，将思想政治教育信任的核心理念嵌入其中，通过多种载体和形式，形成对施信者与受信者的理念吸引力、感染力、凝聚力和内驱力。理念制度是将思想政治教育信任的理念制度化，以政策、规定、规章、章程、条文、条例等制度形式将思想政治教育信任理念纳入制度体系中。理念管理是通过一定的管理手段或方式，计划、组织、协调、控制、反馈思想政治教育信任理念的产生与发展，促进思想政治教育信任理念在施信者、受信者及其他群体中不断深化。理念宣讲是通过宣讲的形式，将思想政治教育信任的理念向施信者、受信者及其他群体进行系统化的理论传播、思想解读和价值引领。理念产品是通过制作思想政治教育信任"产品"的形式，潜移默化地嵌入思想政治教育信任理念及其元素。这种"产品"既包括有形产品，也包括无形产品；既包括线下产品，也包括线上产品。理念标识是通过思想政治教育信任理念的标识体系，进一步提升思想政治教育信任理念嵌入显示度。理念制度、理念管理、理念宣讲、理念产品和理念标识共同构成了思想政治教育信任理念嵌入体系。理念制度是基础，理念管理是保障，理念宣讲是重要途径，理念产品和理念标识是理念文化的重要承载体，这五个方面相互影响、相互促进，共同推动思想政治教育信任理念嵌入。

（二）思想政治教育信任的方法嵌入

思想政治教育信任方法是施信者为了优化思想政治教育信任环境、提升思想政治教育信任质量而采用的各种途径、手段和方式的总和。方法嵌入是思想政治教育信任方法在思想政治教育信任各要素及施信者、受信者等利益主体中有机融合与根植的过程，包括不同学科领域方法、显性方法与隐性方法、受信方法与自信方法、现实方法与虚拟方法等的融合与根植。其中，不同学科领域方法的融合与根植是思想政治教育信任理论与实践的重要特色之一。

信任的学科属性十分广泛，涉及社会学、心理学、历史学、政治学、经济学、管理学和行为学等众多学科，思想政治教育信任方法有必要且必须吸收、借鉴上述不同学科关于信任的方法及其思想，如社会关系、人际互动、印象管理、人格发展、社会资本等方法的融合与根植。从整体看，思想政治教育信任关系的产生与发展是一种长期性、渐进式的过程，既需要发挥显性方法的直观性与可操作性，也需要通过隐性方法提升思想政治教育信任的内在性与可持续性，强化显性方法与隐性方法的融合与根植。受信方法是提高受信者对施信者及其所倡导的思想政治教育信任度的方法，是最常见的思想政治教育信任方法。在实际的思想政治教育信任实践中，同样需要受信者个体自主追求、自主发展的自我自觉与自信方法，即实现受信方法与自信方法的融合与根植。现实方法是在思想政治教育信任实践中以自然物质世界为基础的方法，虚拟方法则是通过虚拟现实技术、互联网络技术和人工智能技术等现代科学技术手段生产的方法。两种方法的区别在于实践的介质不同，特别是近些年虚拟方法在网络思想政治教育信任实践中的重要作用越来越凸显，现实方法与虚拟方法的融合与根植是思想政治教育信任方法嵌入的客观要求。

强化思想政治教育信任方法嵌入要特别注意方法嵌入的适配性、多样性、可控性、有效性和发展性。适配性是指思想政治教育信任方法与一定的思想政治教育信任系统（或环境）之间的适应力和匹配度，适配性越高，思想政治教育信任方法的嵌入效率越高，越适合在该系统（或环境）中进一步生存和发展。多样性是指思想政治教育信任方法在嵌入方式、程度、效果等方面的丰富性、多元性和独特性。可控性是指对思想政治教育信任方法嵌入的抗风险性、稳定性和有序性等方面的反馈与控制能力，是衡量思想政治教育信任方法嵌入健康持续运行的重要标准。有效性是指在满足思想政治教育信任方法嵌入的系统性、科学性和实效性等方面及服务思想政治教育信任实践活动中所表现出来的积极性和价值性，为提升思想政治教育信任方法的针对性和感染力明确了方向。发展性是指思想政治教育信任方法嵌入是不断发展的动态过程，是思想政治教育信任方法的创新发展，是思想政治教育信任方法体系的科学性、系统性、辩证性和可持续性的全面体现。

（三）思想政治教育信任的内容嵌入

内容是事物产生、变化与发展所承载的客观实在。思想政治教育信任内容是一定社会中的思想政治教育信任实践目标的体现和具体化，是施信者向受信者实施思想政治教育信任实践的具体要素。内容嵌入是思想政治教育信任嵌入结构的核心，主要体现在内容诠释、内容传承、内容创新、内容传播四个方面。

思想政治教育信任内容诠释是对思想政治教育信任内在规定性的深刻把握、继承和发展，是激活思想政治教育信任内容生机与活力的重要方式。目前，学界对思想政治教育信任内容诠释的理念、方式及路径等方面的认识与实践还存在诸多不足，施信者对思想政治教育信任内容的诠释存在不完整、不准确、不深入、不生动和不亲和等情况，迫切需要加强思想政治教育信任内容诠释。因此，要进一步厘清思想政治信任内容的内涵、外延和特征，促进思想政治教育信任内容体系与思想政治教育内容体系的辩证统一，确保思想政治教育信任内容诠释"基点"精确。要从理念、思路、方式及路径等维度激发思想政治教育信任内容诠释的内在活力，将思想政治教育信任内容的"精气神"最大限度地呈现出来。

思想政治教育信任内容传承是思想政治教育信任系统发挥效用的关键环节，是思想政治教育信任系统（或共同体）内施信者与受信者之间、施信者与施信者之间、受信者与受信者之间、跨时域人与人之间、跨空域人与人之间，对思想政治教育信任内容的传递、诠释和继承的动态过程，是思想政治教育信任内容不断被继承、弘扬和发展的过程，受到思想政治教育信任系统环境的制约。现实中，由于受到诸多主客观因素的影响，思想政治教育信任内容传承存在失真、失味、失度等问题，引发思想政治教育信任内容传承"偏化""异化"等现象，不能准确、全面、客观地反映思想政治教育信任内容传承的内在规律，从而阻碍了思想政治教育信任内容的高质量建设。因此，思想政治教育信任内容的传承要坚持稳定性、完整性和延续性原则，从历史、文化和思想三个维度推进思想政治教育信任内容的精准、有序、高效传承，进一步建立健全思想政治教育信任内容传承与发展机制。

思想政治教育信任内容并非一成不变，需要与时俱进、不断创新，内容创新是推动思想政治教育信任内容体系建设的核心，是时代赋予思想政治教育信任发展的历史使命。思想政治教育信任内容受到政治、经济、社会、文化、科技等多重因素的影响，必然要求打破制约思想政治教育信任内容发展的内在"壁障"，赋予其新的时代内涵、现实价值。习近平总书记指出，"推动思想政治理论课改革创新，要不断增强思政课的思想性、理论性和亲和力、针对性"❶。在思想政治教育信任内容创新的实践中，存在创新意识不强、创新思路不清、创新方式僵化、创新动力不足等问题，迫切需要施信者进一步增强内容创新意识，落实内容创新规划，厘清内容创新思路，不断丰富内容创新方式，通过政策激励等多种手段提高思想政治教育信任内容创新动力。

从一定程度上看，思想政治教育信任是施信者将有关思想政治教育信任的思想、观念、理论、知识和技能等传递给受信者的活动，由此可见，思想政治教育信任是一种特殊的传播活动，以思想政治教育信任内容为主要传播内容。2016年12月，习近平总书记在全国高校思想政治工作会议上强调，"要坚持不懈培育和弘扬社会主义核心价值观，引导广大师生做社会主义核心价值观的坚定信仰者、积极传播者、模范践行者"❷。思想政治教育信任实践的核心是传授与接受，是"施"与"受"两者之间的辩证统一。思想政治教育信任内容传播是施信者根据特定的目标要求，通过有效的媒介渠道，选择适当的信息内容，向受信者传递思想、观念、理论、知识、技能等的活动，是施信者与受信者之间的信息交流活动，也是施信者及受信者与一定社会思想政治教育的信息交流活动。扩大传播影响力是推动思想政治教育信任内容传播的必然要求，切实提高施信者的可信度，要特别注重提升思想品

---

❶ 习近平谈治国理政：第3卷[M]．北京：外文出版社，2020：330．
❷ 习近平谈治国理政：第2卷[M]．北京：外文出版社，2017：377．

德、增强人格魅力、完善知识结构、提高理论修养、培养媒介素养；综合运用多种传播载体，根据环境、内容、受信者等不同要素的具体情况进行选择应用；加快推进思想政治教育信任内容传播技术的应用创新，不断提升思想政治教育信任内容传播的能力与水平；逐步构建中国特色思想政治教育信任话语体系，创新思想政治教育信任内容的表达方式，切实提高思想政治教育信任内容的传播力、引导力和影响力。

三、交换式结构

交换是在社会生产生活中人与人之间为了满足自身生存与发展的需求而进行物品交换的过程。社会的发展离不开交换，同样地，思想政治教育信任的产生、变化与发展也需要交换。因此，思想政治教育信任的交换式结构是为提升思想政治教育可信度、优化思想政治教育信任关系，满足施信者、受信者及其他群体之间在思想、情感、心灵、道德和文化等方面内在需要，对各种资源要素的配置进行优化而产生的结构形态。

（一）思想政治教育信任的思想交融

思想是社会成员经过思维活动而产生的各种观点及观念体系。古往今来，思想家们提出了一系列闪耀着时代光芒的观点、观念、理念和论断，在治国理政、经济发展、社会民生、军事国防、科技文化和道德伦理等方面发挥着重要的作用。人与人之间的日常交流也包含着诸多思想层面的交流交融，在促进人与人之间建立更加和谐、紧密的信任关系中同样发挥着重要的作用。

当前的时代是一个思想多元、活跃、交融的时代，经济全球化使思想交流对话的国际化、全面化、深入化不断发展，不同文化背景的思想对话越来越活跃、越来越频繁、越来越广阔，不同意识形态、社会思潮之间的交锋也日益激烈。在思想政治教育信任实践中，施信者、受信者及其他群体在潜移默化中进行着一定的思想"交融"，这些思想"交融"往往是日常生活中的一些琐碎事物的思想感悟，而包括信任伦理、信任文化等方面的思想观念，在常态化的思想"交融"中往往得不到凸显。这一方面源于思想政治教育信任实践的不平衡不充分发展，另一方面源于信任伦理、信任文化在中国社会人际关系中的"默然"地位。很多人认为信任存在于人的一切言行中，而不需要刻意去为信任"正名"，这种想法无疑是片面的。现实中的人与人之间需要在信任中发展自我、提升自我，才能更好地与他人、社会共同发展，而信任文化、信任伦理等方面的思想"交融"在这个过程中发挥着无可替代的作用。为了提高思想政治教育信任的实效性，施信者与受信者之间要不断加强思想"交融"，提高思想"交融"频次、范围和深度，推进思想"交融"引发的思想共鸣、碰撞，深入挖掘思想"交融"产生的各种思想资源，加强现代科技手段特别是现代传媒技术的应用以提高思想"交融"的普及性、便捷性、直接性、多样性和个性化，在思想"交融"过程中提升思想政治教育信任质量。

（二）思想政治教育信任的情感沟通

情感是人与外界接触后产生的各种心理反应，包括喜、怒、哀、乐等。情感是人类精神生活的重要组成部分，是人类生存与发展的适应机制、认识发生的动力机制、行为选择的评价机制和生命的享用机制。❶思想政治教育信任既是一个人与人之间相互认识、相互了解的过程，也是一个情感沟通交流的过程。

思想政治教育信任情感沟通是施信者为了实现一定的教育目标，借助情感所特有的亲和力、吸引力和感染力等特征，恰当地运用情感因素，实现与受信者之间产生情感的对话与共鸣，以实现沟通内容的即时、准确、完整、高效传递，从而推动思想政治教育信任有效沟通的实践活动。从某种程度而言，思想政治教育信任情感沟通可理解为信任情感教育，即在人的信任情感层面，如何在思想政治教育信任的影响下走向新的信任高度，与人的生理机制、思维机制、价值机制和道德机制共同发挥作用，从而促使人与人之间的

---

❶ 朱小蔓.情感教育论纲［M］.南京：南京师范大学出版社，2019：3.

信任情感达到最佳的功能状态。从实践来看，思想政治教育信任情感沟通的作用主要包括感染作用、指引作用、动能作用、调节作用、强化作用和迁移作用，需要通过语言感染、思想感悟、表情感示、情境感受、人格感召和行为感化等方式进一步激活思想政治教育信任情感沟通，去除阻碍思想政治教育信任情感沟通的各种"沟壑"与"壁垒"，从而促进思想政治教育信任情感沟通更加畅通、及时、深入与贴心。

（三）思想政治教育信任的心灵对话

一般意义上，心灵意指人的内心精神世界，蕴含着人的气质、本能、生命、情感及情感取向等，是探讨人类内在世界和建立现代人类社会生活的基础。❶习近平总书记指出，"教师是人类灵魂的工程师，承担着神圣使命"❷。心灵教育是通过教育者和受教育者心灵与心灵的沟通，培育受教育者的爱心、真心、善心的教育活动。❸在思想政治教育信任实践中，心灵对话伴随着人与人之间信任关系的产生和发展全过程，贯穿人的思想政治素质培育全过程，是施信者与受信者之间进行有效沟通、深度合作的重要方式和途径。

心灵对话是施信者与受信者通过显性、隐性或混合式等多元方式，实现双方心灵之间全面沟通、长远互动、深度对话的过程，实现深层次的心灵共同成长，促进心灵自由而全面发展。深入推进思想政治教育信任心灵对话，重点在于强化心灵对话的理念、原则、内容和实施路径，核心在于构建信任心灵对话的话语体系。心灵对话的理念是对思想政治教育信任心灵对话基本问题的本质溯问，即遵循人的成长发展规律，在平等对话的基础上，坚持全过程对话、全方位对话、深度对话、可持续对话，提升对话的心灵触及性、感染力和辐射力。心灵对话的原则主要包括隐性对话和显性对话相统一、全面对话和适度对话相统一、全过程对话和阶段式对话相统一、专题对话与综合对话相统一、历史对话和时代对话相统一、日常对话与专业对话相统一。

---

❶ 李娟，黄成兵.论大学生心灵教育的重要性［J］.经济研究导刊，2012（13）：290.

❷ 习近平谈治国理政：第2卷［M］.北京：外文出版社，2017：379.

❸ 李俊明.心育是教书育人的美好境界［J］.教育艺术，2005（2）：5.

心灵对话的内容是施信者同受信者之间在心灵对话过程中潜移默化形成和传播的各种思想、理论、理念、方法、观点等信息。构建心灵对话的话语体系是创新思想政治教育信任心灵对话的关键，是一种特殊的符号系统，这种符号系统包括言语符号系统及形象、姿态行为等符号系统。在新的时代环境中，思想政治教育信任心灵对话的话语环境、话语风格、话语方式等亟须重塑。应针对不同话语环境，通过人格形象符号、表征性符号、语言交流、文字信息、语音信息、视频信息、多媒体信息等载体或工具，将思想政治教育信任的思想观念、政治观点和道德规范等传递给受信者，以此促进思想政治教育信任内容真正渗入受信者的心灵深处，并助推其内化为行动自觉。

（四）思想政治教育信任的道德熏养

道德是调整人与人之间社会关系的各种行为规范和准则的总和。道德人格是社会成员在道德生活中所表现出来的人格样态，标志着道德境界、道德标准与文明行为的水平和层次。❶道德教育是道德内化的过程，包含对道德纪律、对社会的依恋及自主性三个核心要素。❷习近平总书记强调，"要有堂堂正正的人格，用高尚的人格感染学生、赢得学生"❸。高尚的道德情操具有强大的精神感召力和熏染力，在思想政治教育信任实践中，道德情操高尚的施信者更易于获得受信者的信任，而两者之间的信任关系也会因高尚的道德人格更加持久、更有发展前景。

道德榜样是社会成员中具有高尚道德情操、品性的特殊群体，是社会道德建设的示范者。施信者成为道德榜样是提升思想政治教育信任成效的道德基础，也是施信者发展自我、完善自我、升华自我的必然要求。道德榜样中的施信者对受信者有着巨大的正向影响，一方面施信者通过自身模范的道德行为感染受信者；另一方面受信者由于自身对于遵守一定道德原则和道德规范的自觉追求，会对施信者产生更为强烈的尊崇心理，将施信者作为学习

---

❶ 龙献忠，李红革.中华德文化的现代践行研究［M］.北京：光明日报出版社，2020：40.

❷ 张帆.涂尔干教育社会学研究［M］.太原：山西人民出版社，2020：3.

❸ 习近平谈治国理政：第3卷［M］.北京：外文出版社，2020：330.

楷模，激励自己自觉遵守社会公德，不断提高道德修养、锤炼道德品质。其中，道德感染是推进思想政治教育信任及其关系发展的关键，道德感染是在无说教、无外在压力的轻松愉悦的社会环境下，施信者与受信者之间在道德交流过程中所生产的道德依赖、信任与认同，是受信者对施信者在道德人格上的积极确认、由衷崇敬。此外，道德熏养也需要发挥道德激励的作用，道德激励是在追求良好社会信任风尚的目标指引下，根据施信者与受信者之间信任关系的内在状态和需求，坚持信任道德的正向激励，通过交流对话、课堂教学、培训讲座、谈心谈话等方式对受信者的行为动机、行为趋向、行为选择和行为结果进行信任激励的道德实践活动。

（五）思想政治教育信任的文化浸润

文化是人类在认识世界和改造世界过程中产生的各类精神和物质财富的总和。狭义上，文化是人类在社会生产生活中精神创造活动及其结果。[1]古往今来，人类的各种社会实践活动均与文化发展息息相关。文化是思想政治教育的不竭资源，文化滋养对人的思想品德的形成具有至关重要的作用。[2]2016年12月，习近平总书记在全国高校思想政治工作会议上强调，"要更加注重以文化人以文育人"[3]。可见，文化之于思想政治教育的重要性。

信任的产生、变化与发展同样也与文化、文化环境密切相关，可以说，信任是社会文化发展的产物。思想政治教育信任是"思想政治教育"与"信任"两种实践活动的有机结合，更需要与之密切相关的文化的滋养与熏陶，才能使这两种实践活动更加紧密、深度、高效地结合，才能进一步释放社会信任文化的力量。思想政治教育信任的文化润泽是指施信者以社会创造的各种文化资源去感化、熏陶和培育受信者的教育实践活动。这里所说的"文化"不仅包括精神文化，也包括物质文化，其最终目标在于塑造受信者符合

---

[1] 邱影悦，等.传统文化视域下大学生素质教育的培养［M］.长春：吉林大学出版社，2018：7.
[2] 郝桂荣.高校文化育人研究［M］.沈阳：辽宁大学出版社，2018：30.
[3] 习近平谈治国理政：第2卷［M］.北京：外文出版社，2017：378.

一定社会所要求的思想观念、政治素质和道德品质，充分发挥文化的统摄力、引领力、吸引力和影响力，从而促进施信者与受信者之间构建平等、和谐、温暖的信任关系，提升受信者对施信者及其所倡导的思想政治教育的信任度；在良好的思想政治教育信任文化氛围中，健全受信者人格，使其走出信仰缺失、信念不稳、信心不足的困境，消解社会信任危机带来的负面影响，逐步帮助受信者树立正确的世界观、人生观和价值观，更加向往并追求人生价值与社会价值的和谐统一。在思想政治教育信任文化系统及其作用发挥的进程中，施信者与受信者之间进行的是包括信任文化在内的各种社会文化资源的熏养，从一定程度上，这是一种文化滋养的渗透、共享、共觉与共鸣。

第二节　思想政治教育信任的演进路向

思想政治教育信任是由多个阶段组成的动态过程，是施信者与受信者之间及思想政治教育信任系统内部要素运动过程和阶段性变化、规律的表征，是思想政治教育信任矛盾运动发展的演进路向。综合思想政治教育信任相关理论及现实考察，思想政治教育信任演进路向依次经历信任接触、信任深化、信任内化、信任碎化和信任转化五个阶段。

一、信任接触

信任接触是思想政治教育信任关系产生的前提和起点，没有信任接触就无法产生相应的信任关系，思想政治教育信任也就只能是空中楼阁。施信者与受信者需要通过一定的接触才能产生彼此之间的信任关系及可信度判断。这种接触包括直接接触和间接接触两种，直接接触包括施信者与受信者面对面的交流、对话、学习、教学、会议、研讨、调研、合作、竞争、活动、实名网络互动等；间接接触主要通过信息这一途径进行，通过对他人或他物相关信息的了解产生一定形式的接触，主要包括阅读资料、行为影响、他人述说、非实名网络接触等。其中，阅读资料主要是通过各种阅读途径和方式了解他人或他物后的接触，行为影响是指他人或他物（施信者）的行为、形状、造型或位置等对受信者产生的影响。信任接触与人的成长、发展阶段和环境息息相关，比如在学生阶段，主要的信任接触是师生之间的信任接触，接触地点以学校为主，接触方式既有直接接触也有间接接触，主要是通过课堂教学、交流谈话及各类活动进行，也有在教师的帮助下学生自主探究等。信任接触在思想政治教育的各种场域中的形式、内容和对象各不相同，但发挥的作用和发展方向是一致的。

二、信任深化

信任深化是在信任接触的基础上，对信任对象（一般为施信者）是否可以进一步接触、是否对实现自我全面发展具有价值性、是否具有可持续的可信性等方面的综合判断。简义上，信任深化是施信者与受信者对双方之间信任关系及信任程度的反映、内省、检视，是从信任直觉感受上升为信任经验感受的心理变化过程，是从把握信任对象价值的外在属性到其内在本质的转变。信任深化包括内省式深化、诊断式深化、复盘式深化、对比式深化、质疑式深化、换位式深化、因果式深化和归纳式深化等方法或形态。其中，内省式深化主要是通过自我观察、自我监控、自我调节、自我评价后提出相应问题，以促进自身反思能力；诊断式深化主要是对各自问题进行归类，对各自"疑难杂症"进行重点分析，并有针对性地提出解决对策；复盘式深化则主要是对信任接触过程中的各个环节、细节等进行复盘，系统性回顾信任对象的语言、形象和行为等特征；对比式深化主要通过与第三人、第三物或其他参照系的对比进行反思；质疑式深化主要是通过逆向质疑思维深度分析信任对象；换位式深化主要通过移情换位方式，多方面考虑现实具体情境；因果式深化主要是遵循因果逻辑推理方式进行反思；归纳式深化主要是寻求信任对象及其相互关系的各自内在联系和规律而进行的深刻反思。信任深化是联结信任反思和信任内化的桥梁。

三、信任内化

信任内化是施信者、受信者在思想政治教育信任实践中，通过信任感性思维的跃迁，在信任关系性质与程度层面所形成的具有客观价值的认知体系。信任内化主要通过信任同化和信任顺应两种机制来实现。信任同化需要以原有的认知基础来同化新的认知探索，信任同化涉及感知、判断、推理、记忆及强化等一系列复杂的认知活动，需要在"新"与"旧"两种信任认知基础上建立起强联结逻辑关系。随着信任同化的发展，原有关于信任及认知对象是否具有可信性的认知会因为新的认知的"进入"而产生一定程度的调整、改组或磨合，即产生信任顺应，是信任关系认知的对立性和改造性的统一。信任内化即在信任"同化—顺应—同化"循环往复过程中得以实现。信任内化反映出思想政治教育信任实践中不同个体在思想观念、信仰信念等方面具有的内在一致性，能够构成一个统一的价值态度体系，这种价值态度体系是一种持久且稳定的思想体系，能够融入人格发展的历程和内容体系中。高阶信任内化称为"信任关系的自我同一性"，它反映了将映射和认同塑造到自我和他人的一致性行为体系中，是一种高度的信任自觉。

四、信任碎化

信任具有多层面的复杂特性，易碎性和不稳定性是信任及其关系的重要特征。在思想政治教育信任实践中，随着时间、空间及特定条件的变化，已建立起来的信任关系很容易产生破裂、异化甚或逆化现象，原有的高可信度的信任关系也会不同程度地降低可信度，原有的良好的信任关系可能会演变成敌对的负面的信任关系，信任碎化随之产生。一般情况下，信任随着时间变化逐渐发生变化，时间的变化使思想政治教育实践中具体的个人对他人或他物的感受和评价逐渐深化。出现信任碎化的原因是多方面的，但就施信者与受信者而言，主要是其中某一方或双方共同失去了信任的基础。在思想政治教育信任实践中，施信者由于印象不佳、言行不当、方式不当及其他方面的问题，导致受信者不再信任施信者，或者对施信者的信任度逐渐下降，两者之间的信任关系会出现"碎化"。同时，信任碎化的原因也在于受信者在个人成长经历过程中，受到各种外界的干扰或诱惑，在思想信念上产生了摇摆或迷茫，在人格发展方面存在不良倾向，这些情况也会造成受信者对施信者的信任产生问题，相应地，也会使得施信者对受信者的信任度降低；但施信者仍然要保持对受信者的教育初心，帮助受信者消解困惑、干扰，健全人格，提升思想政治素质。思想政治教育的信任碎化主要包括正直型信任碎化、权力型信任碎化、能力型信任碎化、责任型信任碎化和善心型信任碎化等。从总的趋势来看，信任碎化是信任关系再发展的必经阶段，只有在不断的信任碎化中，才能更好地开展信任重塑，推动思想政治教育信任朝着高阶层级发展。

五、信任转化

思想政治教育的信任转化是针对信任碎化而言的，是施信者在对信任碎化的内在原因进行深入分析的基础上，通过有针对性的方式和途径，按照一定程序、标准、步骤，对信任关系进行重构的过程，是提高思想政治教育信任质量的前提条件。从整体角度而言，信任转化主要包括情境转化、对话转化、协作转化和意义转化，是对思想政治教育的系统性重塑、整体性重构。从个体角度而言，信任转化主要包括形象转化、表达转化、兴趣转化、个性转化、品德转化等多个方面，个体角度下的信任转化以引发施信者与受信者碎化的信任关系得以修复的各种共鸣要素为核心。信任转化需要在科学高效的运行机制下才能得以实现，主要包括信任建构机制、信任中介机制、信任约束机制和信任展示机制。其中，信任建构机制涉及话语建构、意义建构、关系建构和行为建构，信任中介机制是实现信任信息输入和输出、促进施信者和受信者之间交流对话的传导机制，信任约束机制通过强调控制与防止未来再次出现信任碎化的方式修复和再造信任，信任展示机制强调通过积极展示信任破裂的直接个体或因素可信度的方式重塑信任关系。信任转化要强调主动性、及时性和时效性，可以有效提升思想政治教育信任质量。一般情况下，信任转化由施信者主动发起，施信者通过改造自身的亲和力、专业素养、外在形象等方式来提高信任重塑成功率。信任转化的主要方法包括物化奖励、积极参与、强化原则、协同引导等方法。同时，信任转化还需要考虑文化植根因素，信任转化的过程根植于特定文化土壤中，依赖所选择的重塑策略与社会普遍价值相吻合的文化规范是否匹配，需要社会文化、组织文化、校园文化、群体文化等文化伦理与氛围的持续调节和优化。此外，信任转化是一种反映信任关系双方或多方真实信任意愿、符合社会发展要求、稳定和持久的、具有实质性变化的过程，因此信任转化要关注其效果的持久性、稳定性和适应性。

由于信任及信任关系的社会性、复杂性和多维性，思想政治教育信任的演进路向每一个阶段的主要内容、变化趋向及其与时空的关联性各不相同，发展到一定程度的思想政治教育信任，其演进路向也并非完全按照"信任接触—信任深化—信任内化—信任碎化—信任转化"线式路向逐次演进，可能会出现逆向、多向、中断、跳跃等复杂的演进现象，需要施信者深刻把握思想政治教育信任的演进规律，有序推动演进路向，最终实现预期演进目标。

第三节 思想政治教育信任的运行机制

机制是一个非常复杂但又较为常用的学术概念，是系统内部各个组成要素按照一定的方式和规律相互作用，通过它们之间的相互作用，各组成要素协调发挥功能实现其整体功能的运行方式。❶思想政治教育信任的运行机制是施信者、受信者、信任内容、信任载体、信任环境等诸要素之间相互作用及高效运行的运动方式，主要包括发生机制、分化机制、耦合机制、调控机制和保障机制。

---

❶ 李书华，等.新媒体环境下大学生思想政治教育接受机制研究［M］.北京：知识产权出版社，2020：46.

一、发生机制

发生是大众化的日常用语，主要是指原先不存在的事物或现象出现了。在人文社会科学领域，研究事物发生的内在规律及趋势的方向逐渐形成发生学这一基础性的研究论域，某一种事物或现象本身的实际发生、演变过程构成了人文社会科学领域"发生"的基本内涵。思想政治教育信任是一种复杂且内隐于思想政治教育中的实践活动，探究思想政治教育信任的运行机制，首先要深入观察、分析思想政治教育信任的发生机制。思想政治教育信任的发生是揭示思想政治教育信任作为一种特殊的教育实践活动或教育现象，从不存在到存在、从萌芽到形成、从弱小到强大、从不稳定到稳定、从单向到多向、从浅层次到深层次、从低级到高级的客观的变化发展过程，不仅包含着思想政治教育信任的萌芽阶段及产生过程，也包含着思想政治教育信任的成熟阶段及发展过程，指向思想政治教育信任发生、变化和发展的客观过程。从信任的最初发生机制而言，信任产生的本源出于沟通信息、协调人与人之间的利益关系的需要❶，思想政治教育信任的产生源于施信者与受信者之间信任关系、信任程度与信任层级等方面的问题及需求。

就社会而言，社会的发展是多种要素、多种力量相互作用、相互博弈的结果。信任作为社会发展的"润滑剂"，是维护社会秩序、推动社会发展的重要力量。不可否认的是，现实生活中，社会发展进程中产生的诸多纷争中，不良的社会信任氛围在其中扮演着重要角色，而社会信任危机、信任缺失等现象的出现及其产生的不良影响不断辐射，使社会各界特别是社会研究领域高度关注信任在社会发展进程中的作用及这种作用如何发挥的内在逻辑、内在机制。思想政治教育信任是社会信任在思想政治教育领域的诠释体现，既是思想政治教育系统内部的信任实践活动，也涉及思想政治教育系统外部特别是整个社会环境的制约和影响。社会的发展特别是思想政治教育的发展对信任这种实践活动、实践关系及实践结果的迫切需要成为思想政治教

---

❶ 刘根荣.市场秩序理论研究——利益博弈均衡秩序论[M].厦门：厦门大学出版社，2005：193.

育信任发生的根本。

对个人而言，身处特定历史时代的社会环境中，既要追求生存之需，也要追求发展之需，而人的本质属性是社会性，人与人之间的交往需要以信任为前提，也因信任、信任关系的性质及程度对人在改造主客观世界过程中是否达到预期目标产生特殊的影响。思想政治教育信任是施信者引导受信者强化信任伦理培育，提升受信者对施信者及其所倡导的思想政治教育诸要素正向信任、正确信任、全面信任的教育实践活动。在思想政治教育信任视域中，人与人之间在思想交流、政治对话、情感互动、利益追求等方面的需求在现实中如果得不到合理满足，极易产生诸多负面问题，对施信者群体及思想政治教育系统产生极为不利的影响。如何解释这些不利的影响，消解思想政治教育实践中人与人之间的信任紧张、信任空洞、信任困惑等问题，是推动思想政治教育信任发生的直接动力。

二、分化机制

分化是在一定环境或条件的影响下，同质事物转变为不同质事物，或整体事物转变为碎片化事物的过程。分化是人们在由所有参数表示的社会位置上的分布，人们的社会交往表现出来的规则是人们角色和社会位置的分化。❶ 信任分化是社会信任关系发展的必然结果，由于个体在兴趣、爱好、性格、专业背景、人生经历等方面的差异性，形成多层次的社会类型群体，不同社会类型群体的世界观、人生观和价值观会产生一定的差异性。

思想政治教育信任的分化本质上是信任关系的"分化"，主要包括信任关系的价值分化、知识分化、惯习分化、层级分化。在思想政治教育信任实践中，信任关系的价值分化是施信者与受信者在思想价值理念方面的类型"分化"，是受信者在施信者的教育引导下，在思想、道德、价值观念等方面逐渐成长并趋于特定阶段的"进化"。信任关系的知识分化是施信者与受信

---

❶ 布劳.不平等和异质性［M］.王春光，谢圣赞，译.北京：中国社会科学出版社，1991：4.

者在思想政治教育实践过程中，在知识汲取、吸收和内化过程中产生的分化。信任关系的惯习分化主要是施信者与受信者之间在交流、对话、合作等过程中，形成的一种持久并可转移的秉性系统和心智结构。信任关系的层级分化与布劳所说"不平等"类似，是指在社会地位维度上的分布，即在权力或财富、教育或收入上的差异程度[1]，在思想政治教育信任视域中，专指在教育层次、思想觉悟、职业特征等方面的差异。

三、耦合机制

耦合是在各子系统间的良性互动下，相互依赖、相互协调、相互促进的动态关联关系。[2]信任耦合是思想政治教育信任实践中，施信者与受信者之间相互依赖的程度，主要包括动力体系、作用机制及作用方式。

思想政治教育信任耦合的动力体系是推动施信者与受信者之间信任关系变化发展的驱动力量，包括环境力量、政府力量、社会力量、教育力量、个体力量五种力量，五种力量共同存在、共同发力、同向前行，共同推动信任耦合变化发展。思想政治教育信任耦合的作用机制是在五种力量的驱动下，施信者与受信者之间信任的耦合差别、耦合响应和耦合适应的作用机理。信任耦合的本质是施信者与受信者之间信任关系的适应性、黏合性不断增强。思想政治教育信任耦合的作用方式是施信者与受信者在两者的信任耦合系统中相互作用、相互影响的具体方式或路径，其中物质环境在施信者与受信者之间的信任耦合中起到基础性作用，是信任耦合系统变化发展的关键，发挥着信任基底、信任约束和信任引导的作用，从而促使两者之间形成不断适应与相互耦合的理想状态。

思想政治教育信任耦合机制的三个方面相辅相成、相互影响，共同构成了思想政治教育信任耦合系统。其中，动力体系是基础，是信任耦合系统变

---

[1] 布劳.不平等和异质性[M].王春光，谢圣赞，译.北京：中国社会科学出版社，1991：69.
[2] 黄晓军.现代城市物质与社会空间的耦合：以长春市为例[M].北京：社会科学文献出版社，2014：50.

化发展的决定性力量；信任耦合的作用机制是关键，是信任耦合系统变化发展的规律性体现；信任耦合的作用方式是内核，是信任耦合系统内部功能实现的手段与路径。

四、调控机制

调控是运用一定的手段或方式对某一系统或事物的运行状态、内部各要素之间关系及这一系统或事物与外界环境之间的发展进行调节和干预，以确保这一系统或事物按照既定目标或自身发展实际有序健康发展的活动。思想政治教育信任的调控是思想政治教育调控体系中的重要一环，是根据思想政治教育信任实践的总体目标或某一阶段思想政治教育信任实践的具体目标，通过面对面交流、座谈调研、资料梳理、大数据分析预测等多种方式或途径进行阶段性检视，分析当前阶段思想政治教育信任实践总体进展、各环节推进及其相互之间关联等情况，并据此进行反馈调节。发挥思想政治教育信任调控机制的关键是思想政治教育信任相关信息的收集、筛选、分析、处理与呈现。

思想政治教育信任调控机制的有效运行需要相关组织（或单位）充分发挥组织协调作用，建立健全决策机制，统筹协调相关组织内部的不同二级单位及外部相关单位之间的关系，明确不同二级单位在思想政治教育信任中的不同职责和要求，准确把握思想政治教育信任系统的方向和节奏，确保相关组织开展的思想政治教育信任实践活动沿着既定的目标、正确的方向推进。还需要建立一套行之有效的协商机制，相关组织的思想政治教育信任体系中的各个单位、个人不是孤立、割裂的，而是一个相互联系、相互作用的统一整体，有效的协商可以充分发挥各自的优势，避免或减少因非正常沟通状态而引发的各种信息不对称等弊端，可以通过定期会商、座谈交流等方式健全协商机制，确保各类信息在思想政治教育信任系统中有序顺畅流通。同时，在思想政治教育信任实践中的决策机制与协商机制已经发挥一定的作用，但在反馈、调控及其两者之间的全面充分互动方面还存在一定的问题。因此，需要健全"反馈—调控"机制，提高反馈的时效性、全面性和艺术性，将各种反馈信息进行有效的整合，将反馈结果落实到对思想政治教育信任实践的科学有效调控之中，确保思想政治教育信任实践坚持正确的政治方向，在既定的轨道上稳步前进，并取得预期成效。

五、保障机制

保障是某一系统、某一事物或某一项工作得以有效运行和协调发展的必备条件。保障机制是当前思想政治教育信任运行机制中较为薄弱的一个环节，需要不断创新和完善思想政治教育信任保障机制，通过提高施信者精神面貌、业务能力和综合素质，进一步改进思想政治教育信任的环境与场景，为施信者开展必要的思想政治教育信任实践增加经费投入和物质保障，进一步健全各项规章制度并在实际中督促有效执行。

从思想政治教育信任实际来看，思想政治教育信任的保障机制主要包括领导保障、制度保障、队伍保障、物质保障和环境保障五个方面。其中，领导保障是一种组织型、集体型的权力规范、管理与督促，是在一定的社会条件下，在相关组织内部由不同类型的代表组成，这类"代表"是施信者群体中的代表，领导保障可以有效促进思想政治教育信任系统中的各种人力资源、物质资源、组织资源等资源的调配及各项政策制度的决策与制（修）订，是思想政治教育信任实践有序开展的领导基础。制度保障是对思想政治教育信任实践中出现的新问题、新形势进行研判，结合思想政治教育信任在社会制度体系中特别是在教育制度体系、思想政治教育制度体系中的定位和要求，形成支撑、促进思想政治教育信任有序开展、高质量发展的制度规范，从而为思想政治教育信任实践提供坚实的制度保障。队伍保障主要是建设一支结构合理、素质优良、战斗力强的施信者队伍，习近平总书记强调"有了我们这支可信、可敬、可靠，乐为、敢为、有为的思政课教师队伍，我们完全有信心有能力把思政课办得越来越好"[1]，要从道德品质、政治素养、

---

[1] 习近平谈治国理政：第3卷［M］.北京：外文出版社，2020：330.

专业技能及综合素质等方面全方位提升施信者综合素质与能力。物质保障是相关组织（或单位）为开展思想政治教育信任实践，而提供更丰富、更全面的资金、场地、设备等方面的支撑保障。环境保障主要是营造良好的思想政治教育信任环境氛围，积极改善影响思想政治教育信任发展的各种外部因素，使施信者与受信者之间在更为宽松、舒适的环境中加强交流对话，增强施信者对受信者的思想引领、政治引领与道德引领，提高受信者在思想政治教育中的专注度、融入度和创造力，为提高思想政治教育信任实效性提供良好的环境滋养。

可以说，思想政治教育信任运行机制的几个方面相互影响、相互制约。其中，发生机制是思想政治教育信任从无到有、由弱变强的变化过程的规律形态，是思想政治教育信任运行机制的根基；分化机制和耦合机制指涉信任关系分化和耦合的基本规律，是思想政治教育信任形态、信任关系、信任方向等运动规律的即时呈现，是思想政治教育信任运行机制充分有效运转的关键；调控机制在思想政治教育信任系统中发挥着核向校准的作用，以确保思想政治教育信任实践在预定的目标方位上有序健康运行；保障机制为思想政治教育信任的有效运行提供物质、环境、队伍、制度等方面的资源保障与支撑，是思想政治教育信任实践有效运行、高质量发展的物质基础。

总之，思想政治教育信任结构形态由链环式结构、嵌入式结构和交换式结构三种类型组成，其演进路向依次为信任接触、信任深化、信任内化、信任碎化和信任转化，其运行机制包括发生机制、分化机制、耦合机制、调控机制和保障机制，从上述三个层面对思想政治教育信任内在机理进行了深入阐释，进一步丰富了思想政治教育信任理论体系。同时，还需要从理论与实践相结合的视角，总结归纳思想政治教育信任的样态特征，进一步夯实思想政治教育信任理论研究与实践探索的基础。

第五章

思想政治教育信任的呈现样态

在研究思想政治教育信任的内涵特征、基本要素、主要功能、结构形态、演进路向和运行机制的基础上，还有必要从"量"和"质"两个维度探究思想政治教育信任存在和发展的"状态"，即开展思想政治教育信任样态研究。信任样态是思想政治教育信任方式、关系、性质的具体形式、形态或某种条件状态，既是信任层级、信任状态、信任趋态的质性反映，也是信任势度、信任质度、信任向度、信任广度的量化反映，更是一定社会思想政治教育的契合度、满意度和认可度的综合判断，主要包括时态样态、空态样态和能态样态。

第一节 思想政治教育信任的时态样态

时态是事物运动、变化和发展在时间维度上的具体形态。根据思想政治教育信任的稳定性和影响力等因素，思想政治教育信任的时态样态包括瞬时信任、偶然信任、历时信任和共时信任。

一、瞬时信任

瞬时往往作为一种时间单位，表示一种事物产生、存在和发展时间的短暂性。在中外古代诸多文献中，瞬时是宗教教义中一个重要的范畴用语，与须臾、弹指间、一念间、念顷、瞬息等概念等同。到了近现代，随着科技的快速发展，瞬时这一学术概念主要侧重于对事物瞬时变化规律的把握，是探究微观世界科学研究和技术创新的重要手段。在人的思维意识领域，瞬时思维的养成在捕捉思想灵感火花、激发创新创造活力、提高创新创造能力中发挥着越来越重要的作用，在一些重大科技项目研究过程中，瞬时思维在其中发挥关键作用的事例举不胜举。人与人之间在社会交往的过程中，特别是在首次交往时会产生瞬时印象，也称为初始印象，是个人对他人在接触、交流过程中的瞬时判断的结果，这个过程即产生瞬时信任。瞬时信任对应持久信任，是人的感性认识的直接体现，在思想政治教育信任实践中，施信者与受信者之间良好的瞬时信任关系的建立，需要特别关注首次直接或间接的接触，如在学校教育中开学第一课、入学第一课、专业认识教育、家校代表第一次见面会、第一次班会、第一次学生组织会议或活动等。瞬时信任在思想政治教育信任实践中有着极为特殊的重要作用，但由于瞬时性对信任关系的形成会产生片面性、表面性、主观性、武断性等认知上的问题，"以貌取人"等现象时有发生，因此需要长久的接触和判断，才能形成持久的信任关系。

二、偶然信任

偶然意指事物发生的突发性、随机性。偶然信任是一种突发性、随机性的信任，与必然信任相对应。偶然信任是施信者与受信者之间在一定时机、条件或形势下产生的信任关系。事物的发展是必然性与偶然性的对立统一，思想政治教育以人为对象，将同一群体或个体应然状态的目标大数据与其实然状态的行为大数据进行关联比较，可以对这些偶然行为或事件进行原因的大数据分析，从而揭示这些偶然现象发生的必然性或规律性。[1]人的一生分为若干个成长发展阶段，针对个人开展的思想政治教育是一个循序渐进、不断与外部环境相融合的过程，施信者要抓住转瞬即逝的偶然信息，及时把握

---

[1] 刘宏达，杨灵珍.思想政治教育大数据的生成规律与运用逻辑[J].教学与研究，2018（5）：89.

受信者在思想政治教育实践中的兴奋点、兴趣点、困惑点、情绪波动时刻等关键时点,强化偶然信任关系的养成。偶然信任是思想政治教育信任的一种特殊时态样态,然而在思想政治教育实践中,施信者对偶然信任的把握、捕捉、运用和创设的理念及方法等的挖掘不够充分。因此,施信者要不断提高因时因势准确采取有效措施从而获得最佳思想政治教育实效的综合能力。其中,需要特别强化大数据、人工智能等现代科学技术在思想政治教育偶然信任中的融合应用,从而更加精准地捕捉受信者成长成才的特征与规律。

三、历时信任

历时信任是思想政治教育信任实践在历史发展阶段层面的基本状态、主要特征与基本规律。思想政治教育信任转向分为完全信任、基本信任、信任与信任困境共存三个阶段。[1] 总体而言,我国思想政治教育的历时信任包括自然崇拜信任、奴隶神权信任、封建宗法信任、民族独立信任、社会主义初级信任和共产主义高级信任。

(一)自然崇拜信任

从人类诞生以来到国家形成的原始社会,是中国古代思想政治教育的萌芽时期,这一时期人类的精神生活具有明显的简单性、集体性、社会性和平等性,[2] 主要精神生活包括人类文明发展初期的语言文字符号、原始艺术和音乐、图腾崇拜与宗教、传统习俗等。由于没有阶级剥削,原始社会的思想道德活动以集体的、公共的、社会性的活动为主[3],对自然崇拜尤甚,其中巫师、占卜师等群体利用虚幻的鬼神、崇拜自然的力量等方式对社会成员的思想进行一定程度的控制,但在客观上也充当了氏族社会知识和思想传播者的角色。原始社会的人类对氏族、部落首领的信任是完全的、纯粹的,氏族、部落内的成员之间也是平等交流的,相互之间的信任关系是平等、无私的。

---

[1] 袁颖.网络思想政治教育信任困境的现实审视[J].思想政治教育研究,2017,33(4):147.
[2] 武东生,等.中国古代思想政治教育史[M].天津:南开大学出版社,2013:5.
[3] 武东生,等.中国古代思想政治教育史[M].天津:南开大学出版社,2013:22.

但囿于低水平的生产力，以及人的思维和知识能力的局限性，原始社会的思想政治教育信任总体上是一种低水平、盲目式、完全的信任，这种信任关系形态及信任程度是由其社会性质和生产力水平所决定的。

（二）奴隶神权信任

我国的奴隶社会从公元前21世纪夏朝建立开始到公元前476年春秋时期结束。奴隶社会是伴随着私有制和剥削阶级、被剥削阶级的产生而出现的，奴隶社会中大部分物质生产领域的劳动者是奴隶。奴隶社会的产生伴随着作为上层建筑的思想政治教育的产生过程，这一时期的思想政治教育活动被赋予了强烈的政治含义，成为奴隶主阶级特有的统治工具。❶这一时期的思想政治教育主要通过学校教育、宗教活动、宗法仪礼、道德示范、舆论动员等形式开展。由于原始社会的阶级剥削性，只有奴隶主阶级才能真正接触到与统治权谋密切相关的思想政治教育，奴隶阶级与奴隶主阶级之间的关系是完全不平等的，因此两种阶级的群体之间是服从与被服从的绝对不平等关系，双方的信任关系是单向、服从式的"非信任"关系。

（三）封建宗法信任

中国的封建社会是地主阶级占有土地等生产资料并剥削农民阶级的社会形态。在封建社会，文化的逐渐兴盛，人才选拔制度的改进，官学、私学、祭祀、礼仪、诗词歌赋等方面的繁荣极大地促进了思想政治教育的发展。同时，由于社会生产力水平的局限，自给自足的小农经济决定了社会大众之间的交往时空范围带有较强的局限性，血缘、地缘和学缘等社会关系成为维系封建社会人际关系的核心纽带。在这种社会情境下，人与人之间的情感大大增强，彼时的思想政治教育以封建宗法和伦理纲常为核心内容，其中儒家思想在思想政治教育中发挥了中流砥柱的作用，其倡导的"仁、义、礼、智、信"五常观念成为封建社会思想政治教育的基础理念。这一时期的思想政治教育信任直接体现为社会大众对明君圣贤、宗法制度和伦理纲常的绝对信任

---

❶ 武东生，等.中国古代思想政治教育史［M］.天津：南开大学出版社，2013：23.

与膜拜，当然这种"信任"或"崇拜"不可避免地带有封建专制色彩，建立在土地剥削基础之上。同时，社会大众之间良好的人际信任关系主要通过国家法律制度和伦理纲常来维系。

（四）民族独立信任

近代以来，由于帝国主义的侵入，小农经济受到了资本主义生产方式的强烈冲击，民主与专制、民权与君权、西学与中学、改革与保守、革命与反革命、压迫与反压迫等思想多次交锋。爱国救民、实现民族解放与独立成为这一时期思想政治教育的核心目标。在洋务运动、维新变法及20世纪初的民主革命思潮中，一大批思想家、革命家进行了艰辛的革命探索，虽然都以失败而告终，但这些探索在当时得到一些有识之士、开明地主的信任与支持。彼时的思想政治教育纷纭繁杂、流派众多，新文化运动、新式学堂、新式教育等兴起，救亡图存的仁人志士通过办学堂、集会演说等方式呼吁社会大众团结一心、追求民主科学、驱逐外虏、还我河山。中国共产党诞生在这一时期，自诞生之日起，就以马克思主义为思想武器，以消除剥削阶级、解放和发展生产力、实现人民解放和民族独立为己任，进行新民主主义革命，改变了半殖民地半封建的社会形态，建立了无产阶级领导的人民民主专制。❶这一时期中国共产党的主张和革命实践得到工人、农民、开明地主和乡绅及民主党派的高度支持和信任，为实现新民主主义革命的伟大胜利提供了根本的思想动力源泉。

（五）社会主义初级信任

中华人民共和国成立直至社会主义改造完成，中国共产党通过思想政治工作，充分调动广大人民群众参与社会主义建设，取得了辉煌的成就。社会主义探索时期基于对思想政治工作实际效果的切身感受，教育主客体对思想政治教育及其内在各要素产生了高度的信任。同时，由于历史原因，这一时期思想政治工作在内容和方法等方面遭到了严重的扭曲，在一定程度上可

---

❶ 刘健清，李振亚.中国近现代政治思想史［M］.天津：南开大学出版社，1993：9.

以说,思想政治教育与广大人民群众产生了一定的"背离"。改革开放以来,党和国家拨乱反正,思想政治教育工作围绕着社会主义现代化建设中心任务展开,积极宣传党的路线、方针、政策,一大批思想政治教育理论和实践成果涌现,广大人民群众对思想政治教育所提倡的核心价值理念的信任及认同度逐渐提高,思想政治教育信任不断巩固和强化。党的十八大以来,以习近平同志为核心的党中央高度重视思想政治教育工作,先后召开了全国高校思想政治工作会议、学校思想政治理论课教师座谈会,一系列有关思想政治教育的国家政策、制度和法律法规相继出台,立德树人等核心理念在全国高校中得到深入贯彻,思想政治教育专业建设、课程建设、教材建设和师资队伍建设得到了飞速发展。

经过百余年奋斗,中国共产党领导的思想政治教育取得了辉煌成就,广大人民群众的幸福感、获得感在与经济社会快速发展同步向前的过程中得到了不断提升,对思想政治教育的信任得到了极大的提升,施信者和受信者之间的信任关系也得到了显著改善。应该清醒地认识到,由于当前复杂的国内外形势,人工智能等现代科学技术带来的双刃剑效应,经济全球化不断深化,客观上影响着人们特别是受信者群体对思想政治教育的信任度,影响着思想政治教育信任实践中施信者与受信者之间的信任关系,且这种影响是持久、深远和多维的。在这种情境下,不同的利益诉求和价值观念的冲突会被无限放大,对社会意识形态产生一定的影响,人与人之间的信任关系也会受到一定的影响,这种影响既有负面的、消极的影响,也有正面的、积极的影响。此外,思想政治教育自身的发展还存在需要突破和改进的地方,如思想政治教育实践中的策划、组织与实施、效果与评价等方面不确定因素增加及队伍建设滞后性等问题,也在不同程度地影响着思想政治教育信任实效性。

(六)共产主义高级信任

共产主义社会是社会主义发展的高级阶段,是人类社会最先进的社会形态。马克思和恩格斯在《共产党宣言》中强调"代替那存在着阶级和阶级对立的资产阶级旧社会的,将是这样一个联合体,在那里,每个人的自由发展是一切人的自由发展的条件"❶，以及"全世界无产者，联合起来！"❷ 在《哥达纲领批判》中提到共产主义社会高级阶段"各尽所能，按需分配！"❸ 可以说，共产主义社会是在高度发达的社会生产力及人们的科学文化水平、思想觉悟、道德水平极大提高的基础上，社会劳动者有序且自由而全面发展的社会经济形态。共产主义信任是思想政治教育信任实践在历时信任形态中的最高阶段，共产主义社会思想政治教育信任是真正的"养成共同体"，在这一持续实践着的共同体中人与人之间的信任关系稳定、持久、可亲、可信，社会成员自然有着坚定的共产主义信仰，对施信者及其所实施的思想政治教育信任有着崇高的信任。

四、共时信任

共时性在某种程度上也称同时性，共时态是社会结构整体的空间维度。共时信任是在思想政治教育共时状态下施信者与受信者之间产生的信任关系、行为与思想观念。施信者在与受信者交流沟通的过程中，能够站在受信者的立场、角度和需求等方面了解其真实感受、需求状态，使受信者感受到平等、尊重、理解与认可，并以此激活思想政治教育内在诸要素，优化思想政治教育信任实践资源配置，创新教育方式方法，不断巩固、提升思想政治教育共时信任。

共情技术是共时信任的一种具体技术形态，是施信者在充分理解受信者实际及需求的基础上，引导受信者对思想政治教育整体或具体内容产生好感、信任及认可，并乐于融入其中的能力。共情艺术是做好学校思想政治教育工作的基础和前提，要想做到共情，需要认真倾听、充分理解、处处体现关爱、善于运用表情和肢体语言、拥有丰富的阅历和广博的知识。❹ 共情技

---

❶ 马克思恩格斯选集：第1卷［M］.北京：人民出版社，2012：422.
❷ 马克思恩格斯选集：第1卷［M］.北京：人民出版社，2012：435.
❸ 马克思恩格斯文集：第3卷［M］.北京：人民出版社，2009：436.
❹ 瞿敬平.论学校思想政治教育中的"共情"艺术［J］.学理论，2011（36）：280.

术与艺术在思想政治教育信任实践中有着广阔的应用空间，特别是可以有效增强受信者对施信者及思想政治教育"以情立信"的获得感和幸福感。立足共情技术与艺术，针对存在的问题，施信者要加强共情技术学习与应用，在平时工作中主动关心关爱受信者，及时准确掌握他们的思想和身心状态、感受和需要，耐心倾听，以受信者易于接受的语言风格展开交流对话，创设平等温馨的对话环境，形成良好的共情氛围，拉近彼此距离，促进两者同频同轨同境，让受信者放下成见、减少犹疑、打开心扉并与施信者进行"朋友式"对话，逐步形成良好的共时信任局面。

特别需要注意的是，思想政治教育要素和资源的优化配置是实现共时信任的关键。如何在某个组织或某种环境下，实现在某一时段内的思想政治教育要素和资源在状态及结构上达到最优状态，是推进共时技术与艺术应用的核心目标，需要强化共时信任在串联这些要素和资源实现最佳空间结构及关联程度中的作用，推进共时、共融、共治、共享。

第二节 思想政治教育信任的空态样态

空态是对事物社会空间状态或物理空间状态的简称。社会空间理论强调从社会关系角度分析社会空间现象和问题，主张空间是社会相互关系的产物。信任是一定社会人际关系的产物，思想政治教育信任的空态样态由施信者与受信者所处的社会空间场域、物理空间场域及其联系程度所决定，主要包括生活信任、生产信任和学校信任三个层面。

一、生活信任

生活信任是思想政治教育信任实践中最常见的空态样态，是在社会生活中施信者与受信者之间产生的各种信任关系和信任行为的总和，主要包括家庭信任、宗族信任、邻里信任、朋辈信任和公序信任等。

（一）家庭信任

家庭教育是教育的源头，良好的家庭信任是开展好家庭教育的重要条件。家庭信任是生活信任的基础，是指以直系亲属为主形成的家庭成员之间的人际信任关系，包括长辈与晚辈之间、同辈之间、夫妻之间的信任等。家庭信任是以血缘和婚姻为核心关系的信任，是维系家庭血缘、婚姻和亲情等亲属人伦关系的纽带。在家庭教育方面，家庭信任是开展家庭教育的重要抓手和情感基石，良好的家庭信任氛围更有利于子女教育，子女在良好的家庭信任氛围环境下可以更好地感受到家长的关爱和尊重。因此，在家庭教育中，要坚决禁止对子女手机短信、交友方面的不当查看、询问等现象或行为，准确把握子女教育或监护的度，让子女充分信任家长，同时家长也要充分信任子女，在互相信任的家庭环境中才能更好地促进家庭教育。同辈之间的信任主要是子女之间的家庭信任，随着我国计划生育政策的逐渐调整，多子女家庭在未来已成为家庭人口结构的重要组成部分，子女之间的信任对于促进家庭教育也有着非常重要的作用。此外，夫妻信任是维系家庭稳定的基础，也是开展好家庭教育的前提，和谐的夫妻信任关系会潜移默化地提高家庭教育及家庭信任成效。

（二）宗族信任

宗族信任是我国传统宗族观念的产物，是维系宗族发展的根本价值导向。当然，宗族信任在宗族产生和发展过程中也存在着诸多问题，特别是在封建社会中产生的"家长制"作风及封建家族"毒瘤"等问题。但宗族信任在维系社会公序、促进乡村治理等方面也发挥着积极作用，以宗族信任为核心的宗族文化、祠堂文化、家训文化等是思想政治教育信任的重要资源，成为培育"家国情怀"的重要源泉，同时也在促进祖国统一、爱党爱国等方面发挥着积极且重要的作用。宗族规模与社会信任之间的关联性突出地表现在大姓和小姓家族的族人之间的信任差异。[1]因此，在思想政治教育信任实践

---

[1] 邱国良.宗族认同、政治信任与公共参与——宗族政治视阈下的农民政治信任[J].国家行政学院学报，2011（3）：18.

中，要进一步强化宗族信任在促进社会伦理道德、提高乡村治理效能、促进和谐社会建设的价值作用。

（三）邻里信任

邻里关系是以人与人之间的居住空间距离为依据而形成的社会人际关系。邻里关系对社会信任感有着正向影响，横向的社区互动可以提高社会信任。[1] 邻里信任是社会人际信任关系的重要组成部分，是社会主义核心价值观在社区治理、社区交往伦理中的具体体现，是邻里和睦关系形成的基本前提。六尺巷典故、陶渊明移居、司马徽让猪、杨翥卖驴等典故均是邻里相互尊重、包容和相互帮助的典范，这些中华传统美德是和睦、互助、包容的邻里信任关系的真实写照，是开展思想政治教育的重要资源，也是思想政治教育信任的重要示范。由于邻里关系具有的生活性、高频性、多维性等特点，以及当前社会特别是城镇居住环境的不断优化，邻里信任在社区思想政治教育信任中发挥着越来越重要的示范引领作用，其应用价值与方法都值得进一步挖掘。

（四）朋辈信任

朋辈信任是在特定场合和情境下以朋辈友情形成朋辈关系的社会信任。朋辈信任主要包括朋友之间、战友之间、同学之间等特定朋辈之间的信任。朋辈之间的社会关系复杂多变，不良的朋辈信任关系会产生诸如酒肉朋友、势利之交、泛泛之交等问题，对他人和社会滋生诸多不安因素和现实问题，成为社会信任危机的重要原因之一，也极易引发其他社会问题。当然，良好的朋辈信任关系在思想政治教育中有着重要的思想价值和应用空间，朋辈示范、榜样教育是思想政治教育的重要方法，良好的信任关系是朋辈之间真挚友谊的表现，是朋辈之间在长期交往交流过程中充分了解、沟通、磨合而产生的深厚的、正向的、积极的信任关系。朋辈信任具有强接受、广辐射、深

---

[1] 崔小倩，等.社会关系、健康状况与居民社会信任感——基于中国综合社会调查（CGSS2015）的实证分析［J］.中国农村卫生事业管理，2021，41（11）：830.

影响等显著特点。学校思想政治教育中的朋辈信任具有先天的"同等位置"优势，在年龄、身心结构和人生经历等方面具有较强的相似性，可以在相互交流、合作甚或竞争中产生高度的共鸣。朋辈中思想政治素质较高的个体在思想政治教育中可以起到重要的榜样示范作用，带动身边的人向其学习、靠拢，在一定程度上这些优秀的个体已成为学校思想政治教育中的"教育主体"，发挥着特殊的引领示范作用。

（五）公序信任

公序信任是在社会公共环境中人与人之间在公序伦理方面产生的信任关系，是社会公共信任关系的核心。在医院、图书馆、体育馆、公园、车站、商场、电影院、旅馆和酒店等社会公共场所，个人需要遵守公共秩序、服从管理，这里的"管理"蕴含着一定的"思想政治教育"因素和价值，这些社会公共场所中的文明标语、宣传广播等是宣传社会主义核心价值观的重要载体和方式。在这些场合中，个体与其他个体之间产生公序信任。公序信任是社会面覆盖广泛的公共伦理信任，其社会性、公德性、高频性和广泛性等特点在社会主义核心价值观教育中有着重要的联结与深化作用。

（六）网络信任

网络社会是人类社会一个新的空间。[1]与现实社会的各种信任关系相比，网络社会的交往方式具有交互性、超链接性和虚拟性等特点，在时空范围上远远超出现实社会的人际信任交往。福山曾说，"当信息时代的信徒热烈庆祝官僚与权威解体之际，他们忽略了一项关键因素：信任，以及信任感背后的基础——群体共有的伦理规范"[2]。网络信任的产生是基于网络信任危机及由此带来的伦理和法制等现实困境，是网络用户与用户之间交往的结果。网络信任是指网民与网民之间通过网络平台在开展交流、对话、合作等活动中产生的信任关系，是开展网络思想政治教育的重要内容。网络思想政治教育

---

[1] 鲁兴虎.网络信任——虚拟与现实之间的挑战［M］.南京：东南大学出版社，2003：9.
[2] 弗朗西斯·福山.信任——社会道德与繁荣的创造［M］.李宛蓉，译.呼和浩特：远方出版社，1998：34.

实践中的信任最核心的是教育内容、教育人际、教育效果、意识形态等方面的信任焦虑。❶

此外，生活性商务信任、生活公益性信任等均属于生活信任的重要范畴。

二、生产信任

生产是社会成员使用一定的工具创造各种生产资料、生活资料的过程，马克思将生产分为"思想、观念、意识的生产"和"生命的生产"❷。生产信任是在社会生产实践中施信者与受信者之间产生的各种信任关系和信任行为的总和，主要包括同事信任、跨级信任、医患信任和商务信任等。

（一）同事信任

同事信任是组织信任的一种典型信任关系，是员工对同事行为与行为意图的积极预期，并甘愿承担由此带来风险的心理状态。❸同事信任也称为团队信任，是同一个单位内同事与同事之间形成的各种信任关系和信任行为的总和。良好的、和谐的、团结的、积极的同事信任关系是实现组织目标、推动组织高质量发展的重要基础，如企业的同事信任关系能够促进技术革新、加快生产效率、提高生产质量；反之，不良的、混乱的、松散的、消极的同事信任关系必将严重影响组织的发展，对组织内的个体发展也会产生诸多负面影响。同事信任具有对等性、竞争性、互促性等特点，如何处理好同事之间的关系、赢得同事的信任既是组织中个体需要做好的，也是组织在管理层面需要着重考虑的。和谐的文化氛围、科学的管理制度、公正的考核分配在优化同事信任关系中发挥着重要的作用。

（二）跨级信任

跨级信任也称上下级信任，是组织信任中一种特殊的人际信任形态，内

---

❶ 袁颖.网络思想政治教育信任困境的现实审视［J］.思想政治教育研究，2017，33（4）：147.

❷ 马克思恩格斯文集：第1卷［M］.北京：人民出版社，2009：524.

❸ 孙健敏，等.同事信任对员工建言行为影响的作用机制研究［J］.软科学，2015，29（11）：93.

蕴权力关系、角色关系、互动关系等多重复杂关系❶，需要通过上向信任和下向信任来审视，呈现出非互馈性特点❷。跨级信任中的施信者与受信者在职务上处于不对等的地位，上向信任主要表现为下级对上级的信任，良好上向信任关系的形成需要上级有较高的人格魅力、领导艺术、专业能力和管理能力，能够充分发挥下级特长，公平公正对待每一位下级，才能够获得下级真诚、持久且正向的信任，也能够促进组织目标的进一步实现。下向信任主要表现为上级对下级的信任，需要下级在品德、业绩、能力、自律和团结等方面有着优异的表现，才能赢得上级的信任，也才能在同级同事中获得尊重和信任。不良的跨级信任中施信者与受信者之间会产生猜忌、嫌隙甚至对立等问题，不利于组织的团结、稳定和高质量发展，阻碍了组织目标的实现，也影响到个人的发展。良好跨级信任关系的养成需要真诚的沟通交流及实干、能干、勇干的智慧和技术，跨级信任中的下向信任表现在干部选拔标准中，是领导科学的重要关注点。

（三）医患信任

医患关系是日常生活中最常见的人际关系之一。和谐的医患关系是医生与患者之间相互信任、相互理解、相互尊重、和睦相处、真诚沟通、密切配合的信任状态，是医务工作者履职尽责、患者得到有效治疗的重要条件。从治疗行为伊始，医务工作者与患者之间就达成了内隐的医治契约，这种隐性契约内蕴着医患信任问题的本质。❸医患信任关系研究是医学伦理学的经典议题，国内外开展医患信任关系的研究成果较多，多数成果是围绕医疗事件和医患关系不和谐因素等出发点，从社会学、伦理学、法学和心理学等视角开展的研究❹，缺乏从思想和道德价值引导方面的深入研究。在思想政治教育层面，如何引导广大人民群众正确认识医患信任，树立正确的医患信任关系

---

❶ 牛余庆.上下级信任缺失的成因分析及化解策略［J］.领导科学，2013（22）：22.
❷ 刘颖.组织中的上下级信任［J］.理论探讨，2005（5）：99.
❸ 黄瑞宝，等.医患信任危机的成因及对策：基于博弈视角的分析［J］.山东社会科学，2013（2）：145.
❹ 李德玲，卢景国.我国医患信任关系研究述评［J］.中国医学伦理学，2012，25（1）：104.

观念，需要深入开展相关领域的理论研究与实践探索，特别是在医患信任关系中的价值定位、思想交流、内在逻辑、治理伦理等方面。

（四）商务信任

商务活动是经法律认可的以商品或劳务交换为主要内容的营利性经济活动。商务信任是在商务活动中商务主体之间产生的各种信任关系和信任行为的总和。从人类发展历程早期的物物交换到后来的以货币形式进行买卖，及至发展到以等价物为信任价值的商务活动。在商务活动中，卖家一般是施信方，卖家只有提供高品质的货物或服务，才能取得相应的商务报酬，才能赢得买家即受信方的信赖和信任，相应的商务活动才能得到维持和进一步发展。现实生活中，部分商家为了获得短期的私利，在商务活动中坑蒙拐骗、缺斤少两、以次充好、售假卖假、恶意欠账、恶意欠薪、单方面违背合同等情况时有发生，严重扰乱了正常的市场秩序，损害了买家（消费者）的合法权益，以诚信为核心的商务信任关系受到严重负面影响，这阻碍了中国特色社会主义信用体系建设。商务活动是复杂的，商务活动中的主体也是多元的，商务信任关系包括生产者与生产者之间（如上下游生产者）的关系、生产者与消费者之间的关系、消费者与消费者之间的关系等。商务信任关系同样也是双向的，买家（消费者）需要遵守相关的规定以赢得卖家（生产者）的信任，如按照约定使用、遵守知识产权等。总之，商务信任具有市场化、契约化、法治化、信誉化等特征，是维持商务活动、促进市场经济发展的重要价值基础和人际关系基础。

三、学校信任

学校是有计划、有组织地开展教育活动的组织机构，基于其教育职能、内部群体结构及社会期待等因素，学校信任是在学校教育教学实践中施信者与受信者之间产生的信任关系和信任行为的总和，是教育信任的重要组成部分，主要包括治理信任、师生信任、生生信任、师师信任和教学信任等。

（一）治理信任

学校治理是教育治理体系建设的重要组成部分。提升治理能力是推动学校高质量发展的基础性工程，也是赢得校内师生与社会各界广泛信任、认可的重要途径，围绕学校治理而产生的各类信任关系和信任行为的总和即为治理信任。治理信任包括教育主管部门与学校之间、学校与其下设的职能部门和教学单位之间、学校与师生之间、学校职能部门与教学单位之间、学校职能部门和教学单位与师生之间、学校教学系统与科研系统之间、学校党员群体与非党员群体之间的信任等。在学校治理中，各种利益相关者围绕学校治理在相互合作、竞争等方面产生的信任，双边合作治理机制应选择强信任与非正式控制相结合的治理机制。❶治理信任的关键在于学校内部人（群）与人（群）之间的信任关系，这里的人（群）总体上分为师生个体、职能部门和二级学院，当然也包括党建与业务、教学与学术、管理与服务、课堂与实践、本土化与国际化建设等相关群体的信任关系建立，推进治理信任将为提升上述信任关系发展质量、构建"三全育人"新格局带来新理念和新路径。

（二）师生信任

师生信任是学校思想政治教育信任关系体系的核心。教师是学校教育教学的策划者、组织者和实施者，在思想政治教育中居于主导地位；学生是学校教育教学的接受者、参与者、体验者，是思想政治教育的对象。一般情况下，教师主要包括专任教师和行政管理人员两大类，班主任分散在这两类群体中，既承担教学工作，也承担班级管理与服务工作，同时高校教师群体还包括辅导员，专职负责思想政治教育工作。师生信任关系主要是指教师与学生之间在教育教学过程中产生的各种信任关系，其中学生对教师的信任主要包括形象信任、人格信任、师德信任及教育教学能力信任等。教师想要获得学生的信任，必然要具备良好的职业形象、师德师风，以及较高的人格魅力、专业技能和授课艺术，才能得到学生的广泛认可、信赖，也才能真正赢得学生持久的、正向的信任。同时，学生也需要获得教师的信任，学生在学校中要具备良好的学习态度、钻研精神、团队精神和创新思维，才能得到教师的认可与信任。

---

❶ 庄西真.再论学校治理——利益相关者的视角［J］.当代教育科学，2009（22）：12.

(三) 生生信任

生生信任是学校内学生（群体）与学生（群体）之间产生的各种信任关系和信任行为的总和，具体包括高年级学生和低年级学生之间、同年级学生之间、班内学生之间、不同班级学生之间、同宿舍同学之间的信任等。良好的生生信任关系是建立在学生与学生之间真诚沟通、相互合作的基础上。学校内有班级、学生会、社团等学生组织，同时也包括考研圈、考公圈、自习圈、游戏圈、体育运动圈等非组织群体，这类群体因共同的目标和爱好而形成。生生信任关系进一步形成同学关系、校友关系、朋友关系和爱情关系等，这些信任关系具有一定的自发性、零散性和感性化等特点。生生信任在学校思想政治教育信任系统中有着重要的作用，特别是对优秀学生干部、优秀学生代表及优秀学生组织等的示范引领作用，这些群体或学生组织具有天然的亲和性、广泛性和榜样性等特点，是诸多学生的榜样。生生信任是提高思想政治教育信任质量的重要方式，施信者要高度重视生生信任的价值作用，在思想政治教育信任实践中加以应用。

(四) 师师信任

师师信任是教师在教育教学过程中与其他教师产生的各种信任关系和信任行为的总和。这种信任关系可以是学校同一内设机构、组织、条线工作及其教学科研团队中教师成员之间的信任关系，如某个二级学院、研究机构、专业系、年级组、教研室、备课组等教师之间、教学团队与科研团队教师之间的信任关系；也可以是学校不同内设机构或组织的教学科研团队中教师之间的信任关系，主要是跨学科专业、综合性或者在教学、科研、管理等因特殊工作需要而组建的教师群体中教师之间的信任关系；还可以是其他有着共同目标、志向或爱好的教师群体中教师之间的信任关系。师师信任是学校思想政治教育信任的重要组成部分，是师师之间人际关系的重要向度，对于师生信任、生生信任、治理信任、教学信任等都会产生或多或少、直接或间接的影响。而在现实中，这类信任关系往往得不到足够的重视，对思想政治教育或思想政治教育信任实践的积极推动作用还不够。为此，需要通过不同的方式和途径为师师信任关系的培育与发展提供良好的氛围环境,将师师信任关系的积极作用引导到推进思想政治教育信任关系的实践中,深入挖掘其思想内涵和价值启示。

(五)教学信任

教学信任即教育教学信任,主要是指学生对所在学校教育教学的理念、制度、内容、方式、文化、师资及条件保障等多方面的信任。教学信任发展过程中内蕴着师生信任、生生信任和师师信任,衍生出课堂信任、课程信任、专业信任、学校文化信任等。教学信任是学生对学校教育教学资源、管理及保障等方面的心理预期和价值判断,学生期望在优越的教育教学环境中实现自身品德、身体、心智等方面的全方位成长,促进学生德智体美劳全面发展是学校义不容辞的职责。教学信任是学校思想政治教育信任实践的重要组成部分,良好的教学信任关系的培育及教学信任氛围的营造是衡量学校思想政治教育信任质量的重要参数。只有学校教育教学理念、制度、内容、方式、文化氛围、师资及条件保障与学生全面发展的客观要求和预期相吻合,才能真正得到学生对学校教育教学正向的、积极的、持久的信任,也才能不断促进学生思想政治素质有效提升。因此,教师(施信者)应当充分考虑学生(受信者)需求和预期,积极营造良好的信任文化环境,创新教育教学内容和方法,切实提高教育教学保障能力,才能真正促进教学信任有效发展。

需要说明的是,学校作为人才培养的主阵地,与地方政府、企业及其他学校之间也会产生相应的信任关系,这既是当前学校教育教学发展的内在需要,也是经济社会发展的客观要求。学校与地方、企业、其他学校或社会组织之间建立良好的信任关系,对学校自身发展将会发挥重要的作用,既可以获得更多的教育资源,也可以更有效地吸纳借鉴外部的教育理念、方法等,为创新思想政治教育方法、提高思想政治教育信任质量提供新动力。

除生活信任、生产信任和学校信任之外,思想政治教育信任空态样态还包括党政信任、国内区域信任、国际信任等。党政信任主要是本国民众和民主党派等对执政党和政府的信任,只有全心全意维护广大人民群众根本利益的政党和政府才是广大人民群众拥护、支持和信任的政党。中国共产党成立百年以来,始终以维护全国各族人民群众根本利益、实现中华民族伟大复兴为根本奋斗目标,百余年奋斗取得了伟大的历史性成就。中国共产党和中国政府赢得了全体中华儿女的完全和根本性信任,这是由中国共产党的性质、宗旨、执政能力、政党先进性和百余年奋斗伟大成就的生动实践所决定的,党政信任成为世界各国党政信任的典范。国内区域信任主要是指同区域内政府、组织等之间的信任关系,不同区域间合作主要是为了经济、科技、文化、教育等方面的交流合作。国内区域信任需要遵守本国相关法律法规,其思想政治教育价值主要体现在思想、文化等方面的融合中。国际信任是不同国家、地区和国际组织之间由于对话、交流与合作等产生的各种信任关系和信任行为的总和。国际信任是国际社会和平发展的基石,建立在平等、互惠、友好的国际关系基础上,需要双方或多方以最大的诚意、公平公正处理商讨国际事务、解决各类争端、开展多方交流合作,才能在两国或多国政党和人民之间形成良好且持久的信任关系。

第三节 思想政治教育信任的能态样态

能态是事物处于不同能级的状态。思想政治教育信任的能态样态是施信者与受信者之间信任关系在能级上的具体诠释。哲学中的"度"在一定程度上是静态或瞬态样态下的具体规定,从信任势度、信任质度、信任向度和信任量度四个层面可以更全面准确地展示思想政治教育信任的能态样态。

一、信任势度

"势"在《辞源》中意为"形势,趋势;态势,姿态"[1],在《辞海》中指

---

[1] 何九盈,等.辞源[M].3版.北京:商务印书馆,2015:518.

"权力；形势，气势；情势；姿势；物理学名词，亦称'位'"❶。在哲学中，"势"是事物由于相互之间的位置而引起的变化趋向。❷"势"产生的前提在于相对位置上存在的"落差"，位置的"落差"产生"势能"，"势能"推动事物的变化与发展。

信任势度是标定施信者与受信者之间信任关系状态及两者特别是受信者对思想政治教育信任认知的相对位置与发展趋势的标准。这里的"信任关系"是指施信者与受信者之间的人际信任关系，主要包括良好的人际信任关系、普通的人际信任关系和不良的人际信任关系。良好的人际信任关系表现为施信者与受信者在双方人际交往过程中有良好的价值共识，彼此之间产生正向的、积极的信赖、依赖和认同，在学习、工作或生活等方面有诸多共同的旨趣，特别是受信者对施信者个人品格、行为举止、思想观念及其组织实施的思想政治教育要素产生正向的、积极的信任关系。这里的"思想政治教育信任认知"可概括为"信任观"，意指施信者与受信者特别是受信者对信任价值观念、观点、方法和态度等的根本态度与判断，是思想政治教育信任知识、能力、情感和价值的统一。信任势度的产生源于施信者与受信者的信任关系在相对位置上的"信任落差"，即施信者与受信者在思想、观念及其相互观念上的"势位差"。思想政治教育信任的"势位差"是施信者与受信者因其各自内蕴的存在性、知识性、价值性、规律性、发展性等独特品质的含量不同，以及知识层次、情感深度和逻辑范畴的位阶不同，造成施信者与受信者之间及其各自内部之间的"信任观"具有不同的势能和位能，从而形成思想政治教育信任的"势位差"，使不同含量和位阶的信任关系在吸引力、凝聚力、辐射力、渗透力和影响力等方面存在一定的差异性。这种差异性推动不同含量和位阶的信任关系在不同层级间不断流动，而信任关系"势位差"不断向前、由低到高发展变化，信任势度的发展趋势呈恒定发展。

---

❶ 辞海［M］.上海：上海辞书出版社，1979：1076.
❷ 张岱年.中国古典哲学概念范畴要论［M］.北京：中国社会科学出版社，1989：136.

从相对层级角度来看，信任势度总体上分为"高势位""中势位"和"低势位"三个层级的信任"势差位"，即不同信任关系在产生、变化和发展过程中呈现出来的形态特征。其中，"高势位"表示信任关系处于高阶的、稳定的和相对理想的状态，"中势位"表示信任关系处于中阶的、较为稳定的和相对良好的状态，"低势位"表示信任关系处于低阶的、非稳定的和不理想的状态。社会及家庭权威的支配权力的信仰基础是自远古以来即被视为当然的恭顺关系❶，一定程度上，信仰关系的形成可视为"高势位"的表现。从发展趋势来看，信任势度大体上分为正向趋势、定向趋势、负向趋势三个趋势状态位，涉及趋于稳定良好（或不良）信任关系的趋势，趋于形成良好（或不良）信任关系的趋势，趋于良好（或不良）信任关系破裂的趋势，趋于破裂的良好（或不良）信任关系得到缓和、修复的趋势。信任势度两种极端的具体表现为"慎信"和"妄信"。

（一）思想政治教育"慎信"

思想政治教育"慎信"是在信任势度中处于"低势位"层级中的一种状态，表现为太过于谨小慎微的信任，对施信者或思想政治教育内在要素的认知过于理性，没有进行独立的深入分析，在产生积极的价值认同方面还存在一定的差距，极容易陷入诡辩论或不可知论中。

"慎信"是信任势度"低势位"的极端表现，具有非对称性、强内卷性和弱张力性等特点。①关于非对称性。"慎信"是一种极端狭隘的"低势位"信任形态，施信者与受信者之间的了解程度非常低，呈现出信息不对称的状态，可以说，两者在社会地位、价值旨趣、性格特征、行为习惯、语言风格、认识范畴和发展方向等方面存在不对等、非对称现状。"慎信"的非对称性是由思想政治教育信任关系的关系者项、关系项和量项三个要素共同决定的，其中关系者项是一定关系判定的主项，在思想政治教育信任关系中为施信者和受信者；关系项为表示各个关系者之间的关系，即关系判

---

❶ 韦伯.支配社会学［M］.康乐，简惠美，译.桂林：广西师范大学出版社，2004：91.

断的谓项，思想政治教育信任关系中包括对称关系、反对称关系和非对称关系；量项即关系量项，是关系者项数量。②关于强内卷性。内卷化是一种社会文化模式在某一发展阶段达到某种形式后，便停滞不前或无法转化为另一种高级、高阶模式，从而把自我封闭在低水平状态、周而复始地循环的现象。由此产生的内卷化效应是长期从事或重复某种相同的工作，且长期保持在某一特定的层次上，没有任何的变化，也看不到任何变化的可能性，这种效应是在复杂竞争环境下自我懈怠、自我催眠、自我消耗和恶性竞争的不良表征。而内卷性是内卷化或内卷化效应程度的具体度量，强内卷性是内卷化或内化效应程度高的表征。作为"低势位"的信任关系形态，"慎信"形成和发展的重要原因在于强内卷性。③关于弱张力性。张力是物体受到拉力作用时其内部之间的相互牵引力，是由冲突、矛盾引起的情感变化、人格展示和艺术价值。❶信任张力是思想政治教育信任内在要素之间相互对峙、相互牵引、相互制约而产生的"拉拽"状态，信任势度的张力是思想政治教育信任内在要素之间产生、保持及发展这种"拉拽"状态的力量，在这种相互"拉拽"的力量中保持动态平衡，从而为二者提供伸展或缩放的有效空间，促进共同发展的"拉拽"状态。由于"慎信"长期处于"低势位"，施信者与受信者之间的价值意义、情感变化、人格展示及引导培育等方面的发展变化动力不足，呈现出弱张力性特点，很难在短期、在不作出重大改变的情况下向"中势位"甚至"高势位"进一步发展。

"慎信"产生的根源在于思想政治教育信任关系网络中主体的"理性"思维或禀赋，这种思维或禀赋在人际交往中时常患得患失，在与他人的交往中可能会产生"理性"的冷场面，情感因素考虑得过少，过于理性而非科学地批判或质疑。当然复杂多变的社会形势也是产生"慎信"的重要原因。"慎信"的危害性主要包括不利于营造良好的思想政治教育信任氛围、易使

---

❶ 林志伟，何爱英.现代汉语新词语词典［M］.北京：商务印书馆国际有限公司，2005：829.

人际社会关系走向"冷漠化",不利于提升思想政治教育信任质量。

(二)思想政治教育"妄信"

思想政治教育"妄信"是信任势度的重要组成部分,主要表现为过于盲目,没有原则、正式渠道的信任,一味听从而未进行深入反思。"妄信"在信任势度中是"高势位"层级的一种具体状态,但这里的"高"是一种理想化或者是偏执化的"虚高"或"伪高"状态。思想政治教育"妄信"具有盲目性、弱内卷性和强张力性等特点。盲目性聚焦受信者,主要表现为受信者在没有对相应情况作出深入调查分析的基础上,妄加揣测、议论并形成结论,如受信者对施信者的品德、专业技能及施信者提出的道德主张等盲目定性。关于弱内卷性,"妄信"打破了内卷化或内卷化效应的一般度量,是一种较为随机的、低内卷性的信任关系,过于武断、盲目的认知导致了弱内卷。关于强张力性,"妄信"的产生是思想政治教育信任实践内部矛盾相互拉拽、相互影响的结果,原有的平衡被打破,转化为其他形态。

"妄信"产生的根源在于不注重自查自省,局限于自身狭小的时空范围,始终保持居高临下的姿态,不进行深入调查,仅凭自身喜好,经不起历史的检验、逻辑的推敲。"妄信"是一种"虚高"或"伪高"的信任势度,具有较大的危害性。一方面不利于团结,在思想政治教育信任实践中,其内部要素之间有机协作才能达到预期目标,但"妄信"却背道而驰,极易影响甚或破坏思想政治教育的组织实施,引起思想政治教育信任个体的排斥;另一方面不利于思想政治教育信任演进路向的发展,思想政治教育信任的每个阶段、每个节点均按照一定的规律运转,而"妄信"极易破坏、打乱这种运转规则,干扰思想政治教育信任研究路向的发展。因此,施信者必须充分认识到"妄信"的危害性,找到预防和消解这类危害的办法。

信任势度是思想政治教育信任在"势"的层面上的度量标准和价值尺度,"慎信"与"妄信"是信任势度的两个极端,需要通过思想政治教育"势度"增减及位移实现"慎信"和"妄信"之间的良性的动态平衡。

二、信任质度

质是对事物性质或本质的具体描述。信任质度是衡量施信者与受信者之间信任性质、质量与效果的标准。总体上，信任质度分为"真信"和"假信"两种，两者在一定条件下可以相互转化。

（一）思想政治教育"真信"

"真信"在字面上可以理解为"真挚的信任"或"发自内心的信任"，思想政治教育"真信"是思想政治教育效果达到预期目标的具体表现，表征思想政治教育内容已内化于受信者之"心"、外化于受信者之"行"，是思想政治教育"知行合一"状态的体现。推动实现"真信"是施信者的根本目标，也是衡量思想政治教育信任实效性的根本标准。相对于"假信"，"真信"既是受信者对施信者作为人的属性的完全的、真诚的、内化的、持久的信任、信赖和认同，也是对施信者所倡导的教育内容和所实施的教育风格、方式方法、技术手段、平台渠道等方面的完全的、真诚的、内化的、持久的信任、依赖和认同，这两方面是"真信"的内核。与此同时，"真信"是施信者与受信者之间、施信者与施信者之间、受信者与受信者之间，以及两者对思想政治教育内在属性的"真信"。施信者作为思想政治教育的发起者、计划者、组织者与实施者，要完全信任、信赖和认同其自身所组织的思想政治教育诸要素，旗帜鲜明地高举中国特色思想政治教育的伟大旗帜，不断提高自身思想政治素质，从内心深处热爱思想政治教育这一伟大的事业。

思想政治教育"真信"是思想政治教育信任追求的高阶状态，具有稳定性、持续性、全面性、引领性和价值性等特点。从稳定性来看，"真信"是一种持久的、有极强韧性的信任及信任关系，经得起时间和情境的考验，不会随着时间和情境的改变而发生根本性变化。从持续性来看，施信者与受信者之间的信任及其信任关系在时间和情境的锤炼下也会发生变化，但这种变化是持续性发展的变化，随着施信者综合能力的提升、受信者个人的成长，这种持续性会将施信者与受信者之间的信任及其信任关系提升到更高的层次。从全面性来看,"真信"是施信者与受信者之间形成的一种全方位、全过程信任关系,全面性体现在人的各种属性、不同群体之间、各个环节、各个阶段的全面信任。从引领性来说,"真信"是思想政治教育产生强大凝聚力、影响力、示范力的体现,能够深深吸引不同群体融入思想政治教育,在不同时空范畴、社会成员人生不同阶段产生深远的影响,对思想政治教育及其他社会领域、全体社会成员有着极强的示范引领价值与作用。从价值性来看,"真信"是建立在施信者与受信者之间相互满足其发展需要的价值关系上,信任关系是一种特殊的价值关系,在施信者与受信者相互交流的过程中,受信者能够充分认识到施信者对自己的价值意义,并自觉地与施信者加强交流、对话与合作,进一步增强、巩固双方已有的信任关系。

实现思想政治教育"真信"是全体施信者共同的奋斗目标。在当前国内外复杂形势下,思想政治教育工作面临诸多新挑战,如何实现全体受信者"真信"是施信者的根本工作价值所在。为此,施信者要进一步夯实综合素质,善于倾听、耐心对话、关心关爱受信者,充分整合思想政治教育信任资源,把握思想政治教育信任"时"与"势",不断创新思想政治教育信任方式方法,以高效的思想政治教育信任实践推动思想政治教育高质量发展。

(二)思想政治教育"假信"

相对于"真信"而言,思想政治教育"假信"是指表面相信或浅层次的信任及信任关系,但内心不信任、不认同,抑或不知道是否信任或认同,表现为囫囵吞枣、惶恐茫然,被动照搬全收,没有价值选择,缺乏意识形态归属。"假信"表现之一为表面相信,但实际上内心不信任甚至抵触,这种现象在思想政治教育实践中较为常见,如在高校思政课中,思政课教师在讲授某个理论或观点时,学生会因为学业、盲从或害羞等多方面的原因,对教师的授课或提问表达出表面上的肯定或赞同,实则内心不相信、不信任也不接受;表现之二为不清楚是否信任或认同,要么不参与、不配合、不合作,要么是形式上的都参与、都配合、都合作,这种情况在思想政治教育实践中也较为常见,如在高校开展的红色歌曲比赛活动中,部分学生并非出于爱好或兴趣而参加比赛，而是由学院辅导员、班主任或班干部安排，学生对参加本项活动的价值意义特别是对自身成长发展的价值意义并不清楚，因此会出现对本项活动内蕴的思想价值产生不满、不认同等问题；表现之三是浅层次或低层次的信任，只知其一、不知其二，受信者仅仅是出于热闹、人情等因素而去参加一些教育活动，因而对相关的思想政治教育活动内在价值的认识处于浅层次，随之产生的思想政治教育信任也是浅层次或低层次的，这种浅层次或低层次的信任也是思想政治教育"假信"的一种表现形式。

思想政治教育"假信"具有易变性、表面性和被动性等特点。其中，易变性主要体现在施信者与受信者等主体特别是受信者的思想处于相对不稳定状态，由于这些主体未形成或达到"真信"的状态，他们的思想易受到内外部环境的影响，极易发生变化。表面性是指施信者与受信者之间、施信者与施信者之间、受信者与受信者之间对彼此的认知、对信任及信任关系的认知是表面的，未深入本质内核，也未能以自身真实的感受和情感融入思想政治教育实践中。被动性是指思想政治教育信任实践中的主体特别是受信者在接受不同形式的思想政治教育过程中，存在兴趣点不足、吸引力不强、契合点不高等现实问题，处于被动性、消极式、填鸭式的情境中，所提供的思想政治"营养"与现实中受信者的"营养"需求未有效适配，无法充分调动受信者对思想政治教育"营养"的吸引力，不利于受信者与施信者之间良好的信任关系的培养。

"假信"产生的根源在于思想政治教育供需之间的矛盾未得到有效化解，施信者与受信者之间的信任关系未能得到实质性的突破。"假信"在当前的思想政治教育信任实践中频发、多发，是制约思想政治教育实效性的主要原因之一。"假信"隐藏在思想政治教育信任实践多个阶段和方面，将对思想政治教育工作产生长远且破坏性极强的负面影响，若不高度重视并采取有针对性的措施，必然会进一步加剧"假信"对思想政治教育负面影响的辐射面。为此，施信者要不断深化思想政治教育"假信"机理的研究，及时挖掘、分析"假信"典型案例，注重思想政治教育"营养"的合理搭配、"喂养"方式方法的创新，提高思想政治教育"真信"覆盖面、影响度与凝聚力，以"真信"化解"假信"带来的负面影响与危害。

三、信任向度

"向"意为事物与事物之间在方向、距离或形态等维度上的逐步接近。思想政治教育信任的方向具有两重意涵：一是原则性方向，主要包括政治方向、思想方向、道德方向、价值方向、文化方向和社会方向等维度，其中坚持正确的政治方向是思想政治教育信任发展的根本向度；二是直观性方向，主要是指对象、频次、焦点的具体方向，其中对象是实施者、受信者的归属范畴，频次是单向、双向或多向的范畴，焦点侧重考察信任关系是否由受信者自身感知或通过他人（物）而形成。在思想政治教育实践中，信任向度是施信者与受信者之间信任关系与信任价值在方向维度上的标准，其中信任关系方向的标准对应直观性方向，信任价值方向的标准对应原则性方向。由于思想政治教育信任原则方向性已经明确，同时直观性方向的对象、频次在前述研究中已有相关论述，因此在讨论信任向度的具体表现时，主要讨论信任向度在直观性方向上的两种割裂形态，即思想政治教育"自信"与"他信"。

（一）思想政治教育"自信"

信任向度中的"自信"非指谓"自己相信自己"或"对自己的个性心理与社会角色的一种积极评价的结果或能力"，而是极度自我内驱的表征，即在思想政治教育信任实践中过于执着于自我反思，自我中心性较强，社会性引导不足，极易陷入"自我信任自我"的泥潭。与"慎信"和"妄信"所不同的是，思想政治教育信任实践中的"自信"是囿于自己的"小圈子"，夸大主观能动性，否定客观条件因素，是一种极为狭隘、以自我为中心的信任样态。现实中，部分施信者实践探索不深不实，拘泥于理论和思维研究，自我反思过度，闭门造车成常态，排斥调查研究特别是对社会信任关系规律的调查研究，妄图仅靠单纯的个人的苦思冥想、经验积累解决现实中存在的各类思想政治教育信任问题，而对思想政治教育实践中的现实问题及今后可能发生的诸多情况的预测缺乏追问，是一种极度内向、极度自我、陷入思维桎梏怪圈的信任向度形态。

思想政治教育"自信"具有内观性、主观性和滞后性等特点。在内观性上，"自信"是一种内向观察、自我封闭式、压抑式的信任方向及价值取向，以自我为中心，对他人和外界充满排斥，信任向度向内且单向。在主观性上，"自信"是由于施信者过于依赖主观能动性而忽略客观条件因素，忽视了调查研究与实践探索，主观依赖书本知识、理论创造和思维推理，是对自身引导受信者融入思想政治教育、提高受信者思想政治素质的主观盲断。在滞后性上，"自信"主要是依靠自身的主观能动而获得，排斥外部环境、客观因素及实践探索等，与当前思想政治教育形势严重脱节，缺乏超前的战略眼光，跟不上形势的变化发展。

思想政治教育"自信"产生的根源在于施信者对自身认识的偏执或偏误，也可以称为自负心理带来的困扰，对自身的能力及所处的环境未作出科学、准确、动态的判断。思想政治教育"自信"的危害性在于其内在的等同于"唯心"主义的思维逻辑，这种思维逻辑忽视了客观存在的影响，阻断了施信者与受信者交流沟通的必要环节，对思想政治教育信任及其价值观念的培育产生严重的制约，必须加以自省、自查与转变。

（二）思想政治教育"他信"

相对于思想政治教育"自信"，"他信"则过于偏重外界或他人干预，缺少自我剖析、决断能力，盲目信任他人（物），是对他人、他物、他事是否值得信任缺乏判断能力的表现。"他信"是一种外向型、盲从型的信任关系及价值观念，施信者未根据受信者的思想政治素质现状与需求特点对两者之间的信任关系进行综合判断，而是过度考虑外在因素的影响及第三方，这种信任及信任关系属于"非自我、是他我"。思想政治教育信任的变化发展需要满足一定的条件，第三方给出"间接式"意见建议属于这类条件，但信任向度中的"他信"是完全或主要依赖第三方或外界，自身没有从主观上进行深入的思考和判断，因而思想政治教育"他信"不属于推动思想政治教育信任变化发展的条件。

思想政治教育"他信"具有易变性、表面性和间接性等特点。就易变性而言，"他信"是一种主要依赖第三方或外界而产生信任及信任关系的形态，第三方或外部环境的变化会直接影响判断。就表面性而言，虽然"兼听则明"，但第三方或外部环境的影响施加于施信者，施信者若未能发挥主观能动性进行深入细致的分析，那么所谓的"兼听"而产生的"他信"极有可能是"偏听"或"偏信"，是一种表面性的判断，失去了自身的判断坚守。就间接性而言，"他信"产生的主要方式在于第三方或外部环境的影响，信任及信任关系的培育是人与人之间的间接式交流而产生的。

思想政治教育"他信"产生的根源在于施信者立场坚定性不足、专业素养不扎实，其危害性主要包括极易偏听、偏信第三方或外部环境，对特定范围内的施信者与受信者之间的交流、对话和合作关系未作全面、深入、客观的分析，违背了思想政治教育信任的本质特征与基本规律，阻碍了思想政治教育信任的健康、稳定发展。针对信任向度的"自信"与"他信"的危害性，关键是要强化两者之间的"缝合明向"，这种"缝合"即两者之间的融合、互补，在遵循客观规律的基础上充分发挥主观能动性，才能实现思想政治教育信任的"明向"。

为了避免对思想政治教育信任向度原则性方向价值意义的忽视，在论述上述两种思想政治教育信任向度形态的基础上，有必要重申施信者对思想政治教育的自信，这里的"自信"与思想政治教育信任向度中的"自信"是截然不同的。按照劳动分工、岗位职责及事业发展需要，任何社会工作者都要树立对工作、对事业的自信，施信者更应树立思想政治教育自信，这里的"自信"是对本职工作发展前景及自身适应本职工作能力的高度认同。但在思想政治教育实践中，仍然存在个别"施信者"违背初心、师德师风等现象，这些现象产生的原因是多方面的，施信者没有对思想政治教育产生崇高的、一以贯之的"自信"是关键因素之一。为此，要不断强化施信者在信任向度原则性方向的政治性、思想性和科学性，以身作则，率先垂范，才能真正成为受信者的引路人。

四、信任量度

量是事物在规模、层级、发展程度及内部组成要素等方面形成的结构布局及其相互之间的关系。信任量度是思想政治教育实践中施信者与受信者之间信任关系紧密程度、优劣程度的量的标准。"深信"和"浅信"是思想政治教育信任量度中最为常见的两种形态。

（一）思想政治教育"深信"

思想政治教育"深信"是受信者对施信者及思想政治教育内在要素产生的深层次信任形态，建立在受信者对施信者及其倡导和实施的思想政治教育诸要素深刻理解、深度信任、认可和信赖的基础上，是思想政治教育信任质度"真信"的进一步强化。"深信"是一种高层阶的信任关系及价值形态。

思想政治教育"深信"具有不可逆性、持续性、主动性和纵深性等特点。在不可逆性上，"深信"深深扎根受信者内心世界，不会因外界环境和条件变化及自身成长发展而发生逆转。在持续性上，"深信"是受信者对施信者及思想政治教育诸要素稳定、不断向前发展的信任形态。在主动性上，"深信"是自发式、自觉式、主动式的信任及信任关系，特别是受信者主动强化对施信者的信任关系与价值的认同。在纵深性上，"深信"具有较强的可延展性，始终保持向更高阶信任关系及价值形态的发展动力。

思想政治教育"深信"是表征思想政治教育高实效性的重要指标之一，既需要在思想政治教育信任质度"真信"层面的坚守，也需要施信者与受信者深度的沟通、平等的对话、真诚的合作、彼此的支持，是施信者思想、品德、专业素养及教育能力的体现，也是受信者思想、品德、专业学习和实践能力自觉发展与同步发展的体现。"深信"是信任质度"真信"在量上的积累，积累到一定程度即产生"真信"层面质的飞跃，最终可以有效提升思想政治教育信任质量。

（二）思想政治教育"浅信"

思想政治教育"浅信"是受信者与施信者之间信任关系紧密度、信任层级及信任稳定性较低的信任状态，是受信者对施信者及其所倡导和实施的思想政治教育内在要素的低层阶信任，这种信任及信任关系并非建立在信任质度"真信"的基础上，而是信任认知及信任关系的"低量阶"形态。

思想政治教育"浅信"主要包括盲从式信任、浮动式信任、功利式信任、半信半疑式信任、信而不行式信任五种形态。其中，盲从式信任表现为没有主观判断而跟随他人伪装的"信任"样态；浮动式信任也称即时性信任，这种信任形态稳定性差、松散性强，极易受到外界干扰或情境变化的影响；功利式信任是一种常见的"浅信"样态，如部分学生在学业、奖学金、加入党组织等方面为了私利而主观强化自身对思想政治教育的"信任"；半信半疑式信任是在强信任关系形成过程中存在诸多疑惑的信任形态，是很大一部分受信者在思想政治教育中普遍存在的问题或现象；信而不行式信任是一种表面看起来信任，但在行动上迟疑不前的信任形态，受信者未将思想政治教育要素内化为自己行动的指南，把思想政治教育要素当作一种知识或技能，而未能将其转变为提升自身思想政治综合素质的思想观念、价值态度，是一种较为僵化、片面的"浅信"形态。

思想政治教育"浅信"具有低阶性、松散性、片面性、隐蔽性等特点。其中，低阶性是指"浅信"是一种低水平、低层阶的信任关系；松散性是指"浅信"是一种松散型人际信任关系，极易受到外界影响而发生变化；片面性是指受信者对施信者及思想政治教育的信任认知及信任关系认知不全面、不系统，未能明晰思想政治教育信任对自身成长发展的重要价值；隐蔽性是指对思想政治教育"浅信"具体形态的判别存在一定的难度，往往附着在社会成员的诸多利益上。

思想政治教育"浅信"产生的主要原因在于思想政治教育与受信者需求不匹配，未能真正走入受信者的内心世界，无法引起受信者的高度共鸣。因此，需要以思想政治教育"深信"加强对"浅信"的扎根蓄量。

可以说，思想政治教育信任势度、信任质度、信任向度和信任量度相互依存、相互影响，共同支撑思想政治教育信任能态样态的发展。当然，这四者具体的形态也存在交织交叉的情况，在具体情境中需要综合考察分析。同时，这四者的具体形态是多样的，很多具体形态是在"势""质""向""量"四个方面的不同表现或融合表现。此外，上述分析中涉及的不良的信任形态均是思想政治教育信任异化的表现，这种异化需要得到进一步优化。

总体上，本书从时态、空态和能态三重视角更全面地分析了思想政治教育信任的呈现样态，较为系统地梳理了思想政治教育信任的多维"状态"，共同构筑了较为完善的思想政治教育信任样态体系，为进一步深入开展思想政治教育信任研究奠定了坚实的基础。此外，还需要深入探究当前思想政治教育信任实践中存在的各种问题及其原因，才能更有针对性、更高效地为增强思想政治教育信任实效性找准"发力点"和"突破口"。

第六章

思想政治教育信任的问题及原因分析

马克思认为，主要的困难不是答案，而是问题。❶党的二十大报告强调，回答并指导解决问题是理论的根本任务。❷在前述相关理论探讨及思想资源分析的基础上，深入推进思想政治教育信任研究，有必要立足实际，探究思想政治教育信任的问题存在及实质，总结归纳思想政治教育信任实践中的各种问题及其原因，为推进思想政治教育信任理论创新与实践发展提供有力支撑。

第一节 思想政治教育信任的问题存在及实质

思想政治教育信任的问题存在是当前思想政治教育信任问题的客观实在，也是产生思想政治教育各种问题的源起性表征。

一、思想政治教育信任存在的问题

从某种程度来看，思想政治教育信任是思想政治教育实践的具象形态、特殊环节，因为思想政治教育的主要目标是培养社会成员达到其所在社会的

---

❶ 马克思恩格斯全集（第40卷）[M].北京：人民出版社，1982：289.
❷ 习近平.高举中国特色社会主义伟大旗帜　为全面建设社会主义现代化国家而团结奋斗——在中国共产党第二十次代表大会上的报告[M].北京：人民出版社，2022：20.

思想、政治及道德等方面的要求，是施信者教育引导受信者"信任"一定社会、社会统治阶级及其所实施的思想政治教育的动态过程。当然，这里的"信任"并非其单纯地应用到思想政治教育领域，而是思想政治教育在信任理论、理念、方法、内容及文化、伦理等方面的自我画像、自觉融合。作为一种特殊的教育形式，思想政治教育是实现思想政治信任的教育实践活动。因此，思想政治教育信任具备了思想政治教育的基本功能，是思想政治教育在理念、方法、手段、内容等方面的系统性拓展、层级式深入。

在中国共产党的领导下，在思想政治教育理论与实践工作者的努力下，在思想政治教育实践的引领下，我国思想政治教育信任建构得到了快速发展，在理念脉向、内容体系、技术方法及载体创新等方面取得了一定的成绩。社会信任理论与思想政治教育之间的融合深度与广度不断提升，思想政治教育信任实践逐步从自发转向自觉状态，成为思想政治教育理论与实践体系的重要组成部分，成为推动思想政治教育实践发展的原生性动力，在思想政治教育实践中发挥着巨大的作用，展现出广阔而深远的理论研究与实践应用潜力。

当前，随着经济社会及大数据、云计算等现代科学技术的快速发展，说教式、填鸭式的思想政治教育方法及内容已无法满足广大人民群众对接受美好思想政治教育的需要，人们对接受可亲、可信、真心喜爱、终身受益、有强大生命力和感染力的高质量思想政治教育的诉求日益增长。因此，思想政治教育信任问题的关键是思想政治教育质量的问题，即中国式思想政治教育提质增效的问题。

二、思想政治教育信任问题的实质

思想政治教育信任问题的实质是思想政治教育的信任"不对称"，主要由结构不对称、功能不对称和情感不对称三个方面组成。思想政治教育信任"不对称"的客观存在，导致了人与人之间在情感、心理、认知及人际关系等方面产生信任"隔阂"，这种"隔阂"使思想政治教育的吸引力、感染力和影响力受到一定的影响，极易产生思想政治教育信任"鸿沟"、信任"孤岛"等现象。

思想政治教育信任的结构不对称主要是指思想政治教育在资源时空布局上的不均衡、不充分的特性。思想政治教育资源是支撑思想政治教育实践发展的"血液"，如何优化配置资源是推动思想政治教育实践的基础，特别是要在时空布局上实现资源的均衡性和充分性，才能让有限的资源在思想政治教育的各种通道和平台上更加有序、精准、高效地分配、利用与传播，才能让施信者更好地开展思想政治教育实践，也才能更好地让受信者获得思想政治教育的熏养，高质量推动思想政治教育工作各项目标任务的落实。

思想政治教育信任的功能不对称主要是指思想政治教育在功能特性满足上的不契合、不拓展的特性。思想政治教育信任的功能是思想政治教育信任存在与发展的依据和基础，直接体现为思想政治教育信任所具备的效能和作用，受到思想政治教育要素及内外部环境的制约。思想政治教育信任的功能不对称主要是由于施信者对其功能认识不清、使用不当、创新不足而引起的，直接体现在功能越位、错位和失位等方面，无法真正有效满足教育与受教育的即时性需要与可持续发展需要。

思想政治教育信任的情感不对称主要是指思想政治教育在交往情感维系上的不适度、不长久的特性。思想政治教育信任实践中的个体都是实实在在的自然人，人是在各种社会实践中由不同社会关系组成的个体，情感是维系人与人之间社会关系的基础，思想政治教育实践中情感交往是维系施信者与受信者之间信任关系的基本方式之一。但在实际生活中，情感不对称在思想政治教育信任实践中时有发生，情感交往过度、冷漠等现象影响着施信者与受信者之间的人际交往情感，同时也不利于思想政治教育信任实践的可持续发展。

当然，需要指出的是，从受信者个体角度而言，思想政治教育信任问题的产生源于正确的信任价值观的培育效果还未达到预期，还不能用正确的信任价值观指导、推动受信者更好地实现自我全面发展的实践。

第二节　思想政治教育信任的问题表现

思想政治教育信任是思想政治教育的一种特殊形态，也是一种特殊的教育实践活动，这一形态和活动产生的根由源于思想政治教育实践中存在的各类信任问题。从问题指向维度来看，思想政治教育信任问题具体包括受信者对施信者、施信者对受信者、对思想政治教育内容、对思想政治教育方法及对思想政治教育环境等方面的信任问题。

一、受信者对施信者信任的问题

从一定程度上来说，受信者对施信者是否信任及可信度的高低是思想政治教育的价值与作用能否充分体现的前提，是决定思想政治教育实效性的关键。在思想政治教育实践中，受信者对施信者的不信任或信任度不高的情况严重制约着施信者在思想政治教育中的主导地位，对思想政治教育带来诸多不利影响。

（一）施信者形象上的问题

从形象信任视角来看，关于施信者形象方面的问题是一类较为直观、敏感和情感化的问题。在首因效应的作用下，受信者会对施信者产生一定的信任"冲动"或"排斥"等信任感观，产生的信任感观对施信者是否可信产生较大的影响。施信者形象主要涉及自然形象、外饰形象和行为形象，施信者形象上的问题集中在形象亲和力、形象感染力和形象引领力三个方面。

1. **形象亲和力不足**

亲和力是一定社会的社会成员在其他社会成员、组织或社会群体中的亲近感，是一种让人愿意亲近、愿意接触的力量。形象亲和力是社会成员形象是否为其他社会成员亲近、认同和信赖的力量。在思想政治教育信任范畴中，形象亲和力对于增进受信者对施信者的可信度意义重大。从人的审美情趣来看，追求美是人以意象世界为对象的基本体验，也是社会群体中较为普遍的精神文化现象。在受信者看来，施信者及其群体是否具有良好的自然形象，是判断施信者个体及群体是否可信及可信度高低的重要标尺。在现实的思想政治教育信任实践中，部分施信者对形象亲和力未高度重视，不知道如何去塑造良好的富有亲和力的形象，在自然形象、外饰形象和行为形象的亲和力营造上出现不同程度的问题。其中，施信者的自然形象虽然主要源于生理遗传，但后天饮食调节、体育运动等也会使自然形象发生一定的变化，特别是施信者外在呈现的健康体态等，会直接影响施信者的精神状态。部分施信者未在自然形象上进行有效管理；在外饰形象上未能进行有效的搭配，不能根据特定活动或场合的具体要求进行外饰装配，有时出现不合时宜、容易引起他人误解甚至明显错误的外饰搭配，产生诸多不必要的负面影响；在行为形象上出现行为举止不得体的情况，在一些重大活动或场合出现了不合时宜的行为举动，甚至发生舆情危机。这些情况的出现，使受信者不愿意去关注、了解、亲近施信者，也会在不同程度上降低对施信者个人品德和能力的信任，不利于两者之间建立良性信任关系，同时也会直接影响各种思想政治教育理念、观点等的接受度和认同度。

2. 形象感染力偏弱

形象感染力是施信者通过一定的方式提升自我形象的生动性、艺术性、人本性、本土性和时代性等特征，激发受信者产生相同或相似思想政治理念、观点并以此增进双方信任关系的能力。形象感染力是施信者将自身"形象"直达受信者"内心"的一种特殊能力，施信者在自然形象、外饰形象和行为形象上要强化感染力，在自然形象上追求朝气蓬勃、积极向上、坚韧不拔等外在良好形象的积极"改造"；在外饰形象上，在坚守朴素大方的基础上增加极富感染力的装饰搭配；在行为形象上不断养成并提升具有感染力的行为形象元素与惯习。在思想政治教育信任实践中，部分施信者对于形象感染力不够重视，没有充分发挥自身形象的多重感染力，在自然形象、外饰形象和行为形象上存在一定僵化呆板现象，艺术性、人本性存在不同程度的缺失，形象感染力未能充分发挥应有效能，反而极易引发受信者的陌生感、排斥感、厌恶感等不良情绪的滋生，进而不利于施信者与受信者之间良好信任关系的建立、维持与发展；同样会影响受信者对思想政治教育内在要素是否可信、可行、可为的质疑，对思想政治教育实践产生一定的负面影响。

3. 形象引领力不强

引领力是在一定社会中社会成员或某种事物具备的带动其他社会成员或事物向特定方向、目标变化发展的能力。在思想政治教育实践中，形象引领力是施信者充分发挥自身形象的导向性、时代性、示范性和辐射性等功能作用，带动受信者沿着施信者所倡导的方向和目标前进，即在思想政治教育实践的人际信任交往过程中，施信者通过形象引领凝聚广大受信者的向往之心、追求之心，在双方增进认同与信赖的人际信任关系中，将受信者引领到社会所倡导、要求的思想观念、政治素质与道德品质等方面的方向和目标上，并自觉转化为思想自觉、认知自觉和行动自觉。形象引领力是一种辐射面广、复杂度高、综合性强的形象建设能力，意义重大、效果显著、影响深远，是施信者需要提升的核心综合能力之一。不管是理论层面还是实践应用层面，施信者在如何发挥形象引领力上还存在着较大的差距，对其理解深度不够，已开展的形象引领力建设与思想政治教育发展要求存在一定的"迟滞"问题，在如何通过卓越的形象引领力构造更加坚实的思想政治教育信任关系网络，以及促进思想政治教育信任可持续发展等方面还存在诸多的盲点，施信者形象引领力的规划、举措和保障等方面较为滞后，这些均从一定程度上制约着思想政治教育信任实践上水平、进台阶。

（二）施信者品格上的问题

在思想政治教育实践中，立足品格信任，施信者品格上存在的问题是一种常见但影响深远的问题。品格是一定社会中社会成员或某类群体所具备的道德品性，道德品性的优劣是衡量施信者是否担得起职责的先决条件。现实中，施信者品格上的问题主要集中在道德素质参差不齐、道德失范问题时有发生和道德力量发挥不足三个方面。

1. 道德素质参差不齐

随着我国对思想政治教育工作者队伍建设的高度重视，以及思想政治教育学科专业及人才培养的飞速发展，当前施信者队伍总体上符合国家对思想政治教育工作的要求，涌现出一大批具备较高专业素养和道德素养的施信者群体，在思想政治教育工作者队伍建设中发挥着中流砥柱的作用。但客观地看，当前我国思想政治教育工作者队伍建设特别是道德素质建设还有很长一段路要走，施信者群体的道德素质参差不齐，部分施信者未能持续加强自身道德素质建设，甚至漠视或故意忽视自身道德素质建设，将思想政治教育当作一种普通的职业去看待，没有将道德素质摆在自身素质发展的核心地位上，轻专业素质、忽略道德素质的现象时有发生，施信者道德素质培训活动的丰富性、针对性和实效性还需要进一步加强，施信者道德素质要求与标准还需要在科学性和人性化等方面进一步优化。

2. 道德失范问题时有发生

在思想政治教育实践中，每一位施信者均有具体的工作岗位，这些工作岗位包括学校思想政治教育中的教师、辅导员和班主任等，以及在企业、事业等单位思想政治教育中的工作人员。虽然具体岗位有一定的差别，但施信者的上岗条件必然要具备良好的道德品格，严格遵守社会公共道德规范和不同思想政治教育范畴内的道德规范。在思想政治教育实践中，部分施信者存在德不配位、德不胜任的情况，道德失范事件时有发生，如高校教师在课堂上发表违反政治纪律的言论，要求学生从事与教学、科研、社会服务无关的事宜，与学生发生不正当关系、性骚扰，私自收取并侵占学生费用[1]；中小学教师在课堂上歧视、辱骂学生，学术不端，违规有偿补课，收受学生家长礼

---

[1] 教育部教师司. 师德警示教育（一） 违反高校教师职业行为十项准则典型案例［EB/OL］.［2021-05-11］.［2023-01-20］.http://www.moe.gov.cn/jyb_xwfb/moe_2082/2021/2021_zl37/jiaoyujingshi/ 202105/t20210511_530818.html

品礼金❶。这些道德失范情况给包括广大教师在内的施信者队伍产生了巨大的负面影响，不同程度削弱了施信者与受信者之间已建立的信任关系，严重制约了思想政治教育的发展。

3. 道德力量发挥不足

道德在维护社会秩序、推进社会进步发展中发挥着重要作用。如何发挥施信者道德力量从而推进思想政治教育的发展，是当前和今后一定时期思想政治教育关注的焦点话题。道德力量是社会成员在长期的社会实践中表现出来的高尚道德品质及道德人格而引起其他社会成员钦佩、赞誉和信任的能力。在学校思想政治教育中，教师道德直接影响学生道德品质的形成和发展，是教师道德意义的重要社会作用。❷同时，良好的道德素养使施信者更易于与受信者建立稳定、积极的信任关系，更易于向受信者"灌输"思想政治教育内容，而受信者也更倾向于信任道德素养高的施信者及其所倡导的思想、观念和观点。在思想政治教育实践中，部分施信者对于发挥道德在思想政治教育信任实践中的作用的认识不足，对受信者的道德吸引力、感召力和影响力还未得到全面释放，在一些领域还存在着道德异化现象，限制了施信者道德力量发挥的主观能动性，对于道德力量发挥的价值导向产生了偏差，道德功利主义在一定程度上还有生存的土壤。这些问题的存在成为施信者道德力量发展的瓶颈，严重削弱了施信者道德信任的价值。

（三）施信者能力上的问题

能力是社会成员完成一定工作任务的本领，涉及完成工作任务的方式及顺利完成这些工作任务所必备的基本知识、技能和心理等方面的一系列特质。在思想政治教育信任实践中，施信者的能力是既指其所具备的从事思想政治教育的能力，也是施信者充分利用、创新信任的理念、观点或方法，教

---

❶ 教育部教师司.师德警示教育（二） 违反中小学教师职业行为十项准则典型案例［EB/OL］.［2021-05-11］.［2023-01-20］.http://www.moe.gov.cn/jyb_xwfb/moe_2082/2021/2021_zl37/jiaoyujingshi/202105/t20210511_530820.html

❷ 李晓波.教师专业伦理精神与道德修养［M］.上海：上海三联书店，2017：205.

育引导广大受信者不断增强对党和国家、对思想政治教育信任的能力。施信者能力上的问题主要聚焦在队伍结构、专业素质和工作业绩三个方面。

1. 队伍结构配置不尽合理

施信者队伍是推进思想政治教育工作的主体。从思想政治教育的整体需求和面临的形势来看，施信者队伍无论在数量还是在能力上均存在不足。就高校而言，虽然近些年我国在加快高校辅导员队伍建设步伐，目前辅导员配备实现整体达标，但在年龄结构、学历结构、专业结构和职称结构等方面的配置还不够合理。在思想政治教育工作中，由于队伍结构配置不合理而降低了思想政治教育的效果。其他领域的思想政治教育中，施信者队伍结构配置也或多或少存在上述问题。从受信者角度来看，施信者队伍结构整体上不尽合理的这种客观现实，会在一定程度上削弱受信者对施信者是否可以胜任思想政治教育工作的不信任感，如施信者是否能跟得上当前大学生的思想发展形势，是否真正了解到大学生的真实想法和诉求，非思想政治教育专业却从事思想政治教育工作能否符合岗位要求，等等。同时，上述问题在施信者队伍中也会产生一些不良的连锁反应，不利于思想政治教育队伍的稳定，也不利于施信者工作积极性和创造性的发挥，并最终制约思想政治教育信任实践的效果。

2. 专业素质能力亟须提高

专业素质能力是施信者从事思想政治教育的知识、思维、技能与素质的总和，特别是施信者发挥思想政治教育信任的理念、方法与技术引导受信者融入思想政治教育实践，充分信任施信者所倡导、实施的思想政治教育理念，在思想政治教育实践中持续提升个人思想素质、政治觉悟和道德品质的能力。在思想政治教育实践中，近些年施信者队伍专业素质能力整体上稳步提升。但也有部分施信者专业素质能力与工作岗位要求还有一定差距，特别是与思想政治教育发展新形势对施信者队伍专业素质能力的新要求存在无法及时准确领悟、吸收和适应的情况，对思想政治教育信任的概念、理念、原则、方法和内容了解不够深入，无法充分发挥信任理论和人际信任关系在思想政治教育中的价值作用，轻视甚或忽略思想政治教育信任的理论研究与实践应用，甚至在思想政治教育实践中存在信任关系紧张、信任对立、逆反信任等问题。施信者提高综合素质能力需要长期重视、不断提升需要关注的重点和难点。

3. 工作业绩成效不够凸显

工作业绩是施信者从事思想政治教育工作特别是开展思想政治教育信任实践所取得的实实在在的成果、成绩或绩效。从思想政治教育信任工作的内容和评价来看，对受信者而言，施信者通过努力在开展思想政治教育中取得的工作业绩在一定程度上是"内隐"的，受信者在学习、工作及人生成长发展期内，对施信者工作业绩的关注是较低的。从实际情况来看，对于施信者工作业绩成效的考核主要是其所在单位层面，比如对高校辅导员来说，除了完成常规工作之外，其在聘期内或年度内所取得的各种集体或个人荣誉、成果的数量和级别成为考量高校辅导员工作业绩的重要内容。部分高校对优秀辅导员的宣传范围过窄，而工作业绩是充分展示施信者能力、增强受信者对施信者可信度的内在需要，这种"内在需要"与施信者工作业绩"内隐"性之间产生了复杂的矛盾，需要化解这种矛盾，实现两者之间的有机平衡。

二、施信者对受信者信任的问题

施信者是思想政治教育信任的发起者、策划者和实施者，在思想政治教育信任实践中起主导作用。在思想政治教育实践中，施信者与受信者之间是平等的双向人际关系，施信者对受信者的信任度同样也会在一定程度上制约着思想政治教育信任实效性，需要引起高度关注。从思想政治教育信任的实际情况来看，施信者对受信者的信任问题主要聚焦在成长信任、成才信任和成功信任方面的问题。

（一）成长信任方面的问题

受信者个体的成长是主客观有机统一的过程，也是受信者信任施信者、接受教育而不断成长的过程，充分发挥自我潜能是受信者不断成长的内在动力。每一位受信者的出身、阅历及教育背景等情况都是不尽相同的，但受信者自我成长、自我发展的内在趋向是客观存在的，每一位受信者在不同领域或方向都有其自身独特的"闪光点"，有的可能是在学业成绩上，有的是在道德涵养上，有的是在为人处世上，等等。在思想政治教育实践中，部分施信者对受信者的自我发展能力、自我成长能力没有给予更多的关心和帮助，而较为看重那些在学业、事业等方面表现优秀的受信者，没有发现在这些方面表现不突出的受信者的其他"闪光点"，对于部分在学业或事业发展进程中表现不佳的受信者的关注、理解与关爱较为缺失，也未进行及时、温馨和有效的引导、鼓励与帮扶，从一定程度上来说是对受信者不够尊重的表现。施信者与受信者之间地位平等的理念没有得到贯彻落实，无疑对施信者与受信者之间能否产生良好、有序、稳定的信任关系，并通过信任关系提高受信者对思想政治教育理念、观点和方法等属性的认同与信赖产生许多不利的影响。

（二）成才信任方面的问题

思想政治教育是通过提高受信者思想政治素质从而促进受信者成才的教育实践活动。在高校思想政治教育中，大学生成才是教师贯彻落实立德树人根本任务和"为党育人、为国育才"初心使命所致，培养大学生成才是高校得以产生、存在和发展的核心职责，也是每一位高校教师的基本职责和人生追求。施信者在大学生成才进程中，要始终践行正确的大学生成才观，不断增强大学生成才理论素养的培育，始终坚信通过高校这一成才"熔炉"淬炼，大学生会在各个方面达到社会各界所期盼的成才标准和要求，在德智体美劳五个方面实现全面"成才"，最终逐渐成长为中国特色社会主义事业的合格建设者和可靠接班人。绝大部分教师坚信通过大学的教育教学实践，大学生在思想政治素质、专业理论知识与技能等方面可以达到成才要求；但仍有少部分教师认为高校是以传授专业理论知识为主的教育阶段，大学生离成才还存在较大差距，还需要经过社会大课堂的"磨砺"才能够达到成才要求，同时部分大学生所从事的事业或具体的工作岗位与其所学专业不一致的情况也加剧了这种"不信任感"。

（三）成功信任方面的问题

长久以来，成功是一个"理想型"的概念，古今中外许多仁人志士都将成功作为毕生追求的目标和方向。但成功是一个标准界定较为模糊的概念，达到什么程度可以称为成功，社会个体成功与社会发展的关系是什么，这些问题一直在探索中。从生命个体而言，成功是社会成员在个体发展与社会发展上的统一，每一个社会成员均具备成功的可能与潜质。引导、激励、教育受信者提升综合素质、实现成功是思想政治教育的内在使命。可以说，受信者个体的成功是思想政治教育引导与激励的功能所致，人生历练是受信者个体锤炼成功本领、逐渐走向成功并最终实现成功的过程。马克思在《青年在选择职业时的考虑》中强调，"在选择职业时，我们应该遵循的主要指针是人类的幸福和我们自身的完美"，"如果我们选择了最能为人类福利而劳动的职业，那么，重担就不能把我们压倒"，"我们的事业将默默地，但是永恒发挥作用地存在下去"❶。从促进人的全面发展而言，成功信任是思想政治教育信任的理想形态，这种形态在思想政治教育实践中往往长期处于"潜隐"状态，因而不确定性加大，需要施信者充分发挥思想政治教育的功能作用。但现实中，部分施信者认为受信者的成功并非其实施的思想政治教育所致，与思想政治素质关联度不高，削弱了思想政治素质在促进受信者实现成功目标中的基础性地位；部分施信者推动受信者实现成功形态由"潜隐"向"显见"转化的动力和能力不足，没有将思想政治素质提升置于业务技能、学业等提升的同等位置上，促进受信者感悟成功、追求成功并最终实现成功的理念、思路、方法和举措还需要进一步提升。

三、对思想政治教育内容信任的问题

思想政治教育内容是一定社会所要求的全体社会成员需要具备的思想政治素质的总和，因此思想政治教育内容信任是对一定社会要求社会成员需要

---

❶ 马克思恩格斯全集：第40卷［M］.北京：人民出版社，1982：7.

具备的思想素质、政治素质、道德素质、心理素质、法治素质及综合素质等方面产生的不同程度的信赖与认同的心理预期。对思想政治教育内容信任的问题主要集中在思想政治教育内容的科学性、契合度、关怀性和表达力四个方面。

(一)教育内容科学性不足

科学性是指某种理论、观点、方法的真理性、可靠性、逻辑性和系统性。马克思在《〈黑格尔法哲学批判〉导言》中指出,"理论只要说服人[ad hominem],就能掌握群众;而理论只要彻底,就能说服人[ad hominem]。所谓彻底,就是抓住事物的根本"[1],理论的彻底性就在于抓住了事物的本质及其规律。思想政治教育内容的科学性直接关系到思想政治教育内容的可信性,是提升思想政治教育内容信任质量的前提。我国思想政治教育在总体上呈现出逐渐发展的良好态势,特别是在中国共产党的带领下,我国思想政治教育内容体系建设得到了持续发展,思想政治教育内容的建设理念、目标、原则、标准、方法特别是产生机制和审核机制不断深化,思想政治教育学科专业建设的快速发展也使思想政治教育内容特别是在科学性上得到了全面提升。可以说,当前我国思想政治教育内容发展体系已较为完备,思想政治教育内容的科学性在理论和实践层面已得到充分检验,即思想政治教育的核心理论、观点得到充分的科学论证,其真理性和可靠性无可辩驳,并随着时代的发展进一步发展。与此同时,思想政治教育内容的逻辑性、系统性、拓展性和适用性等方面还需要进一步完善,这也是当前思想政治教育内容信任面临的最主要问题。目前推进大中小学思政课一体化建设正是回应这一问题所作出的重大举措之一,主要目标在于着力解决大学思想政治教育和中小学思想政治教育存在的"割裂"现象。这些问题的存在极易将我国思想政治教育方向和核心内容的科学性与思想政治教育内容逻辑性、系统性、拓展性和适用性等方面的缺陷混淆在一起,从而影响受信者

---

[1] 马克思恩格斯文集:第1卷[M].北京:人民出版社,2009:11.

对思想政治教育内容科学性的可信度,进一步加剧了思想政治教育内容信任问题的危害。

(二)教育内容契合度失准

契合度是衡量某人或某物与他人或他(物)在某种或某几种属性上相互之间匹配与满足的程度。在思想政治教育实践中,思想政治教育内容的契合度是指思想政治教育内容与其他教育系统内容之间、与受信者之间、与施信者之间、与思想政治教育其他内在属性之间的因果联系程度,表征彼此之间相互满足、互补、匹配、亲和的程度,其中思想政治教育内容与受信者之间的契合度是思想政治教育内容契合度的核心向度。一般而言,思想政治教育内容的契合度越高,越能够带来施信者与受信者之间良好的人际关系,拉近彼此距离,提升彼此之间的信任感。同时,思想政治教育内容的高度契合在某种程度上意味着价值观的高度契合,价值观的高度契合会显著提升施信者与受信者之间的信任关系,增强彼此之间的信任度。当然,思想政治教育内容的契合度需要在实践中不断深化。就受信者而言,受信者通过多种渠道、途径接收到从施信者处发起的思想政治教育内容,并展开一系列的学习、消化与反馈,通过个人的心理感知、抽象思维等判断其与思想政治教育内容的契合度。这种"判断"往往带有较强的主观性,判断的依据会带有一定的实用主义或功利主义倾向,这也是思想政治教育需求研究领域的焦点问题。在思想政治教育信任视域内,受信者之所以是受信者,就在于其思想政治素质需要提升,需要在施信者的引导教育下,逐步提升思想政治教育素质,因而放大受信者"需求"的影响力,自然而然地会掩盖思想政治教育的本质及功能;就施信者来说,施信者为了提高思想政治教育信任实效性,需要时刻关注思想政治教育内容与受信者全面发展需求之间的契合度,及时调整教育方式方法,但这种调整并非"迎合式"或泛娱乐化地去满足受信者一时的成长发展需求。现实中,思想政治教育内容与受信者需求之间的契合性客观上存在一定的问题,无法满足受信者的多元需求;同时,施信者在向受信者提供思想政治教育内容时也存在一定的不足,在提供的精准度、亲和力、艺术性等方面存在欠缺,导致思想政治教育内容与受信者之间的契合度出现问题。此外，由于受信者对思想政治教育内容是否契合自我的评判标准具有较强的主观性，因而很多时候对思想政治教育内容契合性问题的认知也存在一定的问题。

（三）教育内容关怀性缺失

思想政治教育是一种兼具意识形态性和人文关怀性的特殊教育活动。❶习近平总书记在学校思想政治理论课教师座谈会上强调，让思政课成为一门有温度的课。思想政治教育内容的关怀性是指思想政治教育内容所体现出来的人本性、民本性、关爱性和公平性等特质，是对受信者的充分尊重、关爱与个性化共促，具有较高关怀性的思想政治教育内容更易于受信者接受，拉近彼此的距离、增进彼此的感情、改善彼此的信任关系，从而营造出良好的信任文化氛围。思想政治教育内容的关怀性主要通过思想政治教育内容及传播的易读性、通俗性、趣味性、案例性等特性或方式来呈现，要具体考虑受信者的年龄、性格、学历、身心状况、家庭条件、成长经历等情况，统筹设计思想政治教育内容的表现形式、载体形态、话语方式等，真正让受信者感受到施信者在思想政治教育中的"爱"。在当前的思想政治教育实践中，特别是在学校思想政治教育实践中，作为施信者的部分教师对思想政治教育内容关怀性的关注不够，没有根据受信者（或群体）具体情况而有针对性地生产与传播教育内容，从而导致教育内容关怀性不足，使受信者（或群体）无法从施信者提供给自己的信息中捕捉到对自身的关注、尊重、理解、关心、友善，极易在彼此之间形成一定程度的疏离感，使受信者在心理情感上产生一定的排斥感，继而影响了彼此之间的信任。

（四）教育内容表达力不强

从介质角度来看，思想政治教育的内容是承载着一定社会对其社会成员所要求具备的各种思想、理论、观点和方法等方面的信息集合体。如何

---

❶ 赵晶.高校思想政治教育中的文化自信培育研究［M］.长春：吉林出版集团股份有限公司，2019：123.

把这类信息集合体更高效地从施信者这一"信源"输送到受信者这一"信宿"中，是思想政治教育信任实践的基础性环节，其中提高思想政治教育内容表达力尤为关键。表达力是人类通过语言、文字、姿态及其他方式阐述其思想、理论、观点等内容的能力，思想政治教育内容表达力是施信者把思想政治教育信息展示及传播给受信者的能力，完整、准确、及时地向受信者展示与传播思想政治教育内容，是提高思想政治教育内容表达力、感染力与影响力的内在要求。要将思想政治教育的内容以更加生动、直观、可亲、可信的方式或形式展示出来，传递给受信者，让受信者自觉践行思想政治教育内容。良好的思想政治教育内容表达力，可以让受信者在接收施信者所倡导的各种思想、理论、观点和方法等信息的过程中，保持专注度、舒适感、愉悦感、亲切感，更易于记忆、理解、掌握这些信息及其思想精髓，也更易于将这些信息转化为自省、自觉、自洽的思想与精神力量。思想政治教育内容表达体系是思想政治教育表达体系的重要组成部分，思想政治教育内容表达力是思想政治教育内容表达体系建设的关键指标。在思想政治教育实践中，部分施信者对思想政治教育内容表达的理解不够深入、认识上存在一定的偏差，过度追求思想政治教育内容的表现形式，而不注重对内容蕴含的理论思维、思想内涵和精神力量的深刻诠释，将提高思想政治教育内容表达力、感染力与影响力的方式方法局限在提高语言表达能力层面。思想政治教育内容表达存在僵化呆板、逻辑性欠缺、体系性不足、可感性较弱等问题，直接影响着思想政治教育内容表达效果，不利于营造良好的思想政治教育信任氛围，阻碍了良好信任关系的形成与发展。

四、对思想政治教育方法信任的问题

思想政治教育信任方法是施信者为了提高思想政治教育信任实效性而采取的各种手段、方式或途径。思想政治教育方法信任的问题主要表现在施信者和受信者对当前思想政治教育信任方法多样性、创造性和实践性等方面是否信赖、认同的问题。

(一)教育方法多样性缺失

多样性最初属于生态学术语,主要是描述地球上生物物种的丰富性、差异性、特殊性、多维性和复杂性等程度的概念,后逐渐延伸至社会领域,意指不同社会系统或社会领域的各种属性及其之间关系的复杂、丰富、差异等程度,社会多样性对于人类文明进步意义重大。一方面,目前我国思想政治教育方法体系较为健全,包括理论教育、比较教育、典型教育、自我教育和激励教育等在内的常规思想政治教育方法已基本成熟,在推进思想政治教育理论研究与实践应用中发挥着重要作用。从受信者的角度来看,多样且有效的思想政治教育方法可以使自身更好地接受、吸纳、内化思想政治教育内容,在思想、精神和情感等方面产生更良好、更愉悦、更舒适的体验,更有利于提升受信者融入思想政治教育的获得感、幸福感。另一方面,思想政治教育信任方法随着思想政治教育信任的理论研究与实践探索的拓展而不断变化,既包括理论教育、比较教育、典型教育、自我教育和激励教育等常规思想政治教育方法,也有其独特的方法,主要包括政治信任法、道德信任法、人格信任法、情感信任法、制度信任法、文化信任法及信任感化法、信任激励法等。多样且高效的思想政治教育信任方法对优化受信者与施信者之间的信任关系,提高思想政治教育信任质量发挥着重要的作用。思想政治教育信任方法的有效呈现在某种程度上决定了思想政治教育信任质量的高低。思想政治教育信任方法如果以线性、单极化或同构式等形态呈现,不同的思想政治教育信任方法仅以简单的叠加形式实施,将无法发挥方法融合的集成效应,产生的效果也无法达到预期,即思想政治教育信任方法的多样性缺失直接制约着思想政治教育信任实践的发展。

(二)教育方法创造性缺场

创造是人类社会不断向前发展的原动力。创造性是指社会成员在创造性思维的引领下,通过一系列创造性活动而产出创造性成果的能力或特性,也可以称为创造力。创造性思维是增强创造性的核心要素,是开拓新领域、创造新知识、产出新成果的思维活动,也是一种以批判性、探索性和开拓性为主要特征的高阶心理活动。提高思想政治教育信任方法的创造性是有效提升思想政治教育信任质量的关键，施信者要打破固有思维的限制，培养经过一系列创造性思维活动产出更具创造力的思想政治教育信任方法的能力或特性。当前思想政治教育信任方法的创造性方面还存在着一定的缺场现象，部分施信者的思想政治教育信任方法的创造性意识不强，提高思想政治教育信任方法的创造性能力不足，思想政治教育信任方法的惯性思维和模式化倾向严重，不能与时俱进地分析思想政治教育信任实践面临的形势和挑战；而习惯性沿用传统的思想政治教育信任方法，在一定程度上导致受信者对思想政治教育内容的吸引力出现不同程度的减退，产生体验上的"疲劳"甚至"厌倦"，从而降低受信者对思想政治教育内在属性的可信度，也会对思想政治教育系统中各类信任关系产生不利的影响。

（三）教育方法实践性缺位

实践性是马克思主义首要的和基本的特征。思想政治教育是一种强实践性的教育活动，实践性是思想政治教育的重要特征之一。"精神变物质"的实践性是思想政治教育的重要属性。❶思想政治教育信任方法的实践性是指思想政治教育信任方法与所处时代、社会及其实际情况的契合度、融合度、反馈性和发展性等方面功能与特性的反映，是衡量思想政治教育信任方法科学性、真理性、实效性的基本尺度，是思想政治教育信任方法在科学性与政治性、历史性与时代性、典型性与广泛性、人民性与民族性、批判性与创造性上的高度统一。思想政治教育信任方法在实践中产生，经过实践的检验，并在实践中不断创新。此外，思想政治教育信任方法的实践性也体现在与其他思想政治教育方法之间的结合及渗透中，并不断汲取思想政治教育信任系统及其系统之外的实践"养分"，充分彰显了思想政治教育信任方法的实践性。当前，思想政治教育信任方法的实践性彰显度

---

❶ 杨宏伟，蒲文娟.《关于费尔巴哈的提纲》的思想政治教育实践性思想蕴涵及其当代启示[J].思想教育研究，2022，331（1）：47.

不够，形式化色彩浓厚，思想政治教育信任的创新方法在实践中得不到充分检验，无疑会对思想政治教育信任方法的实践应用及创新发展产生不利的影响。

五、对思想政治教育环境信任的问题

社会信任关系在一定的社会环境中产生、变化和发展，受到社会环境不同程度的影响。思想政治教育环境是影响思想政治教育发展的各种内外部因素的总和，包括政治、经济、社会、科技、文化等方面，也包括各类显性环境和隐性环境。对思想政治教育环境信任的问题是指在思想政治教育实践中，对思想政治教育环境是否可以提高受信者对思想政治教育的体验感、获得感，从而提高思想政治教育实效性而产生的各类问题的总和。当前，对思想政治教育环境信任的问题主要集中在教育环境适切性、熏染性和建构性三个方面。

（一）教育环境适切性不足

适切性是人（或组织）与人（或组织）之间、人（或组织）与事物之间、事物与事物之间、人（或组织）和事物与所处环境之间在某种属性、某些方面或某些领域等诸多因素的关联性、贴合性和契合性的特性与功能。在思想政治教育视域中，思想政治教育环境的适切性是指思想政治教育系统中的人或物与系统外的各种因素之间协调、统一及契合的程度。从受信者角度来看，思想政治教育环境的适切性主要体现在思想政治教育环境是否能够适应、契合、满足受信者个体实现全面发展的需要。从整个社会大环境来看，当前社会信任危机向更多的领域蔓延，"冷漠型"人际关系的土壤逐渐扩大，包括政府、学校等诸多具有"公信力"在内的单位及其内部工作人员特别是从事思想政治教育工作的人员产生了诸多破坏"公信力"的不良行为，这些社会现象及行为无疑在受信者群体中产生了难以估量的消极效应。创设良好的社会信任环境，既是优化思想政治教育环境的重要命题，也是推进我国思想政治工作必须高度重视并着力解决的重大现实问题。对受信者

而言，除了自身之外的一切人（或组织）、事物、制度、文化等均是思想政治教育系统内部环境的因素之一，这些因素直接影响着受信者对思想政治教育内在属性的可信性判断，也直接影响着他们参与、融入思想政治教育并在思想政治教育实践中提升思想政治综合素质与能力的效率。当前，无论是从思想政治教育外部大环境还是从内部环境来看，思想政治教育环境的适切性均有所不足，在一些特定的领域差距较大。这些环境要素与思想政治教育内在要素之间的关联度与契合度参差不齐，相互之间的融合渗透不均衡，直接影响到受信者对思想政治教育环境的体验感，也会在一定程度上影响着受信者对施信者及思想政治教育的可信度，最终影响思想政治教育的实效性。

（二）教育环境熏染性不强

熏染性也称熏陶性，是社会成员长期在特定的社会环境中学习、工作或生活，对其思想和行为产生影响的特性。马克思认为，环境的变化对人的主观世界的改造影响巨大，"人们的观念、观点和概念，一句话，人们的意识，随着人们的生活条件、人们的社会关系、人们的社会存在的改变而改变"❶。思想政治教育信任环境是思想政治教育环境的重要组成部分，良好的思想政治教育信任环境更有利于促进受信者主动打开内心的"壁障"，敞开心扉地与所处的环境互融互促，与所处环境中的人（或组织）特别是施信者加强互动沟通，在良好的信任环境氛围中，更好地纾解思想精神之惑、追索信仰之道、润泽智慧之根、蓄养道德之基，思想政治教育环境熏染功能即上述作用的特性。在当前的思想政治教育实践中，思想政治教育信任环境对其系统内的个人（或群体）特别是受信者的熏染性不足，部分领域、区域或单位的思想政治教育信任环境差别较大，部分施信者对思想政治教育信任环境熏染性的认识不到位、意识不强，没有充分发挥良好的思想政治教育信任环境对受信者积极正向的熏染作用，思想政治教育信任

---

❶ 马克思恩格斯文集：第2卷［M］.北京：人民出版社，2009：50—51.

环境的熏染力较弱，停留在浅层次的单调的环境欣赏层面，也未将这种积极正向的熏染影响进一步强化，未能直达受信者的心灵深处；受信者的思想意识、政治觉悟、道德情操与其所处的思想政治教育信任环境之间的"互动性""发展性"均不足，无法从环境系统中得到充足且有价值的"养料"，因而对整体思想政治教育信任环境的发展产生不良影响。

（三）教育环境建构性不力

建构是建筑学常用的一个术语，扩展到文学视域中的建构主要是指对文本背景脉络、思想价值、历史文化内涵等方面的系统性解构。思想政治教育信任环境建构是指对思想政治教育信任环境的结构及其建造逻辑进行系统性重构、整体性重塑、高效性衔接的实践活动，从而使思想政治教育信任环境与思想政治教育实践与时俱进，与受信者、施信者等群体有机融合。在思想政治教育信任视域中，施信者的教育建构力可以理解为施信者基于对思想政治教育信任的理性审视与价值选择，依据自身的思想政治教育信任意识、理论与经验，引导受信者与其共同采取适当方式、路径重构知识体系、思想体验和价值觉悟，共同实现全面发展的能力。马克思认为，"环境的改变和人的活动的一致，只能被看做是并合理地理解为变革的实践"❶。受信者在施信者的教育引导下由"被动"建构转为"主动"建构，且与施信者"双向同步"建构。同样地，思想政治教育信任环境建构也会受到诸多因素的制约，需要包括施信者在内的建构者将这些因素有效整合并发挥其最大的效用。从实际情况来看，思想政治教育信任环境建构性与预期目标存在较大差距，各种积极因素未得到充分激活，受信者在思想、政治、道德、精神、心理等方面的发展需求与思想政治教育信任环境之间未能形成"联动式"的建构合力，施信者在思想政治教育信任环境的主动建构、意义建构、发展建构等方面的意识与能力还存在一定的欠缺，一定程度上制约了思想政治教育信任环境的优化在提升思想政治教育信任质量中的价值与作用。

---

❶ 马克思恩格斯选集：第1卷［M］.北京：人民出版社，2012：138.

第三节　思想政治教育信任问题的原因分析

坚持问题导向是马克思主义的鲜明品格，找到问题是破解问题的前提，而追溯问题产生的深层次原因是有针对性地找到科学、可行的思路、方法和路径并真正破解问题的关键。习近平总书记指出，要教育引导广大党员干部了解民情、掌握实情，搞清楚问题是什么、症结在哪里，拿出破解难题的实招、硬招。❶党的二十大报告强调，回答并指导解决问题是理论的根本任务。❷这就要求我们在深刻把握思想政治教育信任问题表现形态的基础上，对这些问题背后所隐含的深层次原因进行分析，才能找到破解这些问题的有针对性兼具可行性的对策建议。以下从直接原因、重要原因、关键原因和客观原因四个层面深刻把握思想政治教育信任问题产生的内在原因。

一、施信者综合素质是产生思想政治教育信任问题的直接原因

直接原因是在引起某一事物发展变化过程中起到直接作用的另一事物或因素，可以通过较为直观的方式或者经验式的方式呈现或推导出来。对于受信者来说，施信者综合素质能力的高低决定着其可以从施信者身上汲取"养分"的多少或优劣，从而对施信者及思想政治教育的可信度有着直观的感受和评价。从这个角度来看，施信者的综合素质能力是产生思想政治教育信任问题的直接原因。

（一）思想政治素质能力存在差距

施信者的第一身份是教育者，要有过硬的思想政治综合素质与能力，始终要与党、国家和人民的根本利益保持高度一致。

从对思想政治素质能力及其提升的认识上看，部分施信者对自身的思

---

❶ 习近平谈治国理政：第3卷［M］.北京：外文出版社，2020：526.
❷ 习近平.高举中国特色社会主义伟大旗帜　为全面建设社会主义现代化国家而团结奋斗——在中国共产党第二十次代表大会上的报告［M］.北京：人民出版社，2022：20.

想政治素质能力要求不高、动力不足，满足于固有的经验式的思想政治素质"基础"，狭隘地认为长期接受教育或在良好的教育环境中工作，自身已具备了较高的思想政治素质与能力，将已接受的思想政治教育或所处的教育环境作为自己当前从事思想政治教育工作而不需要进一步加强思想政治教育的"挡箭牌"，碍于目前的身份、岗位或所处的位置，将思想政治素质"静态化"处置，而未能与时俱进、持续不断地加强自身思想政治素质学习、提升；同时对思想政治教育素质能力的提升存在一定的误区，包括将思想素质混同于政治素质，将思想政治理论学习及其相关"成绩"或"成果"看成自身提升思想政治教育素质与能力的唯一途径、方法或标准，将提高思想政治教育的生动性、可亲性、感染力与泛娱乐化倾向混同。施信者对思想政治素质能力认识上的不足是产生思想政治教育信任问题的思想根源。

从思想政治教育实践和育人效果看，有相当一部分施信者的思想政治素质能力水平与新时代思想政治教育的要求存在一定的差距。这种差距在思想政治教育的各个环节、各种场合都会不同程度地存在，比如在宣讲党和国家政策时，有些施信者对政策的背景、思想内涵的理解不够透彻，无法把政策与实际更好地结合，甚至在宣讲过程中出现政治话语表述不严谨、概念混淆、陈旧甚至错误等问题，给广大受信者带来思想上的困惑，对政策较为熟悉的部分受信者可能会因此产生更多的疑惑，对施信者的思想政治素质能力产生怀疑，从而埋下对施信者及思想政治教育不信任的"种子"。又如在思想政治教育的宣传标识上，部分施信者未能尽到指导与审查职责，导致在宣传标识中出现诸多问题，无形中损害了施信者队伍乃至党和国家的形象，在受信者群体中造成了较大的负面影响，一定程度上降低了施信者及思想政治教育的可信度。

（二）专业技术能力素养有待提升

专业技术能力是一个人从事某一职业所必须具备的基本技能及随着职业发展而不断学习、总结和提升的能力。思想政治教育是一项以改造、提升人的思想政治素质为核心的实践活动，对从事这项工作的从业者要求极高，特别是在专业技术能力素养方面。在思想政治教育信任论域中，施信者要具备较高的专业技术素养能力，才能够在思想政治教育实践中展现自我，赢得受信者及其他社会群体的肯定，从而实现自己的人生价值。

在党和国家的高度重视下，在思想政治教育领域的广大研究人员及管理者的积极探索与实践下，当前我国思想政治教育队伍建设得到了飞速发展。但从现实来看，相当一部分施信者在专业技术能力素养上与实际工作要求还存在一定的差距，"技不配位"现象依然存在。在学校思想政治教育特别是在高校思想政治教育中，辅导员队伍是施信者队伍主体。从专业背景看，当前高校辅导员的专业背景总体上还呈多元化状态，这与当前我国思想政治教育专业人才培养总体状况及高校思想政治教育工作实际密切相关。从1984年至今的40多年时间里，我国思想政治教育学科专业得到了快速发展，思想政治教育专业的本科生、硕士研究生、博士研究生人数不断扩大，但与高校思想政治教育实际需求相比还存在着较大的差距。在实际招录的辅导员队伍中，很多辅导员并非思想政治教育专业，从一定程度上看，非思想政治教育专业的辅导员群体可以从其所在专业的角度更好地融入相应专业学生的思想政治教育工作，但相较于思想政治教育专业的施信者，他们在思想政治教育基本原理、主要方法与操作实务等方面还存在明显不足。当然，必须承认的是，许多非思想政治教育专业的辅导员在岗位上取得了良好的成绩，甚至在某些方面超过了思想政治教育专业的辅导员，这与其工作适应能力及持续学习能力等方面息息相关。通过辅导员培训、辅导员大赛等方式，辅导员在专业技术能力上得到了一定的提升，但仍有部分辅导员在专业技术能力方面存在较大的不足，在开展理论宣讲、谈心谈话、心理辅导、危机处置等方面存在不"专业"现象，无法打开学生的心扉，危机处置不及时、不规范时有发生，等等。这些不专业的表现，在一定程度上影响着大学生这一敏感的受信群体对辅导员乃至高校思想政治教育的可信度认知与评价。

（三）法制纪律与道德规范需要强化

遵纪守法是每一位公民应尽的义务，也是中国特色社会主义法治的基本规约。法治是一个社会文明进步的标志，是维护国家安全稳定、促进经济社会健康持续发展、实现个人全面发展的制度保障。法治素质是施信者素质能力体系的重要组成部分，法治素质的高低直接影响着施信者法治理念的提升及依法依纪开展思想政治教育能力的培养。施信者的法治素质包括法治信仰、法治精神、法治意识、法治思维、法治观念、法治方法和法治能力，这些法治素质贯穿其一生，是开展思想政治教育工作的根本性法治思想支撑，施信者既要严格遵守法治要求，又要将当前社会的法治思想"灌输"给受信者，以提高受信者法治素质。道德是一种独特的社会意识形态，是维护社会秩序并由社会成员所共同遵守的规则。施信者虽然是一定社会中的特殊群体，但也要遵守而且要模范遵守道德规范。施信者的道德是施信者在思想政治教育实践中形成的稳定的道德观念和道德行为规范，是施信者在职业活动范围内调节本人与社会、所在单位、受信者及他人之间相互关系的行为准则。在社会生活中，法律法纪及道德规范均需要施信者模范遵守，这种"模范遵守"也会潜在影响着受信者，而受信者从内心对施信者是否"模范遵守"当前社会所要求的法律法纪及道德规范产生特定的认知与评价。

在现实中，包括施信者在内的每个社会成员都不可避免地存在这样或那样的"烦恼"或"问题"，但这不足以成为施信者不遵守道德法纪的"理由"或"借口"。一定社会的法纪和道德要求是社会成员所必须遵从的规则"底线"，施信者同样要遵守且模范地遵守，同时要教育引导受信者遵守，因而对施信者的遵纪遵法及道德要求更高也更严。在学校思想政治教育中，良好的师德师风是施信者模范遵纪守法及道德要求的直接体现，诚如韩愈在《进学解》提倡的"吐辞为经，举足为法"。习近平总书记在北京大学师生座谈会上强调，评价教师队伍素质的第一标准应该是师德师风。可见，施信者模范遵纪守法及道德要求的重要性。值得注意的是，当前还存在施信者违法乱纪、失德失范的现象，如在课堂或其他公开场合、网络中有违背党的路线方针政策、损害国家利益的言行，有侵害学生和学校利益的行为，有学术不端及违规使用科研经费的行为等。这些言行在学校及学生群体中产生了极其严重的负面影响，严重破坏了施信者在学生受信群体及社会各界中的良好形象，无疑会极大地降低施信者及思想政治教育的可信性，严重阻碍了思想政治教育信任质量的提升。

（四）职业幸福感和成就感质量偏弱

职业发展是一个人不断提升职业幸福感和成就感的动态过程。职业幸福感和成就感是一个人与所从事的工作越来越契合，既能实现生存、生活价值，也能实现个人的人生价值，使个体与职业之间相互满足、互促发展的良好状态。在一定社会中，人的职业生涯是相对漫长的，在这漫长的职业生涯中，由于工作类别、工作环境及个人境遇的不同，部分社会成员的职业发展可能会遇到很多不同的问题。如随着工作时间的增长，人们对于长期从事某种工作在身体或心理上可能会产生一定的疲惫感、厌倦感，即产生了职业倦怠。职业倦怠是一种由工作导致的职业流行病❶，严重的职业倦怠会对社会成员的身心健康成长产生较大的负面影响，也会给其所从事的工作产生诸多不利的影响。

思想政治教育是一项极为特殊的教育实践活动，工作的对象以青少年学生群体为主，工作内容是将当前社会的思想政治教育要求转化为受信者的行动自觉，是一种以思想"灌输""转化"为主要内容的工作，对施信者有较高的要求。比如在高校，辅导员是大学生思想政治教育的发起者、策划者、组织者和实施者，当前的大学生思想活跃，易受到外界影响，心理问题频发，参与思想政治教育的积极性存在一定的不足。长期以来，辅导员开展思想政治教育工作承受着较大的压力，且工作时间长、琐碎性事务工作多、大学生思想问题多样，在这种工作环境中工作，辅导员不可避免地也会产生一定的职业倦怠。当然，除了工作上的压力之外，导致辅导员职业倦怠的原因还包括大学管理考核激励机制、辅导员晋升通道等方面。现实工作中，辅导员是职业倦怠高发群体，一旦产生职业倦怠，在与大学生交流过程中会逐渐

---

❶ 伍新春，张军.教师职业倦怠预防［M］.北京：中国轻工业出版社，2008：39.

失去耐心和爱心，久而久之可能会产生"躺平""摆烂"的心态，只满足于思想政治教育常规工作"不出事""不惹事"标准，创造性开展思想政治教育实践随之抛之脑后。相应地，辅导员职业倦怠的产生及其各种"倦怠"行为，会使大学生对辅导员的工作态度、责任心产生怀疑，从而埋下了不认可、不信任的"种子"。

二、受信者身心成长与认知基础是产生思想政治教育信任问题的重要原因

受信者即接受思想政治教育的教育对象，在广义的思想政治教育中，受信者涉及面广、教育背景复杂、需求多元，有关自身思想政治素质发展的内在需求、信任惯习、信任人格塑造等身心成长与认知方面的问题是产生思想政治教育信任问题的重要原因。

（一）思想政治素质发展的内在需求

需求是社会成员生存和发展的内在动力。积极的、正向的需求可以转化为良好的、可持续的思想自觉、政治自觉和道德自觉，而消极的、负面的需求则会阻碍社会成员思想政治素质和道德修养的提升。思想政治教育是通过有针对性和实效性的教育方式方法，使受信者不断提高思想政治素质从而实现自我全面发展的实践活动。对于受信者来说，提升思想政治素质的内在需求是牵引其积极融入、接受、信赖思想政治教育，并将这种需求转化为推动自身思想政治素质提升的关键性因素。引导、激励受信者产生强烈的、正向的、持续的提升思想政治素质的内在需求，是施信者在思想政治教育实践中应当着重关注的重要环节和内容。

目前，在不同领域的思想政治教育实践中，受信者对提升自我思想政治素质的内在需求状况不一。在高校思想政治教育中，相较于基础教育阶段的学生而言，大学生在思想意识上已有较强的独立性，部分大学生对提升自我思想政治素质的内在需求动力不足，对思想政治教育赋能个人全面发展的价值与作用存疑，甚至对思想政治教育产生"排斥"心理和行为，如在思想政

治理论课上出现"低头族"现象。这些行为和现象的出现客观上反映出当前思想政治教育与大学生受信群体多元发展需求之间存在一定的脱节问题，同时当前施信者在充分调动受信者融入、接受、信赖并内化思想政治教育的能力上匮乏，无法有效激活受信者内心对思想政治教育的潜在需求。由于能力不足等原因导致部分受信者离思想政治教育渐行渐远的情况屡见不鲜，导致受信者与施信者之间的信任关系紧张，对前期建立起来的良好信任关系产生不利影响。

（二）思想政治教育中形成的信任惯习

惯习理论源于法国社会学家布迪厄的实践社会学思想，他将"惯习"比作主体实践性地认识社会的一种深层次的心理结构，是持久的、可转换的潜在行为倾向系统。❶国内学者对惯习理论进行了一定的研究，宫留记认为惯习是行动者过去实践的结构性产物，是在各种社会评判中起主导作用的行为模式。❷与日常所说的习惯、习性等概念不同，惯习具有创造性、建构性和再生性特点；而习惯、习性是人的日常心理模式，往往是一种不自觉、被动式的心理思维方式。

在思想政治教育实践中，信任惯习是受信者与施信者之间、受信者与所在社会之间形成的较为稳定的"心理—行为"倾向系统。思想政治教育信任是思想政治教育信任惯习依存的系统，信任惯习赋予了思想政治教育信任这一特殊系统生存与发展的意义、价值，而思想政治教育信任系统的变化、发展也在不同程度地形塑着系统内的信任惯习。思想政治教育的信任惯习在不同历史时空、不同领域范围内呈现形态各异，随着时代的发展、空间的转化及条件的变化而不断发展，思想政治教育的信任惯习受到所在时空及领域范畴内各种民俗、文化、社会环境等因素的制约，并在这些因素的影响下，形成了有别于其他时空及领域范畴内的信任惯习系统。

---

❶ 布迪厄.实践感［M］.蒋梓骅，译.南京：译林出版社，2012：74.
❷ 宫留记.布迪厄的社会实践理论［M］.开封：河南大学出版社，2009：145.

在一定的思想政治教育系统内，信任惯习如同这一系统的"公共秩序"，包括施信者、受信者等在内的社会个体必须遵守这个"公共秩序"。一般情况下，良好的信任惯习可以促进受信者与施信者之间、与思想政治教育之间形成一种共生共荣的、可持续发展的信任关系；反之，不良的信任惯习，一方面会阻断受信者与施信者之间、与思想政治教育之间良好信任关系的形成，另一方面也会对原有良好的信任关系产生消极、负面的影响，直接影响思想政治教育信任实践的发展。

（三）不同社会环境中塑造的信任人格

通俗意义上讲，人格是社会成员在一定的社会中形成的并反映人的现实社会生活的特性❶，即人在社会中存在的社会意义之所在。人格是社会成员在物质活动和交往活动中形成的稳定的、具有一定社会意义和倾向性的各种心理特征系统，是社会成员在长期社会实践活动中形成的独特的、稳定的、基本的精神面貌、个性品质、行为方式的综合体。❷一般情况下，人格主要包括人的认知能力特征、情感反应特征、意志毅力特征、行为动机特征、信念理想体系、态度信仰体系、道德价值体系、人际关系调节程度等个性要素。❸

从信任相关理论研究的脉络缘起上看，信任研究的第一个集中取向是把信任看成社会个体的人格特质和人格驱动❹，信任人格因此而生。信任人格是基于信任这一复杂的道德、心理认知形态而形成的复杂人格系统。从埃里克森人格发展理论来看，信任人格的形成是一个复杂漫长的过程，从人出生之后，受到母乳喂养及悉心照料，人与其父母（或哺育者）自然形成了一定的自然式、亲情式、血脉式信任关系，再到儿童、青少年、成人等阶段，人与其他人在相互之间的交往过程中形成了人际信任关系。人在各种信任关系的形成、发展过程中，逐渐对信任这一心理特征或认知现象有了更为深刻的

---

❶ 李虎林.当代人格教育论[M].北京：中国社会科学出版社，2015：48.
❷ 包卫.现代道德人格教育论[M].上海：上海交通大学出版社，2011：17.
❸ 吴少怡.大学生人格教育[M].济南：泰山出版社，2010：6.
❹ 胡宝荣.国外信任研究范式：一个理论述评[J].学术论坛，2013，36（12）：129.

理解，在个人与他人之间的信任过程中，个人的信任人格逐渐固化，形成了具有个体个性化色彩的信任认知与行为倾向，信任人格在人的认知与心理系统中得以滋养。与信任惯习不同的是，信任人格是一种综合性的人格特质系统，是信任精神、信任价值、信任文化、信任道德等的总和，承载着社会个体对信任这一心理、道德、文化等综合范畴的理解、洞察与觉悟。在人的成长过程中，不同社会环境对信任人格的形成有着极为重要的影响，形成什么样的信任人格与其所处的环境、成长与发展的经历密切相关。因而，一些复杂的思想政治教育信任问题与信任人格之间也呈现出交织多变的内在关系，有什么样的信任人格将会直接决定社会个体对当前社会信任的价值取向，这种价值取向在思想政治教育信任中起着十分重要的作用，直接影响着受信者与施信者、受信者与思想政治教育之间的信任关系及可信程度。因此可以说，培育受信者良好的信任人格是解决不同思想政治教育信任问题的重要课题。

三、思想政治教育发展"困境"是产生思想政治教育信任问题的关键原因

中国共产党成立以来，我国思想政治教育历经萌芽起步、稳步发展、曲折发展、彷徨恢复、快速发展、繁荣发展等历史阶段。当前，中国式现代化的发展加快了思想政治教育的发展步伐，但随之也出现了一些新矛盾、新情况和新问题，思想政治教育面临诸多的"困境"，特别是国内外复杂政治经济局面及教育数字化加速发展等因素叠加，使这种"困境"愈加复杂多变，从价值取向、内容建构及方式革新等方面对思想政治教育信任实践产生诸多影响。

（一）思想政治教育价值取向的社会普及

相对于特定领域面向的特定对象而言，社会普及是向社会成员渗透特定思想、理念、观点、信仰与价值观念等的过程，是将原先局限在特定范围、社会影响力偏弱的事物逐渐向社会各界传播并让社会大众逐步接受的过程。长期以来，如何有效推进思想政治教育系统与社会大系统之间的融通，一直都是思想政治教育理论研究与实践探索关注的焦点。通常情况下，学校思想

政治教育是思想政治教育的基础组成部分，因而我国思想政治教育的主阵地是学校。但随着国内外形势的发展，思想政治教育的社会普及越来越为学界所关注。思想政治教育的社会普及实质上是思想政治教育"社会化"，有关思想政治教育"社会化"的研究始于20世纪80年代。思想政治教育"社会化"是指为了适应社会的发展，在教育主体（主要是政府、学校等）的推动下，思想政治教育的目的、内容、方法、形式等与社会发展有机融合，以提高思想政治教育的针对性和有效性，提升思想政治教育的功能和价值。❶因此，思想政治教育"社会化"是指思想政治教育在实践过程中，逐渐融入社会大系统并在社会大系统中不断完善自我的过程，而思想政治教育价值取向"社会化"是推进实现思想政治教育及其效果在全社会全面渗透、融合与发展，促进思想政治教育的思想、理念、观点、信仰与价值观念真正走入社会大众"内心"，并在行为表现中自觉展现的过程。随着我国思想政治教育学科及思想政治教育实践的不断发展，思想政治教育社会普及工作的成果不断丰富，这些成果需要在更大范围进一步推广，发挥示范引领作用，才能更好地指导思想政治教育社会普及工作进一步发展，从而形成良好的迭代效应。客观上，不同工作领域、教育背景及人生成长经历的施信者与受信者在理解和推广思想政治教育社会普及成果方面存在一定的差异性，其中对价值取向的社会普及是思想政治教育社会普及的关键环节。可以说，思想政治教育价值取向的社会普及直接关系到思想政治教育社会普及的最终效度。如何把思想政治教育价值取向更好地普及到社会大众中，是思想政治教育永恒的课题。不可否认的是，在推进思想政治教育价值取向的社会普及过程中，受信者群体自然而然进一步扩大，在学校思想政治教育中施信者与受信者之间的信任关系，同样也需要在扩大化的受信者群体中经受淬炼。由于社会领域的思想政治教育中的受信者群体与学校思想政治教育中受信者群体的差异性，

---

❶ 刘邦凡."三个倡导"视域下高校思想政治工作机制创新研究［M］.北京：光明日报出版社，2021：72.

特别是在信任价值观念上,一定程度上会影响受信者对施信者、对思想政治教育的信任度,这与当前社会复杂的人际关系及存在的社会信任危机不无关系。鉴于此,在思想政治教育社会化普及过程中,特别需要注重信任价值观的培育,以良好的社会信任价值观引导受信者群体接受、认可、信赖、信任施信者及思想政治教育。

(二)思想政治教育内容建构的精准适配

思想政治教育内容承载着思想政治教育的理念、思想、理论、思维、观点和方法等,是施信者在思想政治教育实践中收集、筛选、整理、使用与传播的各种信息集合。从思想政治教育诞生以来,思想政治教育内容就不断丰富和发展,其呈现形式主要包括语言、文字、符号、图片、视频、多媒体及实物等。吸引力、感染力强的思想政治教育内容在适合的载体中以高效的传播技术和方式向受信者进行"传播",是提升思想政治教育实效性的核心。在思想政治教育内容建设与发展的过程中,学界越来越重视思想政治教育内容的建构,这既是积极面对当前思想政治教育内容建设客观存在的诸多问题,也是着眼于其未来发展趋势。思想政治教育内容的建构是由不同层次、不同系统思想政治教育的内容有机融合、不断发展的过程,其结构的整体性和稳定性影响着思想政治教育目标的可行性及思想政治教育的实际成效。

受信者对施信者实施的思想政治教育内容建构有着直接的心理感受,高质量的思想政治教育内容建构,可以更好地吸引受信者去了解、体验、融入,更易于接受其思想内核,并将这些思想内核内化到自身的思想价值体系中,在行动中自然而然地将这些思想内核展现出来。思想政治教育内容建构是一项极其复杂的工程,受到社会发展规律、思想政治教育内在规律、受信者身心发展规律等多方因素的制约,高效的思想政治教育内容建构要充分彰显思想政治教育内容建设的时代性、针对性、实践性、艺术性、亲和力和感染力。广义上,施信者每一次开展思想政治教育实践均是思想政治教育内容建构的过程,经过反复的建构,思想政治教育内容逐渐接近"精准适配"理想目标,即施信者与受信者之间在思想政治教育信息对称、信息共享、信息共鸣中实现深度的交融共生。受信者才能在交融共生中提高对施信者及思想政治教育的信任度。不可否认的是，在思想政治教育内容建构过程中，特别是在思想政治教育内容建构对"精准适配"目标的追求中，往往容易忽视思想政治内容的结构性及其层次递进关系，思想政治教育内容建构存在"多、杂、空、变"等现实状况❶，思想政治教育内容之间存在交叉重叠甚至抵牾的情况，内在逻辑性欠缺，同时也存在"矫枉过正"或"发力过猛"的现象，忽略了思想政治教育内容建构的科学性、系统性、长远性导向。这种情况存在于思想政治教育内容建构的各个环节、各个要素及各个层面中，对思想政治教育信任实践产生诸多不利的影响。

（三）思想政治教育方式革新的溢出效应

方式是在一定的社会环境下社会成员为了实现某种目标而采取的各种方法或手段。思想政治教育方式是施信者为了促进受信者的思想素质、政治觉悟和道德品质达到一定社会的要求而采取的各种方法、途径或手段。古今中外，思想政治教育方式的发展源远流长，不同视角下的思想政治教育方式种类繁多，有一般的或特殊的方式，有线上的或线下的或线上与线上相结合的方式，有显性的或隐性的方式，等等。这些方式既充分体现了思想政治教育发展现状，也随着思想政治教育实践的不断发展而不断丰富。当然，随着国内外政治经济形势的变化，思想政治教育也面临着越来越多且越来越复杂的新问题、新要求、新挑战，迫切需要革新思想政治教育方式。思想政治教育方式革新是在充分调研的基础上，根据内外部形势与环境变化，对思想政治教育方式的理念、原则、要素、流程及运行等方面进行全方位重构、系统性重塑的过程。当前我国思想政治教育方式革新取得了一定的成效，主要涉及三个方面：一是在一定条件或范畴内全新的思想政治教育方式，这种革新属于思想政治教育方式的纯粹式创新；二是将其他学科或国外有关理论与现有思想政治

---

❶ 韩振峰.思想政治教育热点问题研究新进展［M］.北京：清华大学出版社，北京交通大学出版社，2019：7.

教育方式进行有机结合，这种革新属于思想政治教育方式的跨界融合式创新；三是部分学者将现有思想政治教育方式的两种或多种进行一定程度的有机结合，这种革新属于思想政治教育方式的内体系融合式创新。

任何革新均会对其相关的领域、人或事物产生一定的影响，思想政治教育方式的革新同样也会对特定的人或事物产生影响，当然这种影响有利有弊、有短有长、有深有浅，通常以溢出效应来表示。思想政治教育方式革新的溢出效应，是指思想政治教育方式革新过程中在某个环节、方面或要素产生了一定的问题或发生了一定的变化，即引起了各种不良的连锁效应，对思想政治教育方式革新的其他环节、其他方面或其他要素产生的积极或消极影响。特别是在思想政治教育信任实践的各个领域、环节与要素中，思想政治教育方式革新的节奏把控、时机选择、受众反映等方面均会影响着受信者对施信者、对思想政治教育的可信度，也会影响着思想政治教育的整体发展。受信者面对"突然"而来的新的思想政治教育方式，在思想、心理上做好充分准备需要一个"缓冲期"，在施信者运用革新的思想政治教育方式开展思想政治教育实践中逐步加深了对变革方式的了解与认识，从而对思想政治教育方式变革有了一定的评判。这种评判是在对以往思想政治教育方式比较的基础上，对新的思想政治教育方式在吸引力、契合性、发展性等方面的综合判断，换言之，是对变革的思想政治教育方式能否有效提高思想政治教育内容及其传播质量，并逐步提升思想政治教育质量的综合判断。可以说，只有真正符合时代要求、思想政治教育规律、施信者成长规律的思想政治教育方式的革新，才能真正有效实现方式革新的正向溢出效应，才能真正有效推动思想政治教育信任实践的发展，才能让受信者与施信者之间形成并进一步巩固良好的信任关系。

四、复杂外部环境是产生思想政治教育信任问题的客观原因

外部环境是产生思想政治教育信任问题的各种外部因素的总和。当前国内外形势复杂多变，经济、社会、科技、文化等领域的复杂外部环境对思想

政治教育信任实践产生了极大的冲击，是产生思想政治教育信任问题的客观原因。

（一）经济快速发展的利益交锋

经济是一定社会内生产、流通、分配、消费的一切物质与精神资料的总称，是衡量一个国家或地区综合实力的根本性力量，也是每一位社会成员赖以生存和发展的物质基础。经济关系是人与人之间在经济交往过程中形成的利益关系。改革开放以来，我国市场经济得到迅速发展。在社会主义市场经济环境中，市场经济中各个利益个体的行为需要围绕经济利益来进行，由此市场经济环境下社会成员的价值观在一定程度上趋向实用化和功利化，无形中对社会成员的思想带来了一定的影响。这种影响既有有利的一面，即社会成员可以快速适应并融入市场经济中，可以有效提高社会物质生活条件；也有不利的一面，在市场经济大环境下，过度的"逐利""实用"等思想在社会成员中弥漫，各种利益交锋使社会人际关系日益复杂多变。同时，经济的转型，必然带来一定社会在价值体系、制度体系等各个层面的深刻变化，在经济利益的驱动下市场经济竞争更加激烈，社会成员之间的利益交锋也愈演愈烈，这种情况的出现使社会成员的意识形态出现一定程度上的"混乱"状况，不同的价值观念和思想意识困扰着社会成员特别是大学生群体，在市场经济条件下何去何从变得更加难以抉择。❶

改革开放至今，社会主义市场经济已成为我国经济发展的主旋律，思想政治教育工作既要为政治服务，也要为经济建设服务。❷市场经济环境下的思想政治教育，更要深入分析经济快速发展对社会成员带来的各种思想困惑、人际关系等方面的问题，以及贫富差距拉大引发的一系列思想、精神、文化等方面的深层次问题。这些问题在一定程度上影响着社会成员之间的信任关系，而社会成员之间前期建立的良好的信任关系，则会因为经济利益方

---

❶ 刘利峰.思想政治教育与创新研究［M］.北京：北京理工大学出版社，2019：38.
❷ 孙永鲁.新媒体时代思想政治教育传播学创新研究［M］.北京：新华出版社，2021：96.

面的纠葛而使双方之间的信任度下降，影响到已有的良好信任关系。同样地，这些问题也反映在思想政治教育实践中，受信者会因为市场经济引发的种种经济信任问题，而对社会、对执政党及从事思想政治教育工作的施信者产生一定的"信任松动"现象。长此以往，前期建立的良好的稳固的信任关系会变成负面的脆弱的信任关系，随着经济利益困扰的加剧，信任关系就会不断松动乃至变质。因此，从整合社会大环境来看，良好的经济环境、经济条件和社会经济关系是推动思想政治教育信任发展的强大物质保障；反之，则成为制约思想政治教育信任的强大阻力。

（二）社会转型变革的关系重塑

就社会发展而言，社会转型是一个国家由一种社会形态向新的社会形态转变或过渡的过程，其显著的变化表现为社会整体利益格局的变化、社会阶层的细化分化及社会个体主体意识的自我觉醒。仰海峰认为，马克思在《共产党宣言》中所指的资本主义社会转型，是一次从经济、政治到文化、社会意识的全面的社会转型，改变着社会结构、人们的交往方式和思想观念。❶

在我国，社会转型主要是指社会结构的变化发展的过程，在一定程度上讲，我国的社会转型是对改革开放以来经济社会发展过程的总体性概括，是对我国现代化进程中不断实践探索的具体模式和路径抉择的核心表达。❷党的二十大报告提出"中国式现代化"这一重要论断❸，有着深厚的历史根基，是中国共产党治国理政思想和实践的巨大飞跃，可以说，"中国式现代化"是对新时代中国社会转型的高度概括。当然，推动社会转型的原因是复杂的，从整体上看，主要包括两个方面，一方面是社会外部环境所致，就某个国家而言，主要是指国际政治经济环境；另一方面是国家内部发展所致，是某个国家内部各要素、各领域、社会结构发展到一定程度，自然而然地需要

---

❶ 仰海峰.马克思的社会转型思想［J］.中国社会科学，2022（2）：4.
❷ 钱正荣.政策能力视域下的公共危机治理研究［M］.武汉：武汉大学出版社，2014：62.
❸ 习近平.高举中国特色社会主义伟大旗帜　为全面建设社会主义现代化国家而团结奋斗——在中国共产党第二十次全国代表大会上的报告［M］.北京：人民出版社，2022：21.

过渡到另外一种发展形态。需要注意的是，社会转型与社会革命截然不同，社会转型主要是社会结构的变化，是社会自身完善、自我发展的内在机制。

思想政治教育是社会发展的一部分，社会转型必将影响着思想政治教育的发展。社会转型一般是指社会结构的转型，社会结构的转型会不同程度地影响着思想政治教育结构的转型，而思想政治教育转型的核心是思想政治教育结构转型。❶在思想政治教育结构转型过程中，人与人之间特别是施信者与受信者之间的信任关系结构也随之发生变化，这种变化在一定程度上也是一种"转型"，信任关系结构的转型更多是在构成信任关系各要素的数量比例、关联程度、组合方式等方面。与传统信任关系结构相比，在当前思想政治教育转型进程中的信任关系结构，更加注重立场性、人民性、公平性、协作性，对思想政治教育信任实践的发展产生深远影响。

（三）文化差序多元的交融嬗变

文化是人类主客观世界发展的结晶，是一个民族、一个国家独特的精神标识。文化的发展有其深厚的历史土壤和现实根基。中华优秀传统文化源远流长，其特征主要有崇德尚贤的伦理性，绵延不绝的强劲生命力和开放、包容、内化的自我革新性。❷中华优秀传统文化中蕴含的思想精华，为开展思想政治教育提供了丰富的滋养，是推进思想政治教育内容创新的思想宝库。当然，在中国传统文化中，特别是在民俗文化、宗族文化、宗教文化等方面仍然存在着内在的与当前社会发展脱节的不良思想残余，在一定条件下制约着思想政治教育的发展。

社会文化随着时代的发展在不断发展，在中国共产党的领导下，社会主义文化展现了强大的生命力，得到了快速发展。特别是党的十八大以来，在习近平总书记关于文化发展重要论述和重要讲话精神的指引下，我国文化事业取得了辉煌成就。但不可避免地，受制于多种主客观因素，我国文化事业

---

❶ 陈胜国．新时代高校思想政治教育创新发展研究［M］．北京：文化发展出版社，2019：73．
❷ 黄惠．优秀传统文化在高校思想政治教育中的实践应用［M］．沈阳：东北大学出版社，2019：2．

发展也存在着诸多问题，如传统文化中一些不良思想的抬头，在现代信息技术和互联网技术影响下产生的网络文化快速发展，伴随着拜金主义、历史虚无主义、犬儒主义、民粹主义等西方不良社会文化思潮的入侵，我国文化发展面临着日益复杂的严峻挑战。在这样的大背景下，社会文化交织融合，冲破地域、民族、宗教等域界限制，文化差序格局多元化发展趋势加快，社会文化的"圈层"结构更加紧密，人与人之间由交往而形成的社会信任文化也因此变得更加复杂，直接影响着思想政治教育信任文化的发展，是思想政治教育信任问题产生的文化土壤。

（四）科技双刃效应的外溢扩散

科技是人们在认识世界、改造世界过程中，通过不断的实践而掌握的各种方法、手段、技能和工艺等的总和。恩格斯认为，社会一旦有技术上的需要，这种需要就会比十所大学更能把科学推向前进。❶ 马克思指出了在资本主义条件下科学技术的产业化普及应用带来的异化现象，认为"在我们这个时代，每一种事物好像都包含有自己的反面……技术的胜利，似乎是以道德的败坏为代价换来的"❷。科技是"友性"和"敌性"、"非友性"和"非敌性"的复杂矛盾统一体。❸ 科技在为经济社会发展提供强大技术支撑的同时，也存在诸多的安全性、伦理性等方面的问题，这些问题统称为科技的"双刃效应"。

思想政治教育的发展同样离不开科技的支撑。当前元宇宙、大数据、云计算、区块链等技术在思想政治教育实践中的应用不断深入，在一定程度上突破了以往思想政治教育的时空限制，极大地拓宽了思想政治教育的界域。同样地，其他科学技术的发展也会在不同领域、不同环节对思想政治教育产生积极的影响，弥补了以往思想政治教育无法实现特定功能的"缺憾"，提高了思想政治教育的实效性、融合性与发展性。这些技术在思想政治教育实

---

❶ 马克思恩格斯选集：第4卷[M].北京：人民出版社，2012：648.
❷ 马克思恩格斯全集：第12卷[M].北京：人民出版社，1962：4.
❸ 殷登祥.时代的呼唤：科学技术与社会导论[M].西安：陕西人民教育出版社，1997：28.

践中的广泛应用，虽然有力地推动了思想政治教育的发展，解决了以往思想政治教育实践中所无法克服的诸多问题，给施信者和受信者带来了积极且有益的帮助，但随之也产生了诸多的问题，如由技术垄断引起的资源配置不公问题、由技术盲区引发的隐私公开危机，以及各类技术发展引发的伦理争议等。科技的"双刃效应"随着思想政治教育实践发展不断扩散，特别是科技的过度使用及无序管理使施信者或受信者群体不同程度地产生了脱离现实生活的技术依赖，导致思想政治教育缺乏现实生活的本真滋养，过度"工具理性"蔓延，思想政治教育实践中人与人之间的关系会变得更加理性、冷漠，失去了现实生活的体验性、人本性、情感性，对思想政治教育实践中产生的各种信任关系也将产生一定的负面影响。

总之，思想政治教育信任问题的实质在于思想政治教育的信任"不对称"。思想政治教育信任的问题是多方面的，主要包括受信者对施信者信任的问题、施信者对受信者信任的问题，以及对思想政治教育内容、方法和环境信任的问题，而施信者综合素质、受信者身心成长与认知基础、思想政治教育发展"困境"和复杂外部环境分别是产生上述问题的直接原因、重要原因、关键原因和客观原因。当前，推进中国式思想政治教育现代化已成为实现中国式现代化的内在要求，其核心目标指向在于全面提升包括受信者群体在内的广大人民群众接受思想政治教育的幸福感、获得感，而人与人之间信任关系的现代化是中国式思想政治教育现代化的基本要件。当前纾解思想政治教育信任问题的关键在于推进中国式思想政治教育现代化提质增效，必然要深入研究提升思想政治教育信任质量的基本对策，助力中国式思想政治教育现代化的实现。

第七章

思想政治教育信任质量提升的基本对策

深入探究思想政治教育信任基础理论、结构与机制、呈现样态，系统梳理思想政治教育信任的思想资源，全面剖析思想政治教育信任的问题及其原因，最终的落脚点是提出思想政治教育信任质量提升的基本对策，从而为夯实思想政治教育信任价值观根基、切实提高思想政治教育实效性提供有力的科学支撑。

第一节 全面把握思想政治教育信任质量提升的五对关系

在思想政治教育信任产生、变化和发展的过程中，客观上还存在着反映思想政治教育信任实践在某一方面、某一层次、某一环节的具体关系。这些具体关系虽然不能直接主导思想政治教育信任发展的基本趋势，但可以间接推动思想政治教育信任发展趋势的走向，是思想政治教育信任基本规律的具体体现。揭示这些具体关系，深刻把握这些关系之间的内在逻辑，可以深化对思想政治教育信任基本规律的认知，更好地把握思想政治教育信任的发生、变化和发展机理。

一、感性信任与理性信任的关系

感性一般是指由外界作用于人的感觉器官而产生的各种感觉、直觉或表象等。马克思认为，人的感觉、感觉的人性，都是由于它的对象的存在，由于人化的自然界，才产生出来的。❶理性一般是指人所具备特殊的逻辑推理的能力。从认识论角度而言，感性认知是一种初级层面的认知，理性认知是一种高级层面的认知，理性认知由感性认知发展而来。在思想政治教育实践中，感性信任是思想政治教育信任主体通过感觉器官对思想政治教育客体产生是否信任及可信度等方面的具体感觉、直觉与表象，如"第一印象""第一感觉"等。理性信任是思想政治教育信任主体在感性认识的基础上，通过高度的抽象概括，形成的对思想政治教育客体现状及其规律是否信任及可信度等方面的深层次认知。从总体上看，不同于思想政治教育信任的演进路向，思想政治教育信任实践的发展过程是由感性信任逐渐上升到理性信任的过程，也是一个实践、认识、再实践、再认识的循环往复的过程，既需要从感性层面认知思想政治教育信任客体，更需要从理性层面深刻把握思想政治教育信任内在价值与基本规律。这种认知逻辑既是对一定社会的思想政治教育的再认识，也是对这种思想政治教育之于个人实现全面发展内在逻辑的再认识，是推动思想政治教育信任不断发展的重要前提。

二、信任预期与信任行为的关系

预期是一种心理活动，是对某个事物未来发展轨迹的主观预测和期盼。行为则是人为了实现预期目标而开展的各种活动的总和。在思想政治教育实践中，信任预期是指受信者对施信者及思想政治教育能够满足自身全面发展需求的期待，是一种积极的、肯定的心理预期，也是思想政治教育信任关系得以建立并稳定发展的关键。信任预期是双向的，同时也是施信者对受信者能够适应一定社会的思想政治教育要求，充分发挥自身的主观能动性，实现个人全面发展与社会发展有机统一的心理预期。信任行为是受信者在思想政治教育信任预期的指引下，将一定社会所主张的思想政治教育内容内化为促进自身

---

❶ 马克思.1844年经济学哲学手稿[M].北京：人民出版社，2000：87.

全面发展的素质与能力；同时，通过自身全面发展素质与能力的提升，对其他受信者产生正面的、积极的影响。对施信者而言，信任行为是在对受信者思想境界、政治素质、道德品德、学习能力、身心素质等方面深入了解的基础上，提出并优化思想政治教育信任的基本对策，为提高思想政治教育信任质量，不断增强思想政治教育实效性的具体行动过程。总之，信任预期是一种预测性心理活动，是推动思想政治教育信任行为付诸现实的基础和前提，而信任行为是为了实现信任预期目标采取的行动，两者之间是高度统一的。

三、信任协调与信任控制的关系

协调是指科学优化事物内外部的各种关系、要素和资源，为事物运行、发展创造优越的环境和条件，促进事物按照原定目标有序发展的过程。控制一般是指对事物的产生、变化和发展所具备的协调与把控能力。思想政治教育信任是一个复杂的生态系统，影响思想政治教育信任发展的因素是多样的，其中政治因素决定着思想政治教育信任的性质，生产力因素是推动思想政治教育信任发展的根本力量，历史文化因素是思想政治教育信任产生、变化和发展的深层依据。除此之外，一些社会因素在思想政治教育信任过程中会自发产生各种影响，这些影响有积极的、正面的，也有消极的、负面的，这些消极的、负面的影响会在一定程度上"侵蚀"着其积极的、正面的、肯定的影响。就思想政治教育主体而言，通常情况下，施信者由具备一定思想政治教育工作专业技能的个体或群体构成，但目前国内从事思想政治教育工作的施信者在年龄、学科背景、工作经验和技能等方面存在较大差异，与思想政治教育信任实践要求和标准相比还存在一定的差距；而受信者由于思维能力、家庭关系、生存环境、教育基础及成长阅历等情况各不相同，在与施信者及思想政治教育相互作用中是否能够产生积极的、正向的信任，并在这种良好的信任氛围中推动个体全面发展，还需要在实践中不断强化。同时，思想政治教育信任的内在属性在推动思想政治教育信任发展的进程中发挥着重要作用，但囿于现实中的多重原因，这些内在属性还需要加强协调与控制。因此，需要充分发挥信任协调与信任控制的作用，实现两者有机统一，将政治因素、生产力因素及历史文化因素等整合为推动思想政治教育信任发展的重要力量，充分调动并优化配置思想政治教育信任资源，有效激活思想政治教育主体特别是施信者与受信者的主观能动性，从而不断提升思想政治教育信任质量。

四、信任他人与信任自我的关系

信任他人是对他人建立信赖、值得托付的关系的过程。信任自我则是个体对自己所具备某种能力或特质充满自信的心理活动过程。在思想政治教育实践中，信任他人是指思想政治教育信任主体对他人的信任，可以是受信者对施信者或其他受信者的信任，也可以是施信者对受信者或其他施信者的信任。从方向维度看，信任他人是一种发散的、外放式的信任，建立的信任关系也是从"我"到"你"或到"他"的单一向度，回归本源，对于"我"的思想政治品德的价值稍显欠缺。信任自我则是思想政治教育信任主体对自己具备某种能力或达到某种状态的自信的体现，是由外向内的信任，将外部各种作用关系牵引至本身，是在良好的信任关系基础上对思想政治教育信任实践及其所主张的思想政治教育内容的接纳、认同、内化，实现了对一定社会的思想政治教育要求从理想与价值层面到活力与前景层面的深度确信，实现了从信任他人向信任自我的最优过渡，使思想政治教育实践中的受信者在思想政治教育信任力的指引下逐渐推进自我全面发展。

五、信任交互与信任联结的关系

交互性是思想政治教育信任的主要特征之一。信任交互是思想政治教育信任实践的重要方式，是促进思想政治教育主体间产生各种信任关系的前提。思想政治教育的信任交互需要介体的有效联结，在介体的引导下，才能更好地推动思想政治教育主体之间、主客体之间在思想、政治、道德、情感及知识等方面的交流互动，才能更好地实现思想政治教育信任系统内外部资源的共享，即产生了良好的思想政治教育信任交互作用机制。在这种作用机制的运行中，思想政治教育信任的主客体、内在要素、相互关系等相互影响、相互制约，共同推动思想政治教育信任实践的发展。信任联结是指通过信任"联结点"推动思想政治教育的信任关系及信任内容有效传递的过程。这里的"联结点"不是一般意义上的介体，而是满足思想政治教育信任关系及信任内容有效传递的各种条件和要求，这些条件和要求主要包括思想政治教育信任传递的时效因素、人员因素、信息因素、场景因素、传播因素等，在最优化满足这些条件和要求时，思想政治教育信任实践的传递效应将会进一步提高。思想政治教育的信任交互与这些条件和要求之间存在着较强的关联性，同时信任交互为思想政治教育信任的有效"联结"提供了充足的条件，因此推进思想政治教育信任的发展必然要坚持信任交互与信任联结的高度统一。

第二节　始终坚守思想政治教育信任质量提升的基本原则

马克思指出，原则不是研究的出发点，而是它的最终结果。[1]思想政治教育信任质量提升的基本原则是施信者创新思想政治教育信任方式，丰富思想政治教育信任内容，激活思想政治教育信任载体，优化思想政治教育信任环境，建立更加紧密、良好的思想政治教育信任关系，为全面提升思想政治教育信任质量所需要确立和坚守的基本准则或准绳。在全面把握思想政治教育信任质量提升五对关系的基础上，需要进一步明确思想政治教育信任质量提升的基本原则，为提高思想政治教育信任质量提供科学的指引。

一、坚持政治性与科学性相统一

政治性与科学性相统一的原则是提升思想政治教育信任质量的首要原

---

[1] 马克思恩格斯选集：第3卷[M].北京：人民出版社，2012：410.

则。政治性是思想政治教育信任质量提升的"风向标",它要求思想政治教育信任应始终与党和国家事业发展的需要相一致,坚持正确的政治方向,集中反映了思想政治教育信任的本质要求。思想政治教育信任的政治性主要体现在思想政治教育信任要高举马克思主义伟大旗帜,贯彻党的宗旨、纲领、路线和方针,确保思想政治教育信任的政治性、导向性、阶级性、价值性和统领性,从根本上体现思想政治教育信任的政治立场、阶级特征和价值旨趣。科学性是提升思想政治教育信任质量的"压舱石",是开展思想政治教育信任理论研究与实践探索的客观要求,是指在科学理论的指导下,遵循科学的程序和标准,运用科学思维和方法开展思想政治教育信任实践的特性,具体表现在施信者对思想政治教育信任本质要求与内在属性的深刻、全面、科学的认识和把握,这要求施信者在遵循思想政治教育信任客观规律的基础上,全面掌握科学的思想政治教育思维、手段和方法。思想政治教育信任涉及政治学、社会学、教育学、心理学、行为学、管理学等多个学科领域,其核心在于研究思想政治教育实践过程中施信者与受信者之间信任关系的基本规律和基本问题,只有在科学性原则的指导下,才能真正掌握这种信任关系产生、变化与发展的内在机理,才能真正找到提升思想政治教育信任质量的方法与路径。思想政治教育信任的政治性与科学性之间缺一不可、互促互进,在突出政治性原则中更好地依托科学性原则,在尊重科学性原则中更好地坚持政治性原则,是推进思想政治教育信任高质量发展的前提和基础。

二、坚持历史性与时代性相统一

历史性是对某一国家、民族、组织或事物发展轨迹的高度概况,是对其历史传承、历史印记、历史精神、历史文化等特性的高度传承,历史性不是历史事件固有的性质,而是与人们对历史事件的感觉与理解直接联系在一起。[1] 马克思认为,历史本身是自然史的即自然界生成为人这一过程的

---

[1] 雷戈.史学在思想[M].郑州:河南大学出版社,2011:4.

一个现实部分。❶ 可以说，人是历史的和现实的统一体，在社会发展的过程中，人总会与他人、他物产生这样或那样的社会关系，而信任关系是一种极为重要且特殊的社会关系。我国的思想政治教育信任思想根植于绵延数千年的中华优秀传统文化中，是中华传统文化历史发展的智慧结晶。思想政治教育信任关系的发展呈现出特定的历史性，在不同历史阶段中演绎着思想政治教育信任的独特的发展历程。时代性是指某一国家、民族、组织或事物是否具备与当前所处时代的特征相吻合的特性。随着思想政治教育信任实践的快速发展，其时代性特征愈加明显，时代赋予了思想政治教育信任实践新的内涵。思想政治教育信任实践本身就是一个历史性与时代性紧密结合、有机统一的系统性工程，其时代性特征与其历史方位、历史使命相一致，同样地，历史性为其时代性的发展提供了指引。因此，面对新形势、新情况和新问题，要在继承历史文化与传统、总结以往经验与教训的基础上，更好地融入时代发展大局，不断丰富和发展思想政治教育信任的理论内涵与实践应用。习近平总书记在党的十九大报告中指出，"时代是思想之母，实践是理论之源"❷。可以说，实践是推进思想政治教育信任历史性与时代性相统一的根本力量，在思想政治教育信任实践中，其历史性与时代性属性之间相互影响、相互制约，共同推动思想政治教育信任的发展。

三、坚持主导性与主体性相统一

主导性表征事物的统领性、规定性和指向性，坚持主导性是思想政治教育实践活动的本质要求❸，思想政治教育主导性的本质是对政治教育的主导、思想教育的主导、品德教育的主导❹。思想政治教育信任作为思想政治教育

---

❶ 马克思恩格斯全集：第3卷［M］.北京：人民出版社，2002：308.
❷ 习近平.习近平著作选读：第2卷［M］.北京：人民出版社，2023：23.
❸ 石书臣.现代思想政治教育主导性研究［M］.上海：学林出版社，2004：1.
❹ 张耀灿，郑永廷，等.现代思想政治教育学［M］.北京：人民出版社，2006：200.

的特殊形式，同样必须坚持主导性。思想政治教育信任的主导性是指思想政治教育信任的本质要求、主要功能及内在属性等方面所具有的指导、引领的地位和作用，特别是在政治主导、思想主导、文化主导和价值主导等方面的指导与引领。同时，也要坚持思想政治教育信任的主阵地、主渠道、主动脉和主旋律的价值定位，特别是要充分发挥施信者在思想政治教育信任实践中的主导地位和作用，施信者主导地位和作用的发挥是提升思想政治教育信任质量的着力点之一。马克思认为"物质是一切变化的主体"❶，强调"主体是人，客体是自然"❷。思想政治教育的主体性聚焦在"人"的本质特性，与人的主体性是特殊与一般、个性与共性、殊相与共相的关系。❸思想政治教育信任的主体性呈现出多维性、扩展性的特点，其主体性作用的发挥是多维度、全方位的，既要发挥施信者的主体性，增强其自身在信任亲和力、凝聚力、感染力等方面的作用；同时也要注重发挥受信者的主体性作用，特别是受信者的主体自觉及其正向的、积极的示范作用，培育其树立并践行正确的信任价值观，将主体性作用转化为推动思想政治教育信任高质量发展的实践。习近平总书记强调，推动思想政治理论课改革创新"要坚持主导性和主体性相统一，思政课教学离不开教师的主导，同时要加大对学生的认知规律和接受特点的研究，发挥学生主体性作用"❹。坚持主导性是思想政治教育信任的本质要求，坚持主体性是提升思想政治教育信任质量的内在要求，两者之间相互影响、相互依存。在当前日益复杂的国内外形势下，思想政治教育信任主导性地位的确立需要充分发挥主体性作用，其主体性作用的发挥则需要坚守主导性的指引，将主导性的政治性、方向性和价值性等特征与主体性的能动性、灵活性和多样性等特征有机融合。

---

❶ 马克思恩格斯全集：第2卷[M].北京：人民出版社，1957：164.
❷ 马克思恩格斯选集：第2卷[M].北京：人民出版社，2012：685.
❸ 张彦.思想政治教育主体性研究[M].广州：广东人民出版社，2006：6.
❹ 习近平谈治国理政：第3卷[M].北京：外文出版社，2020：330-331.

四、坚持阶段性与层次性相统一

　　思想政治教育是一定社会中的施信者对受信者的思想素质、政治素质、道德素质等逐步改造、提升的活动，也是受信者接受教育并实现自我改造、自我提升与自我发展的过程。思想政治教育信任是以"信任"为纽带或方式加速这一活动或过程的进程，提升这一活动或过程实效的实践活动。受信者的思想政治教育素质的改造与提升是一个渐进式的过程，每个受信者所处的社会环境、家庭环境、人生际遇、知识阅历、处事风格等方面存在着较大的差异性，其思想政治素质的变化与发展呈现出一定的阶段性；相应地，思想政治教育信任的变化与发展也有一定的阶段性，这种阶段性集中体现在思想政治教育信任实践的发展进程中，每个阶段对应着思想政治教育信任实践发展进程的一个阶段，与经济社会发展环境、思想政治教育实践现状及施信者与受信者的实际情况相吻合。思想政治教育信任实践变化与发展的每个阶段呈现出不同的特点，施信者与受信者之间的信任关系也有着不同的状态与特点，每个阶段的状态与特点相对稳定且区别于其他阶段。施信者要根据思想政治教育信任实践不同阶段的特点对"症"下药，缓解不同阶段中受信者与施信者之间的信任焦虑与困惑，提升不同阶段中受信者与施信者之间信任关系的发展质量，促进不同阶段的有效衔接和正向发展。思想政治教育信任是思想政治教育系统的一个特殊的子系统，由于人与人之间社会信任关系的复杂性与多样性，思想政治教育信任实践的变化与发展也呈现出一定的层次性特征。思想政治教育信任实践的层次性是思想政治教育信任系统层级的规定性，具体包括基础层、中间层、核心层与高阶层。不同信任关系构成了不同的思想政治教育信任实践的层级关系，不同层级的思想政治教育信任实践在结构与功能等方面是不同的，层级越高，思想政治教育信任实践的结构与功能就越加复杂、抽象。思想政治教育信任实践的层次性既有系统层面的整体层次性，也有系统内不同主体之间信任关系的层次性，是一种"螺旋式上升"结构的层次性，可以用"不明不信""半信半疑""深信不疑""信任到信念、信仰升华"等层次来表示这种层次性结构。当然，在具体的时空场景下，这种层次性结构也可能会存在向低阶发展的现象，这与思想政治教育信任的势度是密切相关的。因此，坚持思想政治教育信任实践的层次性，需要施信者科学把握思想政治教育信任系统不同层次的结构、功能和发展趋向。阶段性与层次性是思想政治教育信任系统在时空结构和功能结构上的两种特性，这两种特性之间相互交融、相互影响，共同推动思想政治教育信任系统的发展。

五、坚持示范性与潜移性相统一

示范原则是教育者在思想政治教育过程中必须遵循的基本行为准则。❶ 示范性是指在思想政治教育信任实践中，施信者用自身被认可的形象、品德、能力、知识等去影响、感染受信者，促进两者之间建立良好且稳定的信任关系，从而推动受信者更好地融入思想政治教育，提高自身思想政治素质。施信者通过各种方式对受信者进行"示范性"教育，施信者的外貌特征、衣着打扮、行为举止、语言风格、教育教学风格与能力等是这种"示范性"教育的主要形式，并以显性的方式存在。当然，思想政治教育在很多情境中是以"浅隐"形式存在的，这种存在形式可称为隐性思想政治教育。❷ 潜移性作为隐性思想政治教育的重要特征之一，是指以较为隐蔽的方式推动思想政治教育信任实践变化与发展的特性，其"潜移"的是思想政治教育信任的"形"，而坚守的则是思想政治教育信任的"魂"。思想政治教育信任实践以构建良好的信任关系为逻辑起点，而信任关系是一种复杂的社会关系，在日常生活中往往以浅隐的方式存在着。在思想政治教育信任实践中，除了较为常见的显性方式之外，施信者与受信者之间同样存在着以主动或非主动方式产生"潜移性"的互动，涉及暗示、感染及模仿等方式。在这种"潜移

---

❶ 陈万柏，张耀灿.思想政治教育学原理[M].3版.北京：高等教育出版社，2015：216.
❷ 白显良.隐性思想政治教育基本理论研究[M].北京：人民出版社，2013：7.

性"的思想政治教育信任场景中，施信者往往以"非教育者"的形象与受信者展开互动，着力引起思想、智慧、文化、艺术等方面的共鸣，在建构平等、舒适、持续的思想政治教育信任环境中发挥着重要作用。广义上，思想政治教育信任是在信任关系及其价值的指引下推动思想政治教育发展的重要方式、载体或活动，示范性与潜移性是施信者与受信者之间信任关系及其价值在表现形式上的内在特性，示范性内蕴着潜移性的"渗透"，潜移性则需要示范性的"引领"，在一定的条件下，两者之间可以相互转化。因此，坚持示范性与潜移性相结合的原则，可以更好地为提升思想政治教育信任质量提供更加丰富、有力的支撑。

第三节　持续拓展思想政治教育信任质量提升的有效路径

本节针对思想政治教育信任实践中存在的各种问题及其原因，结合当前思想政治教育实际与发展趋势，从提升综合素质、强化激励引导、提高内容质量、创新方式方法和优化内外环境五个方面提出持续拓展纾解思想政治教育信任质量提升的有效路径。

一、增强施信者把握思想政治教育权威性与引领性的综合素质

施信者不断增强自身综合素质是提高受信者对施信者及思想政治教育可信度的关键，主要包括塑造可感可信形象、提升道德修养境界、提高育人素质能力三个方面。

（一）塑造可感可信形象

目前学界关于思想政治教育形象主要有两种解释，其一指向施信者，是受信者对施信者的认知、印象和评价的总和，是施信者在实践中展现出的人格特征、道德风貌、能力素质、行为方式等在受信者头脑中的描摹与

再现❶；其二指向整个思想政治教育，是人们在感知、接受、体验思想政治教育时对思想政治教育的存在状态、表现样态和运行状况的总体印象与综合评价❷。施信者形象在一定程度上代表着思想政治教育的整体形象，推进施信者和思想政治教育的信任形象建设，是提高思想政治教育质量最直接、最直观、最有效的路径之一。

1. 坚定可感可信形象塑造的原则定向

为了提升思想政治教育和施信者的形象信任，进一步激发形象自觉，需要坚守以下五方面原则。

其一，坚持育人方向与审美导向相统一。在推进思想政治教育形象信任建设过程中，要始终坚持党的教育路线、方针和政策，坚持以人民为中心，坚持为党和国家事业发展服务。同时，形象信任又有其特殊性，审美导向在形象信任中的作用非常重要，人类对美的追求从古至今皆然。施信者要在形象信任建设过程中强化以美育人，不断提升其在穿着打扮、精气神及思想政治教育实践中的"美"，提高自身审美情趣、思维和技术。只有坚持育人方向与审美导向的统一，才能进一步增强思想政治教育的亲和力、吸引力和感染力，让广大受信者在正确的道路上、在"美"的环境中改进提高对思想政治教育及施信者的信任形象。

其二，坚持客观需求与主观建构相呼应。提高思想政治教育的形象信任是当前经济社会发展形势及思想政治教育的客观需求，与施信者自主建构和自我发展之间高度呼应。思想政治教育形象建设进程中产生的形象信任是社会大众对思想政治教育及施信者的总体印象与综合评价，直接影响着受信者对思想政治教育及施信者的总体看法，可以让受信者更好地了解、接受思想政治教育所倡导的理念、观点、思维并内化为自身的思想思维、政治觉悟、道德修养和学习能力，为实现个体全面发展提供全方位支撑。加强形象建设

---

❶ 潘晓阳，熊建生．思想政治教育者形象的时代塑造［J］．思想理论教育，2019（8）：5.

❷ 郑敬斌，李鑫．新时代思想政治教育形象的内在意蕴、出场语境与优化理路［J］．思想理论教育，2022（1）：65.

既是思想政治教育的客观需要，也是施信者发挥主观能动性的必然选择。施信者要在形象信任建构中充分发挥主导作用，提高自身政治素质、人格魅力、专业素养和知识能力，从而有效提升形象信任质量。

其三，坚持理论预设与实践转化相结合。思想政治教育形象信任是理论设想与现实塑造在实践转化中的辩证统一。理论预设是思想政治教育形象信任的理论原点，是对思想政治教育信任的蓝图式勾画，特别是对施信者而言，要以最高标准、最高要求和最完美形象展示在思想政治教育中。这种理论预设是从理论视角对形象信任在学理层面的逻辑阐释，也是从理想视角对形象信任在愿景层面的张力显现。形象信任的理论预设需要在实践中加以确证、发展，从现实角度而言，形象信任建设过程需要从初级阶段到中级阶段再到高级阶段，呈螺旋式上升趋势，需要施信者以优良的形象信任为目标导向，不断提升综合素质能力，从而促使受信者对思想政治教育及施信者的形象信任实现高质量转化。

其四，坚持稳定塑化与可变发展相交融。通过一定时间的接触、感知与评判，受信者对思想政治教育及施信者产生的形象信任在一定时期内处于相对稳定状态，当然在一定时期稳定塑化的形象信任可能是正面的、积极的，也可能是负面的、消极的。同时，相对稳定塑化的形象信任在内外部各种要素及其矛盾运动的推动下，在达到一定条件时会朝着其他方向变化发展，在变与非变的状态下向前发展。因此，需要施信者辩证地看待思想政治教育形象信任，把握形象信任发展的"度"，趋利避害，积小信为大信，转弱信为强信，在不断的"量"的积累的基础上实现高质量的"质"的飞跃，以此实现思想政治教育形象信任的稳定塑化与可变发展相交融。

其五，坚持群体形象与个性发展相表里。思想政治教育及施信者的形象信任是群体印象与个性差异在受信者感官认知和思维判断上的表里互补。施信者队伍建设是思想政治教育工作的重要内容，这支队伍在政治立场、工作作风、专业能力及结构等方面的整体形象直接影响着受信者对思想政治教育及施信者良好信任关系的建构。当然，群体形象是建立在法律法规及职业要求上"标准化"的整体印象和综合评判，是每一位施信者所必须遵守的基础要求。在群体形象的基础要求之上，施信者也需要不断尝试差异化、个性化发展，在不断追求人生境界和事业发展的道路上，充分发挥自身所长，探索更具个性化的方式方法，塑造多样化、差异化的个性形象，既要体现施信者优良的政治素质、人格魅力、学识本领、担当情怀和道德品质，也要勾勒出施信者鲜明的时代形象，构建鲜活、多彩、立体、真实的个体形象结构系统。

2. 把握可感可信形象塑造的内容构成

在形象思维及其相关理论的指引下，根据当前时代形势和现实需要，施信者要从政治形象、人格形象、职业形象和虚拟形象四个方面深刻把握并不断加强可感可信形象塑造的内容构成。

其一，以政治形象为根本。政治形象是思想政治教育及其策划者、组织者和实施者——施信者所必须坚守的根本形象要素。简言之，政治形象即思想政治教育及施信者在政治方向、政治原则、政治纪律、政治素质和政治能力等方面的综合形象，是每一位施信者必须坚守的第一形象准则。在我国，坚守政治形象要求施信者要高举马克思主义伟大旗帜，坚持中国共产党的领导，以社会主义核心价值观为核心，努力推动思想政治教育为党和国家事业服务，为广大人民群众提高思想品德、政治素质以实现全面发展服务。施信者既要通过各种方式提升思想政治教育实践的政治形象，也要加强政治理论学习，将政治思维和理念贯穿到工作过程中，不断提高自身推进思想政治教育实践的政治洞察力、政治执行力和政治自觉力，在广大受信者群体中树立以符合岗位要求为基础、坚决拥护中国共产党的领导、坚持中国特色社会主义道路、坚持以人民为中心、具有优良政治品德和能力的政治形象，这是广大施信者开展工作、收获信任和信心的形象基石。

其二，以人格形象为核心。人格形象是施信者在从事思想政治教育工作中所产生和体现的人格美，是在其生理素质基础上，在履行其思想政治教育工作者的角色中自觉形成且相对稳定的心理特征的总和。它由需要、兴趣、动机、理想、信念、价值观、世界观、能力、气质和性格等多种成分组成，其核心是对思想政治教育事业的热爱，以及对受信者的认可、依赖与信任，主要体现在理想信念、敬业态度、情感立场、道德情操和意志品质等方面。具备高尚人格形象的施信者往往表现出胸怀坦荡、热忱真诚、爱岗敬业、作风扎实、专业精湛、公平公正、自信心强、耐心细致、坚韧不拔等人格综合特质。思想政治教育的"人格形象"是思想政治教育实践的"拟人化"，通过施信者及具体的思想政治教育实践活动所展现。施信者崇高的人格形象在受信者的心灵中是任何东西都无法代替的，为了塑造崇高的思想政治教育人格形象，需要施信者坚守共产主义理想信念，工作上踏实勤勉、兢兢业业、作风过硬、民主公正、虚心求教、率先垂范，不断提升自身道德品质修养、专业理论素养及实践能力，以崇高的人格形象为榜样，及时掌握受信者思想品德、政治素质的发展动态及需求，主动关心关爱受信者群体，不断提升自身的人格形象与人格魅力。

其三，以职业形象为基础。职业形象是施信者在社会大众中展现出的职业印象，主要包括外在形象、品德形象、知识形象和专业形象四个方面。外在形象主要是指符合职业岗位要求的穿着打扮、言行举止，施信者的穿着打扮基本要求为衣着得体、朴素大方、崇尚自然美，在不同场合选择合适的着装；施信者在工作中的言行举止要符合规范，力求态度真诚、平等对话、耐心倾听、姿势雅观、语速适中、语调平和沉稳、微表情恰当、保持适当的社交距离。品德形象是指符合职业岗位要求的思想品德、政治素质和内在修养，施信者在品德形象方面要比一般职业的要求更高，要热爱所从事的职业、全身心投入，恪守职业道德和职业操守，坚守理想信念，遵守基本伦理道德规范，将社会主义核心价值观融入职业发展和工作开展的全过程。知识形象主要是要具备符合思想政治教育的基础理论知识及应用操作知识，是施信者在知识层面对社会大众的印象，施信者要不断加强思想政治理论学习，既要深入学习马克思主义经典作家原著，又要学习思想政治教育相关理论知识，将理论知识与实践应用相结合，不断提升知识储备和运用能力。专业形象是指从事思想政治教育工作所具备的专业思维、专业能力和专业技术等专业素质方面对社会大众产生的印象的总和，在不同岗位的施信者其专业形象有诸多不同，专业形象包括教学形象、学术形象、审美形象、能力形象等。

其四，以虚拟形象为延伸。虚拟形象是随着计算机信息技术和互联网技术的发展而在虚拟空间中产生的一种特殊的形象形态，是时代发展的产物。就思想政治教育实践而言，虚拟形象在网络思想政治教育实践中发挥着重要的作用，是施信者开展网络思想政治教育所必须注意且要树立的形象。虚拟形象的树立需要注重网络环境，特别是新媒体环境下的各种话语表达，亟须施信者转变观念，有效融入网络思想政治教育实践中。虚拟环境中人与人之间的交流是通过网络、各种软件及硬件终端设备来完成的，虽然网络实名制建设逐渐推进，但在网络环境中的交流还存在诸多缺陷，不当或不良的网络交互行为对受信者的负面影响极大，会让受信者对思想政治教育及施信者的权威性、合法性和科学性产生怀疑，而线上思想政治教育在很多方面有着线下思想政治教育所不具备的优势，因此加强虚拟形象建设成为思想政治教育及施信者形象建设的重要延伸。为了提升思想政治教育及施信者的虚拟形象，在受信者群体中树立良好的形象，施信者要严格遵守网络基本规范，及时学习并掌握符合受信者特别是青年群体的网络语言与行为规律，提高新媒体等技术在思想政治教育中的应用能力，在网络交流过程中严守法律与道德底线，与受信者平等对话、真诚对话、耐心对话，强化网络语言行为的守正与创新，不断创新媒体思想政治教育方式方法，制作、推广符合受信者身心特点和成长规律的网络思想政治教育作品，不断提升网络思想政治教育质量，从而不断提升施信者在受信者群体中良好的虚拟形象。

上述四项内容相互促进、环环相扣，其中政治形象是思想政治教育及受信者形象信任系统的根本性要素，人格形象是核心性要素，职业形象是基础性要素，虚拟形象是延伸性要素，共同构筑成思想政治教育及施信者的形象生态系统。

（二）提升道德修养境界

职业操守是一定社会成员从事相关工作应遵循的基本道德规范和职业要求。从社会分工来看，各行各业的从业者都有特定的职业操守，从事思想政治教育工作的施信者也不例外，而且对施信者职业操守的要求更为严格。施信者的道德修养是影响受信者对施信者可信度的重要因素。

1. 切实提高施信者道德品质修养

道德修养是社会成员按照一定社会道德原则和道德规范的要求，不断反省、不断完善，逐步提高自身道德品质的过程。教育的本质是育人先育己。[1] 作为从事思想政治教育工作的施信者，既要当好思想政治教育的教育者，又要当好思想政治教育的践行者，特别是在道德品质修养上要符合一定社会的道德品质要求，而且这种要求需要高标准的长期坚守。对于施信者而言，如何在已接受一定程度的思想政治教育、身心发展及人生阅历相对丰富的基础上，进一步提升自身的道德品质修养，是必须首先考虑且需要着力解决的焦点问题，即如何做好施信者的思想政治教育工作。

其一，以高标准、严要求开展施信者道德品质涵育工程。培训是提升社会成员道德品质修养的基本方式之一，施信者亦然。在施信者群体中，有一类更为特殊的群体，他们既对受信者开展一般意义的思想政治教育工作，也专门针对施信者开展思想政治教育工作，这类群体由相关政府部门、教育系统、行业协会等单位的人员组成，他们肩负着提高施信者思想品质修养的重要职责。相对于受信者而言，面向施信者开展道德品质修养培训的标准和要求差异明显，如面向高校辅导员开展师德师风培训，重点加强思想境界、道德情操、职业道德、生活道德和行为规范等方面的培训，为高校辅导员不断提升道德品质奠定良好的基础。

其二，以针对性、实效性举措推动施信者道德修养内省。道德内省是中国古代儒家提出的一种特殊的道德修养方式，也是一种自觉的对自我道德品

---

[1] 刘丽波.新时期高校德育教育创新发展研究［M］.石家庄：河北人民出版社，2018：35.

质修养的反省精神。道德内省是提升施信者道德品质修养的重要途径，面向不同系统、不同教育背景的施信者群体，要切实提高道德内省的针对性、适切性。同时，施信者还需要不断丰富道德内省的方式，特别是在如何激活、唤醒自我道德内省的方式上要不断创新，如面向我国高校辅导员群体推进道德内省，特别需要坚持中国特色社会主义的道德自觉基线，开展更加人性化、更有启迪意义、更具示范价值的道德教育，真正提高施信者在道德认知、道德责任、道德约束及道德智慧等方面的自我性与自主性。

2. 健全道德失范预防与处置机制

道德失范是相对于道德规范而言的，是部分施信者由于特定的原因而产生的道德价值混乱、道德行为与道德规范不符的现象，从而不同程度地破坏、动摇或否定施信者群体精神世界的意义系统，会严重损害施信者群体及思想政治教育的形象，直接降低受信者对施信者及思想政治教育的可信度。为此，抓好施信者道德失范预防是关键，同时也要妥善做好施信者道德失范处置。

其一，在施信者道德失范预防方面，要健全系统立体、规范有序、运行高效的道德失范预防机制，增强道德失范预防的系统性、精准性和及时性，在制度、管理、技术、心理和情感等方面构筑道德失范预防的"防火墙"。在制度上，不断完善施信者道德建设制度体系，在法治层面增强施信者道德失范的震慑力，有效防止或降低施信者道德失范"冲动"。在管理上，制订切实可行的施信者道德失范预防方案，协调各种资源共同参与到道德失范预防中，提高施信者道德失范协调控制能力，确保施信者道德失范预防机制有序高效运转。在技术上，一方面要提升传统的施信者道德失范预防技术；另一方面要积极吸纳、充分运用大数据、人工智能等现代科学技术，创新施信者道德失范预防技术，特别是在道德失范预测技术方面，提供更为科学、系统、精准的技术支撑。在心理上，道德品质作为一种稳定的心理特征和倾向，道德失范则是部分施信者由于主客观诸多因素而产生的不良心理特征和倾向，因此可以通过健全道德规范与失范临界的心理预警机制，有效控制道德失范不良心理的滋生和发展。在情感上，道德情感是一种人类所特有的高级情感，是施信者依据一定的道德观念、道德准则在自我或外我道德实践中所产生的情感体验，要充分发挥道德情感在道德失范预防中的情感"防护"作用，以真切的情感体验扎牢道德规范的"篱笆"。

其二，在施信者道德失范处置方面，要构建快速响应、有效处理、持续改进的道德失范处置机制，提高道德失范处置的及时性、科学性、人本性和完结性，在原则、方法、本领、评价和反馈等方面夯牢道德失范处置的"顶梁柱"。把握处置原则是前提，要坚持依法、及时、进取、民主和开放五项原则。选择处置方法是关键，要因人、因时、因境选择适合的处置方法，综合运用各种处置方法，在实践中不断创新处置方法，注重处置方法的法理性、系统性、人本性、持续性，强化处置方法风险的分散、转移、降低和有效接受。增强处置本领是根本，施信者道德失范处置的主体是施信者群体中的"纪律队伍"，为了提高施信者道德失范处置成效，这支"纪律队伍"要不断增强处置本领，特别是在处置程序的把握、处置方法的创新、处置艺术的领会等方面。落实处置评价是客观要求，处置评价是道德失范处置的重要组成部分，是对具体的施信者道德失范处置实践的总结与反思，要全面统筹施信者道德失范处置评价的主体、客体、目的、方法、标准及程序等，全方位、全过程、全要素综合开展形式评价、内容评价和效用评价。推进处置反馈是归宿，是对前期各项处置工作的总结、提炼与思考，是形成施信者道德失范处置全链条的不可或缺的一环。由于施信者道德失范事件的特殊性、复杂性，其潜在影响力巨大，对施信者群体及其所代表的政党会产生极为深远的负面影响。因此，一方面要加强道德失范"降噪"与"防爆"，特别要重视施信者道德失范舆情管控与舆情处置，防止发生道德失范事件的"次生灾害"；另一方面要做好道德失范"除尘"与"紧固"，全面审视道德失范源头、过程及发展趋势，既要谨慎实施道德惩戒，也要妥善开展道德援助，切实提高道德失范处置成效。

3. 充分发挥道德引领与示范作用

引领与示范是某人、组织或事物所具有的带动其他人、组织或事物向某一方向发展的属性、特质与能力。道德引领与示范是施信者在锻造高尚道德品德修养过程中对受信者潜移默化地产生道德熏染、道德激励并形成道德引领的实践活动。道德引领与示范作用的发挥是否合理、是否充分直接关系到受信者对施信者道德修养是否肯定、认可与信任，影响着思想政治教育信任实践的质量。因此，需要全面激发施信者道德引领与示范作用的正向效应、放大效应和传导效应。

其一，确保道德引领与示范的正向效应。正向效应是施信者通过自身道德品质修养的提升，促进受信者全面审视自我道德品质修养现状，从而有效激发受信者不断提升自我道德品质修养的主观能动性的现象。这一效应充分体现了道德引领与示范具有高度的政治性、方向性、科学性和价值性。为此，在思想政治教育信任实践中，施信者要持续加强自身道德素质与能力建设，发挥道德引领与示范正向效应的积极作用，引领、辐射、带动更多的施信者坚守正确的政治方向、科学的执行方向和积极的发展方向，更有效地开展思想政治教育。这种正向效应既要符合当前社会主流意识形态的基本要求，同时也要符合社会道德实践的基本规律，当然更需要发挥道德实践主体特别是施信者群体的道德智慧。

其二，强化道德引领与示范的放大效应。良好的道德品质修养一旦形成并在思想政治教育实践中予以科学的应用，便会激发出无限的活力和潜力，这种活力与潜力需要通过特定的迭代机制释放其中的活力和潜力"因子"，道德"因子"随着施信者与受信者群体之间交流互动的频次增加及相互之间了解的逐渐深入，而不断呈现出来并发挥其应有的作用。在这一过程中，需要特别注意破解阻碍道德引领与示范放大效应凸显的制约因素，以及注意这种放大效应可能引发的负面效果，将道德引领与示范的放大效应保持在合理的区间范围内。

其三，畅通道德引领与示范的传导效应。传导本意是指某人或事物的某一或某些特性传递给他人或他物的现象，传导效应是产生这种现象的特质与性能。传导效应的发挥需要一根看不见的"纽带"进行牵引，这根"纽带"与社会关系密切相关，在良好的人际信任关系中，这根"纽带"作用的发挥更加充分、更加持续。一般而言，传导效应建立在信息传播的基础上，道德信息的传播是否科学、是否精准、是否完整取决于信源、信道和信宿。信源是道德引领与示范作用的信息化呈现，即如何更好地表达道德引领与示范；信道则是承载道德引领与示范传导的渠道或载体，需要长期保持畅通，并在许可范围内逐渐扩大；信宿是传导效应的归宿，如何准确、完整地将道德引领与示范信息传导到施信者群体中，是发挥道德引领与示范作用的关键。

（三）提高育人素质能力

育人是施信者首要的和最基本的工作职责，提高施信者育人素质与能力是提高受信者对施信者可信度的核心要件，也是提高思想政治教育实效性的根本。

1. 持续优化施信者队伍结构

一个群体的结构是否合理直接决定着这个群体能否完成特殊使命，以及在完成这项特殊使命中所呈现出来的综合竞争力。施信者是一个肩负特殊使命的群体，从结构的定义来看，施信者队伍结构的属性主要涉及专业、年龄、学历、职称和性别等方面，当然施信者队伍结构还包括这些属性如何搭配及呈现方式等。因此，要严把施信者队伍"进口关"，进一步健全施信者准入制度，在招聘录用时，坚持政治、业务、纪律和作风四个"过硬"，对施信者岗位人选要优中选优。在专业结构上，与施信者岗位职责密切相关的专业领域涉及思想政治教育、教育学、心理学、社会学、伦理学和管理学等，在招录中适当增加这些密切相关的专业人才，或考虑优先招录。从整个教育体系来讲，可以适当扩大这些专业领域硕博士人才的招生规模，为施信者队伍遴选储备更多的后备人才；鼓励在岗施信者通过继续教育、报考研究生等方式进一步提高专业素质与能力。在年龄结构上，年龄较大的施信者在工作经验和能力等方面有一定的优势，年轻的施信者与受信者群体的代沟相对较小，年龄结构要根据不同思想政治教育系统来进一步确定，总体上要保持年龄的合理性、层次性。在学历结构上，相对而言，高学历的施信者由于接受了更高层次学历教育的培养，在思想政治教育理论研究与实践应用的拓展、创新等方面具有一定的优势，要进一步提高施信者队伍整体的学历层次。在职称结构上，要进一步打通专职施信者职称评审通道，优化职称评审条件，增加高级专业技术职务评审名额，为进一步激发施信者队伍干事创业的精气神创造良好的条件。在性别结构上，要根据当前社会人口结构及不同思想政治教育系统中的受信者群体男女比例的现状，设置性别比例更加科学、合理、均衡的专职施信者队伍。总之，要从整体上持续优化施信者队伍结构，为提高思想政治教育实效性提供更加坚实的人才保障。

2. 不断提升专业素质与能力

专业素质与能力是施信者能够胜任思想政治教育工作的前提。施信者的专业素质和能力与具体的工作岗位职责相对应，不同思想政治教育系统中的施信者在专业素质与能力上存在一定的差异。首先，不同思想政治教育系统中的各个单位要通过多种方式激发施信者提升专业素质与能力的自觉性，特别是在职称评定、职级晋升、福利待遇等方面优化现有政策，在施信者群体中营造良好的专业学习、技能提升氛围，在积极投身专业素质与能力提升上达成更广泛的共识。其次，要着力构建专职施信者职业发展体系，健全全周期、全方位的培训支持机制，加强施信者培训基地、工作室建设，面向施信者群体实施人才工程专项，如在国家级和省级层面设立辅导员人才工程项目，高校设立校级层面的辅导员人才工程项目，真正让高校辅导员群体融入学校师资队伍建设中。再次，施信者所在单位要加大投入，特别是在经费、办公场所等方面，为施信者群体全面发展创设更加适宜、更可持续、更有奔头的发展环境。最后，要强化施信者核心素养与能力的培养，特别要注重提高施信者在思想政治教育实践中的创新意识和创新思维，鼓励施信者创新工作方式方法，进一步完善施信者专业素质与能力结构。

3. 切实提高工作业绩显示度

思想政治教育自诞生以来，就和政治宣传相伴相行。加强政治宣传本身就是思想政治教育的主体部分，其主要目的是让更多的包括受信者群体在内的社会成员了解施信者群体，了解思想政治教育工作，从而让更多的人参与、认可施信者及其所开展的思想政治教育工作，从一定程度上是一种"科普"。这也正是解决思想政治教育发展"困境"的重要探索之一，当然这里所要探讨的重点是如何提高施信者工作业绩显示度，这一点在增进受信者对施信者的信任，从而提高其对思想政治教育的信任度方面的意义尤为重大。首先，施信者要充分认识到提高工作业绩显示度的意义和要求，既要高度重视，也要合理认知。提高工作业绩显示度不是为了个人层面的"凸显"，更不是一种"包装"，而是为了提高自身在受信者群体中的信任度，从而提升思想政治教育信任实效性而开展的积极的、正向的显示。其次，要进一步明确思想政治教育工作业绩显示的内容，聚焦核心内容。其核心内容是不同思想政治教育系统、不同单位开展思想政治教育的先进做法（举措）、优良经验、典型案例及重大成效，要特别重视受信者在接受思想政治教育后各方面的成长，让广大受信者能够更加真切感受到施信者及其所实施的思想政治教育对自身全面发展的实实在在的帮助。最后，要不断创新思想政治教育工作业绩显示方式方法，坚持线上与线下显示相结合、动态化与静态化显示相结合、阶段性与长期性显示相结合、定向性与逆向性显示相结合、外显性与内隐性显示相结合，创新显示形态与话语方式，拓展显示内容的传播渠道，以实实在在的业绩切实提高思想政治教育的显示度。通过提高思想政治教育的显示度，让包括受信者群体在内的更多社会大众真正了解、参与、融入思想政治教育，同时也可以倒逼施信者全面提高自身综合素质能力，以更优良的形象、作风、技能和成绩向受信者全方位展示思想政治教育的价值与作用。

二、激活受信者提升思想政治素质自觉力与自信力的内驱动能

哈丁认为，信任包括信任者倾向、被信任者特质和具体的情景。[1]施信者对受信者的信任在一定程度上影响着思想政治教育信任的成效。从长远看，受信者融入思想政治教育实践、提升自身思想政治素质的自觉力与自信力，既可以表征他们对施信者及思想政治教育的可信度，也是施信者在思想政治教育中必须高度重视且要有针对性地予以解决的重要命题。

（一）促进身心健康成长

广义上，每一位社会成员都是在不断成长中完善自我、改造自我、发展自我的。人的成长是各种内外部因素长期、共同作用的结果，受信者的生命成长周期可以分为孕育期、婴儿期、幼儿期、儿童期、少年期、青年期、中年期和老年期等多个阶段，每个阶段的成长规律均有所不同。在人生的每一个阶段，受信者在特定时空中所处的定位也有所不同，身心成长在一定程度上受到所处时空外部环境的影响。狭义上的受信者群体多指青少年群体，促进青少年群体身心健康成长首先要全面把握青少年成长规律，青少年成长规律是青少年在成长过程中的运动变化的基本规律，在青少年成长过程中，极易受到他人或他物的影响，具有一定的"盲从性"，当然这种"盲从性"在一定程度上可以转化为较强的可塑性。一般而言，青少年成长是身体、知识、人格、技能等方面的综合成长，促进青少年身心健康成长与培育"德智体美劳"的时代新人是一脉相承的。因此，为了进一步促进包括青少年群体在内的广大受信者身心健康成长，施信者首先要有针对性地做好不同成长阶段受信者身心健康成长的资源供给，营造更有利于受信者身心健康成长的生命时空环境，让处在不同成长阶段的受信者能够在良好的环境中吸收更充足的"营养"。其次施信者要充分挖掘受信者身上的"闪光点"，在思想政治教

---

[1] HARDIN R. The morality of law and economics[J]. Law and Philosophy, 1992, 11（2）: 331.

育实践中给予受信者更多的关心关爱，特别是要公平公正对待每一位受信者，让受信者切实感受到施信者对他们的重视、对他们的关心关爱。同时，施信者也要更加精准掌握受信者在学业、事业或家庭生活中出现的各种问题和情况，进行更有针对性的思想引导、精神鼓励或帮扶，不断促进受信者身心健康成长。

（二）挖掘育才成才潜力

从广义上来看，一个人的成才是其完成阶段性教育（特别是学校教育），能够适应社会生活、胜任社会工作并能取得一定成绩的动态发展过程，因而施信者对受信者的成才信任专指学校教育特别是高等教育。从学校教育来看，学生成才是指学生通过学校教育在思想觉悟、政治素质、道德品质、知识技能、身心成长及审美情趣等方面达到一定社会所要求的成才标准，从而能够胜任一定的社会工作，同时作出一定的成绩。针对包括高校教师、辅导员等在内的部分施信者对大学生成才信任方面的问题，无疑要进一步加强施信者的培训，破解长期以来在思想、心理和专业技能等方面对大学生成才的惯性认知，促使施信者更加深刻理解与把握大学生成才规律，增强其对大学生成才的信心，推进大学生"学校成才"与"社会成才"有机融合，从而进一步树牢正确的大学生成才观。同时，更应注意且需要着重加强的是，广大施信者要充分挖掘受信者成才潜力，通过大数据分析、谈心谈话、专题研讨、座谈交流等方式了解大学生成才的现状与需求，深入分析影响大学生成才潜力激发的主要问题及其原因，探寻激活大学生成才潜能的关键要素的"钥匙"，创新大学生成才潜能激发的方式方法，助力大学生提高成才自觉、自信与能力。

（三）夯实成功体验基石

实现人的全面发展是马克思、恩格斯毕生理论探索与革命实践的追求，也是开展思想政治教育的目标与使命。作为日常生活中高频励志话语的"成功"，往往是个人事业发展取得卓越成绩时的"标签"。就人的发展而言，实现人的全面发展是人不断迈向成功并最终实现成功的基本标尺、基础条件、根本路径。施信者要进一步夯实思想政治教育对受信者追求成功、获得成功、体验成功等方面的基础性引领作用，将受信者思想政治素质作为受信者能够走向成功并最终实现成功的基础素质能力之一，不断提高受信者对自我追求成功、实现成功的信心；同时，要提高自身推动受信者实现成功形态"显化"的能力，即实现成功信任。当然，这里谈及的成功信任是施信者对受信者在思想政治教育的引领下，通过自身的学习、工作及参与各类文体活动和志愿服务等实践，实现成功的预期性信任，而非直接帮助受信者实现成功，直接帮助受信者实现成功也并非思想政治教育的初衷。思想政治教育是对受信者的思想政治素质进行改造，从而推动受信者全面提升综合素质，这也为其实现成功打下最根本的思想政治基础。成功信任的核心指向在于增强受信者成功体验，让受信者能够切切实实感悟成功、收获成功的幸福感，这必然要求施信者不断提高成功教育的能力、更新成功教育理念、丰富成功教育内容、创新成功教育方法，增进对受信者实现成功的信心与信任，进一步夯实受信者成功体验。

总体上，教育引导受信者树立并践行中国特色社会主义的信任价值观，是促进受信者更好地融入思想政治教育实践，提升自身思想政治素质自觉力与自信力的思想前提，也是引领受信者实现全面发展的重要思想保证。

三、彰显思想政治教育内容建构现代性与传播效能的独特优势

思想政治教育信任内容是思想政治教育信任实践发展的生命线，直接影响着受信者对施信者及思想政治教育的信任度。可以说，思想政治教育信任内容质量在一定程度上决定了思想政治教育信任质量。如何更科学、更有效地向受信者提供更富吸引力、感染力、影响力的思想政治教育信任内容，直接影响着思想政治教育的实效性。

（一）坚定教育内容科学指向

思想政治教育内容具有鲜明的科学性，因此施信者在思想政治教育内容收集、生产和传播等过程中要坚定思想政治教育内容的科学指向。这种科学性，一是表现在思想政治教育内容政治指向的必然性，要进一步增强思想政

治教育内容的方向性，坚持思想政治教育内容的政治引领与法理逻辑的辩证统一。二是体现在思想政治教育内容的客观性，思想政治教育内容是对思想政治教育本质的正确反映，以思想政治教育事实为依据，以思想政治教育规律为内核，并以思想政治教育实践为检验标准，在思想政治教育内容收集、筛选、整理、组织与传播等各个环节均要坚守客观性原则。三是要增强思想政治教育内容的适用性，不断强化思想政治教育内容的逻辑性建构，切实提高思想政治教育内容的辩证性、整体性和结构性，让受信者能够更好地理解、吸收这些内容的"营养"。四是要完善思想政治教育内容的系统性，一方面要进一步推进包括大中小学思政课一体化建设，更好地实现思政课教育教学的系统性、整体性发展；另一方面要推进思想政治教育内容子系统建设，健全子系统之间的全面衔接，进一步彰显思想政治教育内容系统的历史性、时代性与体系化。五是要有效提升思想政治教育内容的拓展性，坚持思想政治教育内容的继承与发展相统一，既要夯实思想政治教育内容的基础性与传承性，也要注重思想政治教育内容的探索性与发展性，思想政治教育内容建设是一个不断探索发展的动态过程，需要广泛吸收、借鉴国内外其他相关学科及其理论的有益思想、观点，推进思想政治教育内容的与时俱进，使之更加科学、丰富、完善。

（二）推进教育内容契合精准

长期以来，推动实现思想政治教育内容与受信者身心状况及发展需求的高度契合是提高思想政治教育信任质量的有效途径之一。受制于"信息不对称"的客观现实，在施信者与受信者之间或多或少地出现了思想政治教育内容"不对称"现象。因此，亟须推动思想政治教育内容"供给"与受信者发展"需求"之间的高度契合，在施信者与受信者之间架起一座实现这种高度契合的"桥"。解决这一问题的关键在于推进思想政治教育的"供给侧结构性"转变，即施信者要通过大数据分析、深度访谈和专题研讨等方式，探索构建符合社会要求的可以更好满足受信者思想政治素质发展需求的新型供需结构，推进供给侧与需求侧协调发展、良性互动。要全面深入了解受信者对思想政治教育内容的多元需求，即以思想政治教育的本质要求和受信者实现个人全面发展的需求为基准，精准落实"需求侧"，提高思想政治教育"需求侧"反馈与发展能效；在此基础上，施信者要进一步增强引领性、精准性、多样性的思想政治教育内容产出，不断优化"供给侧"，提升思想政治教育"供给侧"的最大化和最优级。此外，推进思想政治教育"供给侧结构性"转变，还需要严格区分受信者自然需求或"躺平式"思维主导下的非理性需求与实现个体全面发展需求之间的关系，坚决杜绝"迎合式"、泛娱乐化的思想政治教育内容供给倾向。要向受信者精准提供满足其全面发展需要的高质量的思想政治教育内容。

（三）贯彻教育内容人本关怀

人本性是思想政治教育内容建构的重要特征和基本原则之一。思想政治教育内容建构是一个动态发展的过程，人本性贯穿思想政治教育内容收集、筛选、组织、传播等各个环节。在思想政治教育内容建构过程中，施信者要充分掌握受信者身心发展状况，有针对性地选择易读性、生动性、紧密联系实际的鲜活内容作为思想政治教育内容的"原始材料"，在加工这些"原始材料"的过程中要充分考虑呈现载体、形式与效果。如在纸质文本载体的思想政治教育内容中，在版式、插图、封面、扉页、正文字体、字号、行距、书眉、触感等方面进行更加人性化、生活化的设计，提高受信者阅读体验、阅读幸福感；在"语音"为载体的思想政治教育内容中，施信者要在语调、语气、语速、音色等方面充分考虑到受信者的接受范围与便捷性；在网络为载体的教育内容中，施信者要充分掌握网络语言特征，通过新媒体等技术手段增强思想政治教育内容的展示效果。同时，加强思想政治教育内容的人本关怀还需要坚持时代性、人文性与包容性，聚焦时代风貌，把时代精神融入思想政治教育内容建构中；与历史文化相承，以文化土壤润泽思想政治教育内容；持续扩展包容性，丰富和发展思想政治教育内容的"兼容并蓄"属性。此外，施信者还需要不断开拓更便捷、多样的思想政治教育内容供给、传播渠道，在层次性、差异性等方面给予受信者更多的选择性体验。总之，施信者要在实践中不断摸索提升思想政治教育内容人本性的方式方法，进一步增强思想政治教育内容对受信者的人本关怀，让受信者更真切地感受到来自施信者及思想政治教育内在属性的"温暖"。

（四）增强教育内容表达效能

思想政治教育的内容表达是将思想政治教育内容用语言、文字、数字、符号等方式或工具呈现出来的活动，它以人际交往和传播交流为主要形式，施信者是思想政治教育内容表达的"源头"或"发起者"，受信者是"宿主"或"接收者"。如何更好地呈现、传播和利用思想政治教育内容，使受信者可以更好地阅读、揣摩、领会、消化以至内化思想政治教育内容的思想内涵和价值意蕴，是增强思想政治教育内容表达效能的关键环节。习近平总书记强调，着力提升新闻舆论传播力引导力影响力公信力。❶ 衡量施信者的思想政治教育内容表达能力主要关注施信者的"自我表达"和"外在表达"两个方面。其中，施信者的"自我表达"，即施信者通过语言、文字、符号、姿态或行为直接表达思想政治教育内容的能力，如施信者与受信者面对面的授课、交流等方式，施信者要不断提升话语表达能力，增强话语互动，强化话语平等，观照生活话语，贴近受信者话语圈，不断拓展话语资源，话语表达内容要有更鲜明的时代特色、生活气息和文化蕴藉，话语表达方式要更有层次性、艺术性、审美力和熏染力；施信者的"外在表达"，是思想政治教育内容的间接表达方式，如施信者组织开展的专题教育、文艺表演、志愿服务等活动，以及布置或制作的实物景观和新媒体作品等，施信者在其中大都以指导或审核的形式参与，当然这些活动、实物或作品同样凝结着施信者的思想和智慧，如何提高这种"外在表达"的效果是思想政治教育持续关注的重大现实问题。为此，施信者既要善于"自我表达"，更要开拓性地提高"外在表达"能力，充分挖掘思想政治教育内容内蕴的思想精髓、政治自觉、道德力量与实践价值，持续增强思想政治教育内容表达效能。

---

❶ 习近平. 坚定文化自信秉持开放包容坚持守正创新　为全面建设社会主义现代化国家　全面推进中华民族伟大复兴提供坚强思想保证强大精神力量有利文化条件［N］. 人民日报，2023–10–09（01）.

四、提升思想政治教育信任方法改革与创新实效性的沉浸体验

推动思想政治教育信任方法的改革与创新，是破解思想政治教育信任实践的各种问题，提升思想政治教育信任实效性的关键举措，也是实现思想政治教育信任高质量发展最为迫切的现实问题。思想政治教育信任方法是思想政治教育方法的重要组成部分，改革与创新思想政治教育信任方法是施信者在充分学习、借鉴以往思想政治教育信任方法的基础上，创造性地运用、发展或创立新的思想政治教育信任方法的活动，需要全面把握创新原则、不断优化创新要素、持续增强创新体验，才能真正实现思想政治教育信任方法的改革与创新。

（一）全面把握方法创新原则

思想政治教育信任方法是施信者将思想政治教育内容更高效"传递"给受信者以实现教育目标任务所采取的方式、手段或途径。思想政治教育信任方法的创新不是主观臆想的，既需要遵循思想政治教育方法创新的一般原则，又要遵循其自身所独特的原则。一是理论指引原则。马克思主义理论是思想政治教育信任方法创新的理论根基，唯物辩证法、唯物史观等对思想政治教育信任方法创新具有起源性的指引意义，习近平新时代中国特色社会主义思想是当代中国马克思主义、21世纪马克思主义，不仅是当前我国思想政治教育信任实践的根本指导思想，更是推动思想政治教育信任方法创新的根本原则。二是问题导向原则。分析问题、查找问题、解决问题是思想政治教育信任方法创新的直接动力，思想政治教育信任方法创新是建立在当前思想政治教育信任方法存在一定程度的"局限性"、不能满足发展需求的基础上，要结合时代特征、实际工作，通过问题解剖推动方法创新。三是以人为本原则。施信者要在充分尊重、理解、关爱受信者的前提下，立足受信者推进自我全面发展的合理诉求，在思想政治教育信任方法创新的过程中更加注重营造平等、宽松的氛围，淡化训诫成分与权力意识。四是整体推进原则。思想政治教育信任方法具有体系性的完整结构，有特

定的要素、结构和运行机制，受到思想政治教育系统内外各种因素的影响，需要协调各种力量和资源形成整体合力、共同推进。五是前瞻思维原则。方法创新要有一定的前瞻性、可预见性，能够在一定时期内或一定范围内提升思想政治教育信任实效性，对方法创新可能产生的局部不良影响有较强的可控性。

（二）不断优化方法创新要素

创新要素是构成思想政治教育信任方法创新的必要成分、因素或单元，涉及思维、主体、客体、技术、平台和文化等。其中，创新思维是施信者以批判思维、灵感思维、逆向思维、顿悟思维、创造思维等思维形态，打破定式思维、惯性思维、封闭思维，从而产生新的思想政治教育信任方法的高阶认知或智力活动。创新主体是主导思想政治教育信任方法创新活动的具体承担者、实施者，一般指施信者。创新客体是思想政治教育信任方法创新的作用对象，一般指受信者。创新技术是施信者在思想政治教育信任方法创新活动过程中所采用的各种手段或方法，包括思维技术、教育技术、伦理技术、心理技术、管理技术、数字技术及综合技术集成等。创新平台是施信者开展思想政治教育信任方法创新活动所需要的各种环境和条件及其集成系统的总和，一般指各类筹建、获批或建成的实验室、基地、中心、机构、平台类项目等，这类平台往往更加集成、专业，可有力支撑思想政治教育信任方法创新。创新文化是促进思想政治教育信任方法创新中形成且相互影响的价值观、制度规范、行为规范和物质文化环境等，是创新思想政治教育信任方法的文化土壤，对其影响深远、意义重大。在深入挖掘思想政治教育信任方法创新要素的基础上，施信者要综合考虑这些要素的联结方式、配置结构及呈现样态等，充分挖掘、整合思想政治教育信任方法创新要素，为创新思想政治教育信任方法提供全要素保障支撑。

（三）持续增强方法创新体验

在全面把握思想政治教育信任方法创新原则、不断优化思想政治教育信任方法创新要素的基础上，综合采用溯本追源、全局透视和多元比较等方式，结合思想政治教育信任实践，思想政治教育信任的创新方法还包括形象魅力法、道德感召法、能力趋近法、自信驱动法、情理交融法和环境熏染法。形象魅力法即通过塑造施信者及思想政治教育良好的形象，赢得受信者信任的方法，更多地用于信任关系初建期。道德感召法是施信者在思想政治教育信任实践中，以高尚的道德情操及其行为规范，赢得受信者对其产生道德信任的方法，更多地用于信任关系发展期。能力趋近法是在思想政治教育实践中，施信者凭借其专业素养、技术能力及其在思想政治教育中展现出来的优良业绩，赢得受信者对其产生能力信任的方法，同样主要用于信任关系发展期。自信驱动法是在施信者的指导下，纾解受信者对思想政治教育自我认知"误区"，充分调动受信者对自身提高思想政治素质、提升全面发展自觉力与自信心的积极性和创造力，呈现出自我信任、自我发展内驱态势的方法，主要适用于思想政治教育信任实践的高阶发展期。情理交融法是施信者综合采用情感（境）类方法和理悟（法）类方法，以情理相融、实理结合、境悟映衬的方式，推进情感信任和理性信任深度融合，不断提高思想政治教育信任方法实效的重要方法，主要用于信任关系成熟期。环境熏染法包括两重意涵，一重是指国家通过加强包括诚信、信用等在内的社会信任制度体系建设，提高社会信任治理能力，从而增进包括受信者在内的广大人民群众对施信者、对思想政治教育信任度的宏观方法；另一重是指施信者在其开展的思想政治教育的范畴内，通过不断优化环境资源配置，打造更多形式多样、活泼可亲、价值独特、氛围浓郁的人文景观及场景，不断彰显环境信任、环境育人内在价值的方法。这两重意涵的环境熏染法贯穿思想政治教育信任实践全过程。上述思想政治教育信任方法还需要根据实际进行有效选择、整合，同时还需要通过受信者和施信者不断增强这些创新方法（或集成方法）的体验感、获得感与幸福感，健全思想政治教育信任方法创新机制，切实提高思想政治教育信任方法创新的科学性、思想性和价值性。

五、推进思想政治教育与社会环境均衡性和互促性的有机融合

人创造环境，同样，环境也创造人。❶ 环境的改变和人的活动的一致，只能被看作是并合理地理解为变革的实践。❷ 思想政治教育环境是对思想政治教育实践及教育对象的思想品德形成和发展产生影响的一切外部因素的总和❸，具有动态性、潜隐性、特指性和可创性等特点。推进思想政治教育与社会环境互融共促，是提高思想政治教育信任质量的重要组成部分。

（一）统筹宏观环境，提升环境治理效能

宏观社会环境是对整个国家或社会的思想政治教育实践及全部社会成员产生影响的各种外部因素的总和，主要包括社会经济环境、社会政治环境、社会文化环境、社会传播环境等。宏观社会环境的形成与发展主要依靠国家的宏观调控力量。为了更好地推进党和国家各项事业的发展，有必要进一步加强宏观社会环境治理。因此，要引导广大社会成员增进对宏观社会环境的信任，纾解宏观社会环境的负面影响，巩固并提高宏观社会环境产生的积极影响，从而切实提高宏观社会环境的治理效能。

1. 不断提升社会政治环境

社会政治环境是对影响思想政治教育实践与社会成员思想道德素质的社会政治制度及各种社会政治状况的总和。中华人民共和国成立至今，我国社会政治环境不断深化，在吸收和借鉴西方政治文明有益成果、突破苏联政治发展模式的基础上，找到了一条适合我国国情的社会主义政治发展道路，人民民主专政、人民代表大会制度、中国共产党领导的多党合作和政治协商制度、民族区域自治制度、基层群众自治制度、社会主义协商民主制度、社会主义法治建设、反腐倡廉建设、政府行政体制改革及党的建设不断深化，社

---

❶ 马克思恩格斯选集：第 1 卷［M］.北京：人民出版社，2012：172-173.
❷ 马克思恩格斯选集：第 1 卷［M］.北京：人民出版社，2012：138.
❸ 陈万柏，张耀灿.思想政治教育学原理［M］.3 版.北京：高等教育出版社，2015：101.

会主义民主政治制度化、规范化、程序化水平不断提升，人民群众深切感受到社会政治环境的提升带来的政治权利与福祉，有力促进了中国特色社会主义政治建设。新的历史环境下，要在政治谋划、政治决策、政治执行、政治参与、政治监督、政治协商、政治改革等方面充分考虑民意、民情，进一步推动人民代表大会制度与时俱进，强化全过程人民民主，推进协商民主深层次发展，全面推进依法治国，加强社会主义民主法治建设，深化国家行政管理体制改革，加强法治政府建设，不断提高执法司法公信力，健全党和国家监督制度，更广泛巩固和发展爱国统一战线，不断提高广大人民群众对我国政治建设的满意度和自信心，推进我国的政治生态、政治文明与党、国家和人民的命运共同发展。

2. 着力改善社会经济环境

社会经济环境是一定社会影响经济发展的社会经济制度和社会经济建设等因素的总和，对社会成员思想道德素质及思想政治教育实践产生重要的影响。社会经济制度是社会经济发展的根本保障。中华人民共和国成立至今，在中国共产党的带领下，我国逐渐确立了社会主义经济制度。党的十一届三中全会开启改革开放新时代，党的十四大明确了建立社会主义市场经济体制的改革目标，党的十五大明确提出"公有制为主体、多种所有制经济共同发展"是我国社会主义初级阶段的一项基本经济制度，党的十七大把完善中国特色社会主义基本经济制度和健全现代市场体系统一起来，党的十八大进一步丰富和发展了社会主义分配制度的内容，党的十九届四中全会明确把社会主义市场经济体制纳入社会主义基本经济制度，党的二十大对"构建高水平社会主义市场经济体制"作出进一步战略安排。中国特色社会主义基本经济制度持续发展，为我国经济社会发展保驾护航。社会经济建设是国家经济发展及社会物质条件改善的总体状况，在中国共产党的带领下，全国各族人民勠力同心、艰苦奋斗、攻坚克难，近年来我国经济综合实力显著提升，经济结构不断优化，城乡区域经济协调发展不断向前，与世界经济紧密融合、互促发展。同时，共同富裕持续深化，脱贫攻坚取得全面胜利，社会保障、公共卫生和医疗保障能力大幅提高，广大人民群众经济物质条件得到全面改善。社会经济环境的优劣影响着思想政治教育的实效性及受信者对施信者的信任度，因此要进一步改善社会经济环境，着力解决影响社会经济环境发展的不良因素，为推进经济社会高质量发展、有效提升人民群众物质和精神生活品质创造良好的氛围。

3. 全面蕴聚社会文化环境

社会文化环境是一定社会所形成的各种价值观念、伦理道德、风俗习惯、宗教信仰等行为规范及物态文化的总和。社会文化环境是一种无形、潜在、影响深远的教育力量，主要包括观念性社会文化环境、制度性社会文化环境和物态性社会文化环境。其中，观念性社会文化环境是一定社会中的各种思想、观念、理念、价值等精神层面形成的环境氛围。制度性社会文化环境是在一定社会中，在历史文明演进、变化和发展过程中逐渐被社会大众所接受、共同遵守的基本规范，主要包括法律法规、伦理道德、风俗习惯、纪律守则及行为规范等。物态性社会文化环境是一定社会形成的具有独特历史文化价值的各种物态产物等因素的总和，这些物态产物主要包括各类纪念馆、文物古迹、文化遗址、纪念碑、烈士陵园、纪念塑像、古代建筑、古典园林景观及宗教文化景观等。社会文化环境对人的思想品德素质的影响贯穿人的一生，是思想政治教育的重要资源。充分发挥社会文化环境在思想政治教育中的价值与作用，既要深入挖掘社会文化环境中蕴含的思想、观念、价值、道德、文明及法治等思想资源，赋予其鲜活的时代内涵，又要将思想政治教育面临的新环境、新形势、新内容与新方式主动融入社会文化环境中，为全面优化社会文化环境提供指引。思想政治教育是全社会都需要关注、共同参与的一项极其重要的特殊事业，要不断优化社会文化环境，全面汇聚社会文化环境中所蕴含的思想政治教育资源，为提升思想政治教育质量提供良好的社会文化氛围。因此，在思想政治教育实践中，要始终坚持中国特色社会主义文化建设发展方向，贯彻落实党和国家有关社会文化建设的政策和要求，"推动中华优秀传统文化创造性转化、创新性发展，继承革命文化，发展社会主义先进文化"❶，增强社会主义核心价值观与社会文化资源的融合，加强社会文化教育资源保护和利用，鼓励和引导广大文艺工作者创造更多符合时代特征、根植于中国大地的优秀文化作品，以良好的社会文化环境提升思想政治教育发展的文化内涵与精神意蕴。

4. 持续优化社会传播环境

社会传播环境是在一定社会中由传播者、传播受众、传播媒介、传播内容及传播方式等要素组成的信息生态系统，包括信息的收集、生产、组织、存储、交流和共享等环节。思想政治教育传播是以培养社会成员的思想品德为目的，以一定的思想观念、政治观点、道德规范等内容为核心的信息传播活动。❷思想政治教育社会传播环境是将社会传播环境与思想政治教育传播环境有机融合的传播环境的特殊形态。思想政治教育社会传播包括内向传播、人际传播、组织传播和大众传播等形式。其中，内向传播为社会大众自我内部开展的思想政治教育信息传播，即为实现思想政治品德的自我教育、自我管理和自我发展而进行的内在传播。人际传播是在一定社会中人与人之间通过语言对话、外在形象、手势、姿态、表情和身体动作等方式传播思想政治教育信息的过程，是一种面对面、互动性强、同频度高的信息传播方式，是思想政治教育传播最为常见、频繁的方式，谈心谈话、讲座培训、课堂教学、研讨等皆属于此种方式。组织传播是在特定的半封闭半开放的环境中针对特定的群体成员进行有目的的信息传播过程❸，其中"特定的群体"包括学校、企业、军队、农村等组织、机构或行业，如大学思想政治教育传播即为大学这个组织的组织传播。大众传播是针对不特定的社会广大受众进行开放式的单向的信息传播的过程❹，其传播媒介主要包括电视、广播、电影、广告及网络等。在思想政治教育传播实践中，传播者以施信者为主；传播受

---

❶ 习近平谈治国理政：第3卷[M].北京：外文出版社，2020：18.
❷ 欧阳林.思想政治教育传播学[M].北京：北京交通大学出版社，2005：9.
❸ 牛康.社会传播学[M].福州：福建人民出版社，2001：131.
❹ 牛康.社会传播学[M].福州：福建人民出版社，2001：141.

众为受信者；传播媒介主要包括以语言、文字、图片、声音、光、视频、手势、姿态、表情等为主的传播符号，以及人与人之间的对话、实物、图书、杂志、报纸、电视、电话、电影、广播、电报及网络等物理形态和虚拟形态的传播载体；传播内容是符合当前社会所要求的各种思想观念、政治观点和道德规范等的总和；传播方式主要包括思想政治教育的内向传播、人际传播、组织传播、大众传播和新媒体传播等。其中，新媒体传播是随着数字信息技术、互联网络技术和移动通信技术等的飞速发展而诞生的，是一种交互性、即时性、自主性、碎片性及超媒体性的新型传播方式，对思想政治教育的发展产生了重要影响。施信者要进一步加强思想政治教育社会传播理论研究与实践探索，不断改进并善于发挥自身手势、姿势或表情等传播形态在思想政治教育中的优势，巩固和发展传统传播媒介及其传播方式在思想政治教育实践中的作用与价值，创新思想政治教育新媒体应用，推动构建符合时代特征的思想政治教育信任话语体系，克服"后真相时代"、历史虚无主义传播等不良现象对社会主义核心价值观的歪曲，牢牢掌握思想政治教育社会传播的舆论主导权，畅通思想政治教育社会传播渠道，让更多积极的、健康的、催人奋进的思想政治教育内容更广泛、更充分、更深入地传播到社会大众中，让社会大众切实感受到社会传播环境持续优化对其自身的全面发展带来的有益变化，主动融入更为交互、自主和智能的社会传播环境中。

（二）激活微观环境，汇聚环境育人动能

相较于宏观社会环境，微观社会环境是指对思想政治教育、施信者及受信者产生直接影响的各种因素的总和，主要包括家庭环境、学校环境、组织环境、公共环境、社区环境及朋辈群体环境等。微观社会环境对人的思想品德、政治素质的塑造是直接且深远的。

1. 深耕家庭环境育人沃土

家庭是一定社会中的社会成员接受教育尤其是思想政治教育的起点，家庭环境是影响和制约家庭成员特别是未成年人思想品德形成发展的家庭结构、家庭关系、家庭经济条件及家庭长辈思想道德素质和教育理念等各种因素的总和，具有基础性、普遍性、长久性和渗透性等特点。习近平总书记在2015年春节团拜会上指出"家庭是社会的基本细胞，是人生的第一所学校"[1]，并在2018年全国教育大会上强调"家长是孩子的第一任老师，要给孩子讲好'人生第一课'，帮助扣好人生第一粒扣子"。党的十九届四中全会提出，构建覆盖城乡的家庭教育指导服务体系，注重发挥家庭家教家风在基层社会治理中的重要作用。党的十九届五中全会提出，加强家庭、家教、家风建设，健全学校家庭社会协同育人机制。2022年1月实施的《中华人民共和国家庭教育促进法》强调，父母或者其他监护人应当承担对未成年人实施家庭教育的主体责任，共同生活的具有完全民事行为能力的其他家庭成员应当协助和配合未成年人的父母或者其他监护人实施家庭教育。因此，要更广泛地高效宣传家庭教育政策、法律、规范及理念等，努力转变家长的思想观念，有关部门要为家庭教育特别是思想政治教育提供更多的指导和帮扶，依法依规赋予家长所在单位、社区和学校等干预、督促权力，真正让家庭教育政策、法律、规范及理念落地落实。家长是家庭教育的第一责任人，要从思想上高度重视家庭教育的重要性，加强家庭教育并非替代学校教育，而是为了更好地促进未成年人身心健康成长。既要通过诚实劳动提高家庭物质生活条件，为未成年人发展提供良好的物质条件，也要协调安排好工作与家庭教育，维护良好的家庭关系，构建温馨、和睦、民主的家庭氛围，注重自身言行，提高家庭教育能力水平，以良好的家风促进家庭中的未成年人身心健康成长，同时要与学校密切配合，共同提高家庭教育质量。家庭其他同住人员特别是长辈要积极参与到家庭教育中，共同维护家庭环境，共同做好未成年人的思想政治教育工作。

2. 筑牢学校环境育人根基

学校是思想政治教育的主阵地，这是由学校特有的职能所决定的。学校在思想政治教育实践中具有得天独厚的优势，特别是在师资队伍和校园环境

---

[1] 习近平.中共中央国务院举行春节团拜会［N］.光明日报，2015-02-18（01）.

等方面的优势为学校思想政治教育的开展提供了坚实保障。学校环境是由学校中的人、物及其之间相互关系组成的，是影响学生思想品德、政治素质形成与发展的校园文化、治理体系、教育活动、教学实践及教学风气风貌等因素的总和，主要通过校园文体活动、校风校纪、制度建设、教风学风、教学活动、文化景观、师生风貌、师生关系等形式展现，具有较强的导向性、全面性、针对性和引领性。学校环境是思想政治教育生态系统的重要组成部分，还可以细分为年级环境、班级环境、院系环境、宿舍环境、教室环境、自习环境、阅读环境等，均不同程度地影响着学校环境中的师生特别是学生思想道德、政治素质等方面的发展。良好的学校环境无疑可以更好地促进学校思想政治教育的发展。在新校区建设、老校区维护及新建校内人文景观建设等过程中要特别重视与思想政治教育的有效衔接、同向发展。施信者要充分挖掘、整合学校环境中在培养学生思想品德、政治素质等方面的教育元素和资源，利用这些元素和资源开展别具特色的思想政治教育实践活动，着力提高校园文体的吸引力、影响力和感召力；统筹做好校风校纪、教风学风及日常管理规定对师生思想品德、行为习惯等方面的教育引导，充分发挥课程思政在课堂教学、实践教学中的价值与作用，促进良好师生信任关系的养成；全面整合学校环境引领下汇聚的各种教育理念、元素和力量等，共同推动学校思想政治教育高质量发展。

3. 激发组织环境育人活力

组织环境是由各种组织机构在发展过程中形成的对受信者及思想政治教育产生影响的包括组织文化、组织制度、组织管理、组织效能、组织风气及组织内人际关系等因素的总和。这里的"组织"一般是指社会组织，主要包括政府机关、企事业单位及行业协会等。学校是其中的一类，由于学校环境的特殊性，前面已有论述，此处不再进行分析。组织文化是社会组织在长期发展过程中形成的具有自身特质的理念、使命、愿景、宗旨和价值观等精神财富的总和；组织制度是为了确保自身有序运转、实现组织目标而制定的需要组织内全体人员共同遵守的各种制度、规章、规则和约定；组织管理是由组织计划、决策、管理、控制和反馈等环节组成,优化资源配置以提高组织效率并最终实现组织目标的过程;组织效能是社会组织实现目标任务、彰显组织价值的基础、潜力、能力与效益;组织风气是社会组织在长期发展过程中逐步形成的带有组织特色的精神状态与风貌;组织内人际关系是组织内成员与成员之间形成的上下级、同事、朋友等人际关系。上述六个方面相互影响、相互制约,与社会组织范畴内的施信者、受信者及思想政治教育共同构成了社会组织环境系统。社会组织环境中涉及各种各样的信任活动及人际信任关系,良好的上下级及同事之间的信任关系,以及各个社会组织中的受信者对思想政治教育的信任影响着思想政治教育的实践效果,而良好的信任关系也是社会组织环境的重要元素。社会组织中的施信者要结合社会组织的职责、目标与使命,积极打造特色组织文化,丰富组织内文化生活,提升组织文化影响力和覆盖面,助力组织提高凝聚力、向心力;强化制度建设,加强社会组织制度规范建设,坚持制度常态化、规范化和个性化的统一,让组织内成员深切感受到制度的权威性、公正性和人性化;提高组织管理能力,优化组织管理流程,提高资源优化配置效率,不断提升社会组织智能化管理水平;营造良好的组织文化氛围,充分发挥组织文化、组织制度对组织风气的积极促进作用,强化组织内各级领导干部作风建设,廉洁从政、规范办事,切实服务好服务对象;优化社会组织内以施信者与受信者人际关系为核心的包括干部和群众之间、上下级之间、同事之间等在内的各种人际关系,增强组织内良好的信任关系氛围辐射力,打造更加公平、有序、温馨的组织信任环境。

4. 优化公共环境育人资源

公共环境是包括商场、医院、公园、电影院、博物馆、文化馆(宫)、科技馆、公共图书馆、广场、公共交通(站)等社会公共机构或场所形成的文化、道德、规范等要素的总和。社会公共环境在一定程度上体现了一定社会的社会公共服务能力与水平,在社会公共环境中的社会成员需要遵守基本伦理道德规范、行政规范和法律规范,直接体现了社会大众公德水平,是衡量一个地区社会文明的重要标尺。社会公共环境是社会大众为了满足自身生存与发展需要而进入并得到各种社会公共服务的环境，社会公共场所是形成社会公共环境的基础性物质载体，这些社会公共场所均有一定的管理、秩序和行为规范，社会大众在享受社会公共服务时要遵守特定的社会公共规范，如要按序排队、穿着得体、文明交流、文明用餐、注重言行等。遵守社会公共规范体现着社会个体的基本文明素质，每一位社会个体都应遵守社会公共规范。社会公共环境对身处其中的社会个体的影响是直接且深远的，和谐、温暖、文明的社会公共环境可以让社会个体对自身发展充满信心，更易化解思想困惑、净化心灵、愉悦心情、陶冶情操，更好地产生融入社会、乐于助人等良好思想品德的自觉，更易于接受思想政治教育内容的熏陶，可以有效提升社会个体对他人、对社会、对施信者及其所开展的思想政治教育的依赖感和信任感，必将有力推动思想政治教育的发展。

5. 挖掘社区环境育人潜能

社区环境是聚集在特定的区域位置中的生活共同体在长期生活过程中形成的社区文化、社区风气、社区秩序、社区自然条件及社区内人际关系等各种因素的总和。这里的社区包括小区、自然村等，社区环境与社会公共环境有一定的共同之处，但从总体上来看，两者之间的差异明显。目前在我国很多农村地区的自然村中，有一定的亲戚、姓氏、家族或民族等关联关系，由相应的村民委员会及相当级别的单位管理自然村，宗族在其中发挥重要的作用；而在城镇社区特别是一些老小区中，许多居民有一定的同单位工作、拆迁安置等关系，主要由社区居民委员会进行管理，由相应的物业企业对社区进行服务管理。社区环境直接表征着社区（自然村）全体居民在文明礼仪、道德规范、治安稳定、生态环保等方面的状况，是我国基层治理的重要内容。社区环境中人与人之间的关系主要包括邻居关系、亲戚关系、同事关系等，基于多重因素，一般而言乡村社区人际关系往来较为紧密，城镇社区人际关系相对生疏，主要通过社区居民委员会、业主委员会和物业企业进行调节。不同的社区环境对社会个体的成长特别是思想道德、政治素质的发展影响不同，而目前社区在开展思想政治教育方面还存在诸多问题，亟须进一步创新社区治理方式，加强社区思想政治教育实践探索，营造更加文明、和谐、美丽的社区环境，逐步构建更加适宜开展思想政治教育的社区环境，不断增强社区环境育人能力。

6. 拓展朋辈环境育人领域

朋辈群体是在家庭背景、教育经历、工作领域、年龄阶段、兴趣爱好、人格特征等方面具有一定的相似性而自发组成的关系较为密切的群体。朋辈环境则是影响朋辈群体发展的包括价值观、旨趣、人际关系等在内的各种因素的总和，具有自发性、互感性、独特性等特点。朋辈群体可以包括社区玩伴、同学、同事、球友等，这些群体均是由于某一共同的属性聚集在一起而形成的群体。由于计算机信息技术和互联网技术的飞速发展，网络朋辈环境影响愈加复杂，"微信群""QQ群""朋友圈"等新媒体工具在一定程度上影响着网络朋辈环境的发展。良好的朋辈环境对提升朋辈群体中个体的思想道德、政治素质有着积极的、正向的影响，特别是朋辈群体中在思想道德、人格魅力、专业技术能力及为人处世等方面表现优秀的个体，这些个体可以在朋辈环境中对整个群体起到良好的榜样示范作用。朋辈群体中的其他个体可以以这些个体为学习、追赶或超越的榜样，激励自己拼搏进取，在思想品德、政治素养、专业学习、兴趣培养、情感维护等方面受到更多积极的影响，正所谓"近朱者赤"。与之相反的是，不良的朋辈群体环境对身处朋辈群体中的个体有着一定的不良或负面影响，这种不良或负面影响的辐射力可能是快速且深远的，正所谓"近墨者黑"。朋辈教育是思想政治教育的重要方式之一，需要施信者充分发挥朋辈环境的作用，综合运用特有的朋辈教育方法，对受信者开展朋辈式思想感召、感染、浸化，使受信者在与优秀朋辈的交互中被吸引，从而逐渐模仿、追赶优秀的朋辈群体；在这样的过程中不断增强朋辈群体中受信者与在朋辈群体中有着榜样示范价值的受信者之间的信任关系，在良好的信任关系形成、变化和发展中不断优化朋辈环境，提升自己的思想品德、政治素质、学习能力及精神品质，为思想政治教育的有效开展提供新的思路和途径。

上述微观社会环境在育人过程中是相互影响的，如家校协同、大中小思政课一体化建设等理论研究与实践探索的开展等，因此有必要构建一体化的微观社会环境育人体系，将不同微观环境育人有机融合，持续开拓微观环境育人的新动能、新优势。

总体而言，本章在前述研究的基础上，从全面把握思想政治教育信任质量提升的五对关系、始终坚守思想政治教育信任质量提升的基本原则及持续拓展思想政治教育信任质量提升的有效路径三个层面提出了提升思想政治教育信任质量的基本对策，进一步完善了思想政治教育信任的理论体系和实践体系，也为今后思想政治教育信任的理论与实践探索奠定了较为扎实的基础。

结语

本书围绕"思想政治教育信任"这一研究主题,在文献分析、理论推演、实践总结和逻辑构思的基础上,对思想政治教育信任的基础理论、理论依据与思想资源、结构与机制、呈现样态、主要问题及其原因分析等方面进行了深入研究,在此基础上,从全面把握思想政治教育信任质量提升的五对关系、始终坚守思想政治教育信任质量提升的基本原则、持续拓展思想政治教育信任质量提升的有效路径三个方面提出了提升思想政治教育信任质量的基本对策。

思想政治教育信任是一个高度学科交叉融合的研究论域。重新审视目前已有的观点和理论阐述,这样一个系统性、理论性和实践性均较强的研究选题,不可避免地还存在一些有待进一步探索的研究方向。主要包括以下两个方面。

一是开展思想政治教育信任质量的评价研究。作为评价思想政治教育信任质量的标准,构建科学的思想政治教育信任质量评价体系是开展思想政治教育信任质量评价的关键环节。要坚持提高思想政治教育信任质量评价体系的解释性、指导性和预测性的目标导向,首先要明确思想政治教育信任质量评价的核心指标,在方向维度、契合维度、公正维度、形象维度、品德维度、能力维度、情感维度和态度维度等分析框架的基础上,进一步细化一级指标、二级指标、相应权重及其关联程度。同时,还需要深入开展思想政治教育信任质量评价理论依据、基本原则、方法路径、程序规范、结果呈现与应用等方面的研究。

二是开展数智时代网络思想政治教育信任研究。网络思想政治教育信任是在网络时空语境下的思想政治教育信任，随着人工智能、大数据、区块链等现代信息技术的飞速发展，网络思想政治教育信任研究成为网络思想政治教育研究的新领域。开展网络思想政治教育信任研究，首先要厘清网络思想政治教育信任的内涵、外延、特征与功能，深入探讨网络思想政治教育信任的要素、结构、内容与方法，全面总结网络思想政治教育信任实践现状特别是已有的好的经验和做法，以及存在的主要问题及其产生的原因，并在此基础上探究推进数智时代网络思想政治教育信任高质量发展的有效路径。

此外，在思想政治教育信任的方法创新、心理传导机制、高效传播机理等方面也存在一定的研究空间，这些进一步构成了今后持续深化本研究的动力，必将激发从事思想政治教育信任相关理论研究的学者焕发更大的研究热情和积极性。

参考文献

一、文献著作类

[1] 马克思恩格斯全集：第1、2、3、4、6、19、23、37、40、42、46、47卷[M].北京：人民出版社，1995、1957、1960、1958、1961、1963、1972、1971、1982、1979、1980、1979.

[2] 马克思恩格斯选集：第1-4卷[M].北京：人民出版社，2012.

[3] 马克思恩格斯文集：第1、2、3、5、8、9、10卷[M].北京：人民出版社，2009.

[4] 马克思.1844年经济学哲学手稿[M].北京：人民出版社，2000.

[5] 列宁全集：第4、33、36、37、39、40、41、42、43、51、55卷[M].北京：人民出版社，1972、1985、1985、1986、1986、1986、1986、1987、1987、1987、1990.

[6] 列宁选集：第1-4卷[M].北京：人民出版社，2012.

[7] 列宁.哲学笔记[M].北京：人民出版社，1993.

[8] 列宁.唯物主义和经验批判主义[M].北京：人民出版社，2015.

[9] 毛泽东选集：第1-4卷[M].北京：人民出版社，1991.

[10] 毛泽东文集：第1-7卷[M].北京：人民出版社，1993、1993、1996、1996、1996、1999、1999.

[11] 毛泽东早期文稿[M].长沙：湖南出版社，1995.

[12] 邓小平文选：第1-3卷[M].北京：人民出版社，1994、1994、2008.

[13] 邓小平年谱（1975—1997）（上）[M].北京：中央文献出版社，2004.

[14] 邓小平西南工作文集[M].重庆：重庆出版社，2006.

[15] 江泽民文选：第1-3卷[M].北京：人民出版社，2006.

[16] 胡锦涛文选：第1-3卷[M].北京：人民出版社，2016.

[17] 习近平谈治国理政：第1-4卷[M].北京：外文出版社，2014、2017、2020、2022.

[18] 习近平.论坚持推动构建人类命运共同体[M].北京：中央文献出版社，2018.

[19] 习近平.在第十二届全国人民代表大会第一次会议上的讲话[M].北京：人民出版社，2013.

[20] 习近平.高举中国特色社会主义伟大旗帜　为全面建设社会主义现代化国家而团结奋斗——在中国共产党第二十次全国代表大会上的报告[M].北京：人民出版社，2022.

[21] 习近平.在学习贯彻习近平新时代中国特色社会主义思想主题教育工作会议上的讲话[M].北京：人民出版社，2023.

[22] 习近平著作选读：第1-2卷[M].北京：人民出版社，2023.

[23] 伯纳德·巴伯.信任：信任的逻辑和局限[M].牟斌，等译.福州：福建人民出版社，1989.

[24] 尤尔根·哈贝马斯.交往与社会进化[M].张博树，译.重庆：重庆出版社，1989.

[25] 布劳.不平等和异质性[M].王春光，谢圣赞，译.北京：中国社会科学出版社，1991.

[26] 加里·贝克尔.人类行为的经济分析[M].王业宇，等译.上海：上海人民出版社，1995.

[27] 安东尼·吉登斯.现代性与自我认同——现代晚期的自我与社会[M].赵旭东，等译.北京：生活·读书·新知三联书店，1998.

[28] 弗朗西斯·福山.信任——社会道德与繁荣的创造[M].李宛蓉，译.呼和浩特：远方出版社，1998.

[29] 苗力田.亚里士多德选集：伦理学卷[M].北京：中国人民大学出版社，1999.

[30] 安东尼·吉登斯.现代性的后果[M].田禾，译.南京：译林出版社，2000.

[31] 涂尔干·埃米尔.社会分工论[M].渠东，译.北京：生活·读书·新知三联书店，2000.

[32] 克雷默，泰勒.组织中的信任[M].管兵，等译.北京：中国城市出版社，2003.

[33] 马克斯·韦伯.支配社会学[M].康乐，简惠美，译.桂林：广西师范大学出版社，2004.

[34] 马克·E.沃伦.民主与信任[M].吴辉，译.北京：华夏出版社，2004.

[35] 尼古拉斯·卢曼.信任：一个社会复杂性的简化机制[M].瞿铁鹏，李强，译.上海：上海人民出版社，2005.

[36] 彼得·什托姆普卡.信任：一种社会学理论[M].程胜利，译.北京：中华书局，2005.

[37] 埃里克·尤斯拉纳.信任的道德基础[M].张敦敏,译.北京:中国社会科学出版社,2006.

[38] 丹尼斯·雷纳,米歇尔·雷纳.信任决定成败[M].程云琦,译.长春:长春出版社,2007.

[39] 西美尔.货币哲学[M].陈戎女,等译.北京:华夏出版社,2007.

[40] 亚里士多德.尼各马可伦理学[M].王旭凤,陈晓旭,译.北京:中国社会科学出版社,2007.

[41] 布劳.社会生活中的交换与权力[M].李国武,译.北京:商务印书馆,2008.

[42] 詹姆斯·科尔曼.社会理论的基础(上、下)[M].邓方,译.北京:社会科学文献出版社,2008.

[43] 约翰·罗尔斯.正义论[M].何怀宏,等译.北京:中国社会科学出版社,2009.

[44] 萨缪尔·亨廷顿.文明的冲突与世界秩序的重建[M].周琪,等译.北京:新华出版社,2010.

[45] 查尔斯·蒂利.信任与统治[M].胡位钧,译.上海:上海人民出版社,2010.

[46] 德雷克·格利高里,约翰·厄里.社会关系与空间结构[M].谢礼圣,吕增奎,等译.北京:北京师范大学出版社,2011.

[47] 亚当·斯密.道德情操论[M].陈出新,陈艳飞,译.北京:人民文学出版社,2011.

[48] 保罗·利科.承认的过程[M].汪堂家,李之喆,译.北京:中国人民大学出版社,2011.

[49] 布迪厄.实践感[M].蒋梓骅,译.南京:译林出版社,2012.

[50] 亚当·斯密.国富论[M].谢祖钧,译.北京:中华书局,2012.

[51] 迈克尔·马斯兰斯基,等.信任的语言[M].钱慧,译.北京:中华工商联合出版社,2013.

[52] 肯尼斯·阿罗.组织的极限[M].陈小白,译.北京:华夏出版社,2014.

[53] 卡尔·霍夫兰,等.传播与劝服[M].张建中,等译.北京:中国人民大学出版社,2015.

[54] 奥利弗·威廉姆森.治理机制[M].石烁,译.北京:机械工业出版社,2016.

[55] 弗朗西斯·福山.信任:社会美德与创造经济繁荣[M].郭华,译.桂林:广西师范大学出版社,2016.

[56] 大卫·休谟.人性论[M].关文运,译.北京:商务印书馆,2016.

[57] 诺瓦·戈尔茨坦,等.说服[M].符李桃,译.北京:中信出版社,2018.

[58] 黄明同，吕锡琛.王船山历史观与史论研究［M］.长沙：湖南人民出版社，1986.

[59] 张岱年.中国古典哲学概念范畴要论［M］.北京：中国社会科学出版社，1989.

[60] 高玉祥.个性心理学［M］.北京：北京师范大学出版社，1989.

[61] 刘健清，李振亚.中国近现代政治思想史［M］.天津：南开大学出版社，1993.

[62] 郑杭生，等.转型中的中国社会和中国社会的转型：中国社会主义现代化进程的社会学研究［M］.北京：首都师范大学出版社，1996.

[63] 中共中央文献研究室.十一届三中全会以来党的历次全国代表大会中央全会重要文件选编（上）［M］.北京：中央文献出版社，1997.

[64] 王礼湛，余潇枫.思想政治教育学［M］.杭州：浙江大学出版社，1999.

[65] 姚大志.人的形象：心理学与道德哲学［M］.长春：吉林教育出版社，1999.

[66] 刘冠军，王维先.科学思维方法论［M］.济南：山东人民出版社，2000.

[67] 喻敬明，等.国家信用管理体系［M］.北京：社会科学文献出版社，2000.

[68] 中共中央文献研究室.十五大以来重要文献选编（上）［M］.北京：人民出版社，2000.

[69] 牛康.社会传播学［M］.福州：福建人民出版社，2001.

[70] 鲁兴虎.网络信任——虚拟与现实之间的挑战［M］.南京：东南大学出版社，2003.

[71] 秦在东.思想政治教育管理论［M］.武汉：湖北人民出版社，2003.

[72] 郑也夫，等.信任：合作关系的建立与破坏［M］.北京：中国城市出版社，2003.

[73] 郑也夫，彭泗清.中国社会中的信任［M］.北京：中国城市出版社，2003.

[74] 李熠煜.关系与信任：中国乡村民间组织实证研究［M］.北京：中国书籍出版社，2004.

[75] 石书臣.现代思想政治教育主导性研究［M］.上海：学林出版社，2004.

[76] 王卫东，等.当代语境中的思想政治教育［M］.长沙：湖南人民出版社，2004.

[77] 章辉美.社会转型与社会问题［M］.长沙：湖南大学出版社，2004.

[78] 周志山.马克思社会关系理论及其当代意义［M］.济南：齐鲁书社，2004.

[79] 刘根荣.市场秩序理论研究——利益博弈均衡秩序论［M］.厦门：厦门大学出版社，2005.

[80] 欧阳林.思想政治教育传播学［M］.北京：北京交通大学出版社，2005.

[81] 费孝通.乡土中国［M］.上海：上海人民出版社，2006.

[82] 李辽宁.当代中国思想政治教育意识形态功能研究［M］.武汉：武汉大学出版社，2006.

[83] 张彦.思想政治教育主体性研究［M］.广州：广东人民出版社，2006.

[84] 张维迎.信息、信任与法律[M].北京：生活·读书·新知三联书店，2006.
[85] 张耀灿，郑永廷，等.现代思想政治教育学[M].北京：人民出版社，2006.
[86] 郑也夫.信任论[M].北京：中国广播电视出版社，2006.
[87] 严进.信任与合作——决策与行动的视角[M].北京：航空工业出版社，2007.
[88] 周文根.信任理论与基于制度的强制性诚信形成研究[M].北京：中国商业出版社，2007.
[89] 邓禹.大学生能力体系建设[M].合肥：中国科学技术大学出版社，2008.
[90] 段建玲.信誉管理[M].兰州：甘肃文化出版社，2008.
[91] 高宁.教育的嬗变和文化传承[M].长沙：湖南大学出版社，2008.
[92] 刘明合.交往与人的发展：基于马克思主义的视角[M].北京：中央编译出版社，2008.
[93] 吴少怡.大学生人格教育[M].济南：泰山出版社，2010.
[94] 伍新春，张军.教师职业倦怠预防[M].北京：中国轻工业出版社，2008.
[95] 张锡勤，柴文华.中国伦理道德变迁史稿（下卷）[M].北京：人民出版社，2008.
[96] 白春阳.现代社会信任问题研究[M].北京：中国社会出版社，2009.
[97] 曹正善，熊川武.教育信任：减负提质的智慧[M].上海：华东师范大学出版社，2009.
[98] 费宗惠，张荣华.费孝通论文化自觉[M].呼和浩特：内蒙古人民出版社，2009.
[99] 宫留记.布迪厄的社会实践理论[M].开封：河南大学出版社，2009.
[100] 杨威.思想政治教育发生论[M].北京：中国社会科学出版社，2009.
[101] 岳伟.批判与重构——人的形象重塑及其教育意义探索[M].武汉：华中师范大学出版社，2009.
[102] 曹孟勤，徐海红.生态社会的来临[M].南京：南京师范大学出版社，2010.
[103] 刘永芳.归因理论及其应用[M].上海：上海教育出版社，2010.
[104] 罗洪铁，等.大学生成才理论与实践[M].北京：人民出版社，2010.
[105] 宋希仁.西方伦理思想史[M].2版.北京：中国人民大学出版社，2010.
[106] 包卫.现代道德人格教育论[M].上海：上海交通大学出版社，2011.
[107] 何静.大学生创新能力开发与应用[M].上海：同济大学出版社，2011.
[108] 雷戈.史学在思想[M].郑州：河南大学出版社，2011.
[109] 雷润琴.信息博弈：公民·媒体·政府[M].北京：清华大学出版社，2011.
[110] 王滨.思想政治教育环境论：大社会视野下的思想政治教育[M].上海：同济大学出版社，2011.

［111］吴晶妹.信用管理概论［M］.上海：上海财经大学出版社，2011.

［112］许湘岳，吴强.自我管理教程［M］.北京：人民出版社，2011.

［113］马俊峰，等.当代中国社会信任问题研究［M］.北京：北京师范大学出版社，2012.

［114］肖周录，等.诚信教育论［M］.北京：中国社会科学出版社，2012.

［115］张桂生.大学生成长探索［M］.北京：中央编译出版社，2012.

［116］白显良.隐性思想政治教育基本理论研究［M］.北京：人民出版社，2013.

［117］费孝通.乡土中国［M］.北京：中华书局，2013.

［118］丁香桃.变化社会中的信任与秩序：以马克思人学理论为视角［M］.杭州：浙江大学出版社，2013.

［119］李之海.中国信派［M］.北京：九州出版社，2013.

［120］宋长琨，沈忠秀.儒商商道概论［M］.武汉：武汉大学出版社，2013.

［121］武东生，等.中国古代思想政治教育史［M］.天津：南开大学出版社，2013.

［122］姚琦，马华维.社会心理学视角下的当代信任研究［M］.中国法制出版社，2013.

［123］郭建宁.社会主义核心价值观基本内容释义［M］.北京：人民出版社，2014.

［124］黄晓军.现代城市物质与社会空间的耦合：以长春市为例［M］.北京：社会科学文献出版社，2014.

［125］倪霞.论现代社会中的信任［M］.北京：人民出版社，2014.

［126］汪盛玉.马克思社会公正思想论［M］.芜湖：安徽师范大学出版社，2014.

［127］谢延龙.教育质量论：一种原理性探寻［M］.银川：宁夏人民教育出版社，2014.

［128］翟学伟，薛天山.社会信任：理论及其应用［M］.北京：中国人民大学出版社，2014.

［129］中共中央文献研究室.十八大以来重要文献选编（上、下）［M］.北京：中央文献出版社，2014、2018.

［130］中共中央文献研究室.习近平关于全面深化改革论述摘编［M］.北京：中央文献出版社，2014.

［131］李虎林.当代人格教育论［M］.北京：中国社会科学出版社，2015.

［132］杨志平.思想政治教育信息问题研究［M］.北京：人民出版社，2015.

［133］郭慧云.论信任［M］.重庆：西南师范大学出版社，2016.

［134］郭维平.社会主义核心价值观生产与认同研究［M］.北京：学习出版社，2016.

［135］中共中央文献研究室.习近平总书记重要讲话文章选编［M］.北京：中央文献出版社，党建读物出版社，2016.

[136] 何立华.信任及其影响因素：基于中国社会的多维度考察［M］.北京：科学出版社，2017.

[137] 刘泾.高校思想政治教育中的规则意识培育［M］.上海：上海人民出版社，2017.

[138] 罗仲尤.思想政治教育属性研究［M］.北京：知识产权出版社，2017.

[139] 马云志.坚定中国特色社会主义的"四个自信"［M］.北京：人民出版社，2017.

[140] 吴琼.思想政治教育话语发展研究［M］.北京：中国社会科学出版社，2017.

[141] 杨丽娜.交易虚拟社区中的信任演化与强化机制研究［M］.西安：西安交通大学出版社，2017.

[142] 姚进生，林元昌.朱子文化与和谐社会构建［M］.上海：上海交通大学出版社，2017.

[143] 赵磊.心理效应与思想工作［M］.上海：上海社会科学院出版社，2018.

[144] 中共中央文献研究室.习近平关于社会主义文化建设论述摘编［M］.北京：中央文献出版社，2017.

[145] 陈先达.马克思与信仰［M］.北京：中国人民大学出版社，2018.

[146] 郝桂荣.高校文化育人研究［M］.沈阳：辽宁大学出版社，2018.

[147] 练庆伟.当代大学生信仰教育的复杂性研究［M］.广州：广东人民出版社，2018.

[148] 骆郁廷.思想政治教育引论［M］.北京：中国人民大学出版社，2018.

[149] 彭文君.当代大学生诚信建设研究［M］.上海：上海交通大学出版社，2018.

[150] 邱影悦，等.传统文化视域下大学生素质教育的培养［M］.长春：吉林大学出版社，2018.

[151] 王勇.中国思想文化百年史［M］.南京：南京师范大学出版社，2018.

[152] 王忠.中国传统创造思想研究［M］.北京：知识产权出版社，2018.

[153] 辛向阳.新发展理念型变中国：五大发展理念的理论与实践创新［M］.杭州：浙江人民出版社，2018.

[154] 尹保华.中国马克思主义社会发展理论研究［M］.北京：知识产权出版社，2018.

[155] 袁祖社，董辉.公共伦理学［M］.西安：陕西师范大学出版社，2018.

[156] 陈胜国.新时代高校思想政治教育创新发展研究［M］.北京：文化发展出版社，2019.

[157] 陈燕.思想政治教育社会治理功能研究［M］.北京：中央编译出版社，2019.

[158] 韩振峰.思想政治教育热点问题研究新进展［M］.北京：清华大学出版社，北京交通大学出版社，2019.

[159] 黄惠.优秀传统文化在高校思想政治教育中的实践应用［M］.沈阳：东北大学出版社，2019.

[160] 李峰，鲁宁.动态信任关系建模方法及其应用［M］.沈阳：东北大学出版社，2019.

[161] 刘利峰.思想政治教育与创新研究［M］.北京：北京理工大学出版社，2019.

[162] 刘小龙.当代中国人的社会关系发展与协调机制［M］.北京：知识产权出版社，2019.

[163] 赵晶.高校思想政治教育中的文化自信培育研究［M］.长春：吉林出版集团股份有限公司，2019.

[164] 中共中央办公厅.关于解决形式主义突出问题为基层减负的通知［M］.北京：人民出版社，2019.

[165] 中共中央办公厅.党政领导干部选拔任用工作条例［M］.北京：党建读物出版社，2019.

[166] 朱小蔓.情感教育论纲［M］.南京：南京师范大学出版社，2019.

[167] 蔡春.德性与品格教育［M］.上海：复旦大学出版社，2020.

[168] 李书华，等.新媒体环境下大学生思想政治教育接受机制研究［M］.北京：知识产权出版社，2020.

[169] 魏锦京，等.新时代大学生思想政治教育研究与探索［M］.北京：研究出版社，2020.

[170] 刘邦凡."三个倡导"视域下高校思想政治工作机制创新研究［M］.北京：光明日报出版社，2021.

[171] 孙永鲁.新媒体时代思想政治教育传播学创新研究［M］.北京：新华出版社，2021.

[172] 中华人民共和国国务院新闻办公室.新时代的中国青年［M］.北京：人民出版社，2022.

[173] 诸葛亮.诸葛亮集［M］.北京：中华书局，1960.

[174] 张载.张载集［M］.章锡琛，点校.北京：中华书局，1978.

[175] 管仲.管子［M］.北京：北京燕山出版社，1995.

[176] 曾国藩.曾文正公全集［M］.长春：吉林人民出版社，1995.

[177] 王夫之.读四书大全说［M］.长沙：岳麓书社，1996.

[178] 程颢，程颐.二程遗书［M］.潘富恩，导读.上海：上海古籍出版社，2000.

[179] 贾谊.新书校注［M］.阎振益，钟夏，校注.北京：中华书局，2000.

[180] 张双棣，等.吕氏春秋译注［M］.北京：北京大学出版社，2000.

[181] 周敦颐.周子通书［M］.徐洪兴，导读.上海：上海古籍出版社，2000.

[182] 傅昭.处世悬镜[M].冠中注,译.海口:南方出版社,2004.

[183] 黎翔凤,梁运华.管子校注[M].北京:中华书局,2004.

[184] 班固.汉书(中)[M].颜师古,注.北京:中华书局,2005.

[185] 司马迁.史记[M].北京:中华书局,2006.

[186] 万丽华,蓝旭.孟子[M].北京:中华书局,2006.

[187] 饶尚宽.老子[M].北京:中华书局,2006.

[188] 孙通海.庄子[M].北京:中华书局,2007.

[189] 骈宇骞,等.孙子兵法·孙膑兵法[M].北京:中华书局,2007.

[190] 方向东.大戴礼记汇校集解(上)[M].北京:中华书局,2008.

[191] 杨伯峻.孟子译注[M].北京:中华书局,2008.

[192] 刘向.说苑译注[M].程翔,译注.北京:北京大学出版社,2009.

[193] 司马光.资治通鉴(第一册、第三册)[M].长沙:岳麓书社,2009.

[194] 谭家健,孙中原.墨子今注今译[M].北京,商务印书馆,2009.

[195] 杨伯峻.论语译注[M].3版.北京:中华书局,2009.

[196] 傅玄.《傅子》评注[M].刘治立,评注.天津:天津古籍出版社,2010.

[197] 韩愈.唐宋名家文集·韩愈集[M].卫绍生,杨波,注译.郑州:中州古籍出版社,2010.

[198] 石磊.商君书[M].北京:中华书局,2011.

[199] 王国轩,王秀梅.孔子家语[M].北京:中华书局,2011.

[200] 陈广忠.淮南子(下)[M].北京:中华书局,2012.

[201] 程俊英.诗经译注[M].上海:上海古籍出版社,2012.

[202] 郭丹,等.左传(上、中、下册)[M].北京:中华书局,2012.

[203] 刘勰.文心雕龙[M].王志彬,译注.北京:中华书局,2012.

[204] 缪文远,等.战国策(上)[M].北京:中华书局,2012.

[205] 王世舜,王翠叶.尚书[M].北京:中华书局,2012.

[206] 文史哲.庄子白话全译[M].上海:立信会计出版社,2012.

[207] 张觉,等.韩非子译注[M].上海:上海古籍出版社,2012.

[208] 张觉.荀子译注[M].上海:上海古籍出版社,2012.

[209] 张世亮,等.春秋繁露[M].北京:中华书局,2012.

[210] 王娟.贞观政要译注[M].上海:上海三联书店,2013.

[211] 张沛.中说校注[M].北京:中华书局,2013.

[212] 陈曦.六韬[M].北京:中华书局,2016.

[213]黄寿祺,张善文.周易译注[M].最新增订版.北京:中华书局,2016.

[214]李敖.周子通书·张载集·二程集[M].天津:天津古籍出版社,2016.

[215]谢永芳.辛弃疾诗词全集[M].武汉:崇文书局,2016.

[216]王双怀,等.帝范臣轨校释[M].西安:陕西人民出版社,2016.

[217]胡平生,张萌.礼记(上)[M].北京:中华书局,2017.

[218]徐正英,邹皓.春秋榖梁传[M].北京:中华书局,2016.

[219]李山,轩新丽.管子[M].北京:中华书局,2019.

二、期刊论文类

[1]黄一诚.信任在学生思想教育工作中的作用[J].高校德育研究,1985(4).

[2]晏贵年,管新潮.中德信任观比较及其对企业组织管理的影响[J].德国研究,1997(1).

[3]王飞雪,山岸俊男.信任的中、日、美比较研究[J].社会学研究,1999(2).

[4]李伟民,梁玉成.特殊信任与普遍信任:中国人信任的结构与特征[J].社会学研究,2002(3).

[5]王绍光,刘欣.信任的基础:一种理性的解释[J].社会学研究,2002(3).

[6]程承坪.信誉的生成机理及对我国加强信誉建设的启示[J].社会科学辑刊,2003(4).

[7]傅礼白.《易经》中的诚信观[J].理论学刊,2003(5).

[8]黄静.马克思主义哲学的思维性质探析[J].云南社会科学,2003(3).

[9]徐雅芬.诚信的内涵和机制的建立[J].思想理论教育导刊,2003(8).

[10]董才生.马克思的信任异化观及其启示[J].理论界,2004(4).

[11]雷鸣.信任的政治功能[J].甘肃理论学刊,2005(3).

[12]刘颖.组织中的上下级信任[J].理论探讨,2005(5).

[13]隋玉霞.增强信任是思想政治工作的一个必然条件[J].学理论,2005(11/12).

[14]孙智凭.信任——思想政治工作的一个重要原则[J].实践(党的教育版),2005(2).

[15]边纪.信任:家庭教育的情感基石[J].新农村,2006(6).

[16]范碧鸿.思想政治教育主客体信任关系初探[J].理论探讨,2006(6).

[17]范碧鸿.思想政治教育信任教育复杂简化功能论[J].黑龙江高教研究,2006(9).

[18]王宏强.政治信仰:概念、结构和过程[J].学术探索,2006(3).

[19]冯灵芝,周显信.应重视思想政治工作的信任建设[J].思想政治工作研究,2007(3).

[20]胡卫红.心理契约理论与高校思想政治理论课教学[J].思想教育研究,2010(7).

[21] 赵元.思想政治教育主客体间的信任缺失和信任重建[J].中国校外教育（理论），2007（3）.

[22] 谢光绎.论思想政治教育过程中的主客体信任关系[J].湖南社会科学，2008（4）.

[23] 王锡伟，张教和.信任在高校思想政治理论教育中的作用[J].南京林业大学学报（人文社会科学版），2009（3）.

[24] 马关生，张世洲.思想政治教育制度的哲学探讨[J].思想教育研究，2011（4）.

[25] 邱国良.宗族认同、政治信任与公共参与——宗族政治视阈下的农民政治信任[J].国家行政学院学报，2011（3）.

[26] 瞿敬平.论学校思想政治教育中的"共情"艺术[J].学理论，2011（36）.

[27] 王习胜."科学思维"的思想政治教育意蕴[J].思想政治课教学，2011（12）.

[28] 郭慧云，丛杭青，朱葆伟.信任论纲[J].哲学研究，2012（6）.

[29] 黎玉明，侯波.思想政治教育信任形成机理与信任培育[J].湛江师范学院学报，2012（1）.

[30] 余喜，范碧鸿.试论现代思想政治教育信任机制的构建[J].学校党建与思想教育，2012（18）.

[31] 胡宝荣.国外信任研究范式：一个理论述评[J].学术论坛，2013（12）.

[32] 黄艳.高校思想政治教育信任机制研究[J].广西青年干部学院学报，2013（6）.

[33] 牛余庆.上下级信任缺失的成因分析及化解策略[J].领导科学，2013（22）.

[34] 王小凤.思想政治教育可信性研究现状的思考[J].山东青年政治学院学报，2013（3）.

[35] 王小凤.思想政治教育信任、信度与可信性之辨[J].学校党建与思想教育，2013（20）.

[36] 向征.论思想政治教育的公信力[J].马克思主义与现实，2013（1）.

[37] 董才生，王彦力.论社会信任制度培育的内在机制[J].长白学刊，2014（4）.

[38] 顾晓静，卢伟.社会学视域下高校思想政治理论课教学中的信任危机研究[J].河南教育学院学报（哲学社会科学版），2014（2）.

[39] 卢伟.基于高校思想政治教育视角的师生信任价值研究[J].黑龙江教育（高教研究与评估），2014（11）.

[40] 卢伟，顾晓静.高校思想政治教育师生信任结构论析[J].黑龙江省政法管理干部学院学报，2014（5）.

[41] 陈悦.论"四信"的内在关系[J].人民论坛，2015（8）.

[42] 邓云晓，陆志荣.构建大学生思想政治教育信任模式探析[J]文教资料，2015（1）.

［43］高明，卢伟.思想政治教育中师生信任生成路径探析——基于对已有路径的反思［J］.教育与教学研究，2015（12）.

［44］何英.消除思想政治课信任危机探析［J］.中学政治教学参考，2015（3）.

［45］卢伟，顾晓静.高校思想政治教育中的师生信任结构探析——基于社会学的视角［J］.教育与教学研究，2015（1）.

［46］张仙凤.教育人类学视域下高校辅导员与大学生信任关系的构建［J］.教育文化论坛，2015（5）.

［47］刘海梅.论高校思想政治教育中的信任感化［J］.湖北理工学院学报（人文社会科学版），2017（6）.

［48］王孝如，王立仁.思想政治教育形象解析［J］.理论视野，2017（10）.

［49］王学俭，杨昌华.思想政治教育过程中的信任因素研究［J］教学与研究，2017（6）.

［50］伍麟，臧运洪.制度信任的心理逻辑与建设机制［J］.华中师范大学学报（人文社会科学版），2017（6）.

［51］袁颖.网络思想政治教育信任困境的现实审视［J］.思想政治教育研究，2017（4）.

［52］张智.新形势下做好思想政治教育工作的科学思维［J］.中国高等教育，2017（5）.

［53］范颖一.新媒体环境下高职院校大学生思想政治教育信任机制的研究［J］.无锡职业技术学院学报，2018（3）.

［54］刘波.习近平新时代文化自信思想的时代意涵与价值意蕴［J］.当代世界与社会主义，2018（1）.

［55］刘宏达，杨灵珍.思想政治教育大数据的生成规律与运用逻辑［J］.教学与研究，2018（5）.

［56］陆志荣，邓云晓.思想政治教育信任机制论纲［J］.思想教育研究，2008（1）.

［57］马锦琨.高校思想政治教育中的信任社会资本培育探析［J］.学理论，2018（3）.

［58］邵宝龙.文化自信的内蕴、特征及其传承培育［J］.兰州学刊，2018（1）.

［59］沈壮海，董祥宾.论新时代高校思想政治工作质量的提升［J］.思想理论教育，2018（8）.

［60］金奇.思想政治教育中的信任及其改善［J］.现代教育科学，2019（11）.

［61］李霞.新中国成立70年以来的文化嬗变［J］.德州学院学报，2019（5）.

［62］刘润为.创造性转化、创新性发展与文化自信的嬗变与思考［J］.毛泽东研究，2019（3）.

［63］潘晓阳，熊建生.思想政治教育者形象的时代塑造［J］.思想理论教育，2019（8）.

［64］王霞.教育的信任危机与重建［J］.西北师大学报（社会科学版），2019（5）.

［65］吴河江.学校信任：内涵、功能与增进策略［J］.教育学报，2019（6）.

［66］吕普生.我国制度优势转化为国家治理效能的理论逻辑与有效路径分析［J］.新疆师范大学学报（哲学社会科学版），2020（3）.

［67］崔小倩，等.社会关系、健康状况与居民社会信任感——基于中国综合社会调查（CGSS2015）的实证分析［J］.中国农村卫生事业管理，2021（11）.

［68］巩乃鑫.论乡村祠堂的思想政治教育功能转化［J］.现代商贸工业，2021（23）.

［69］刘建军.中国共产党人"理想信念"概念的形成史［J］.山东大学学报（哲学社会科学版），2021（1）.

［70］秦宣.学史增信：增信仰信念信心信任［J］.前线，2021（5）.

［71］王慧敏.中国共产党信仰教育的历史考察［J］.思想教育研究，2021（4）.

［72］习近平.在党史学习教育动员大会上的讲话［J］.求是，2021（7）.

［73］叶方兴.论思想政治教育学的综合性及其学科效应［J］.思想教育研究，2021（11）.

［74］赵汀阳.时间：意识形态和历史性时态［J］.海南大学学报（人文社会科学版），2021（1）.

［75］左岫仙.马克思主义文化观视野下的中华文化认同建设［J］.贵州民族研究，2021（2）.

［76］仰海峰.马克思的社会转型思想［J］.中国社会科学，2022（2）.

［77］郑敬斌，李鑫.新时代思想政治教育形象的内在意蕴、出场语境与优化理路［J］.思想理论教育，2022（1）.

三、报纸文章类

［1］习近平.中共中央国务院举行春节团拜会［N］.光明日报，2015-02-18.

［2］习近平.坚持中国特色社会主义教育发展道路　培养德智体美劳全面发展的社会主义建设者和接班人［N］.光明日报，2018-09-11.

［3］向贤彪.信仰·信念·信心［N］.解放军报，2019-01-21.

［4］韩震.新时代加强公民道德建设的重要意义［N］.光明日报，2020-01-06.

［5］祝灵君.深刻认识全过程人民民主的真正意义［N］.光明日报，2021-08-14.

［6］习近平.坚定文化自信秉持开放包容坚持守正创新　为全面建设社会主义现代化国家　全面推进中华民族伟大复兴提供坚强思想保证强大精神力量有利文化条件［N］.人民日报，2023-10-09.

四、外文文献类

[1] LUHMANN N. Trust and power [M]. New York: John wiley & sons, 1979.

[2] BABER, B. The logic and limits of trust [M]. New Brunswick, New Jersey: Rutgers University Press, 1983.

[3] EISENSTADT S N, RONIGER L. Patrons, clients and friends: interpersonal relations and the structure of trust in society [M]. Cambridge: Cambridge University Press, 1984.

[4] COLEMAN J S. Foundations of social theory [M]. Cambridge, MA: Harvard University Press, 1990.

[5] LAGERSPETZ O. Trust: the tacit demand [M]. Dordrecht: Kluwer Academic Publishers, 1998.

[6] CUTLER Ⅲ W W. Parents and schools: the 150-year struggle for control in american education [M]. Chicago: The University of Chicago Press, 2000.

[7] Möllering G. Trust: reason, routine, reflexivity [M]. Oxford: Elsevier, 2006.

[8] DEUTSCH M. Trust and suspicion [J]. The Journal of Conflict Resolution, 1958, 2(4).

[9] ROTTER J B. A new scale for the measurement of interpersonal trust [J]. Journal of Personality, 1967, 35(4).

[10] BARDACH E, PRESS M. The implementation game: what happens after a bill becomes a law [J]. American Political Science Review, 1977(4).

[11] ZUCKER L G. Production of trust: institutional sources of economic structure [J]. Research in Organizational Behavior, 1986(8).

[12] HARDIN R. The morality of law and economics [J]. Law and Philosophy, 1992, 11(2).

[13] HOSMER L T. Trust: the connecting link between organizational theory and philosophical theory [J]. Academy of Management Review, 1995, 20(2).